Susanne Panter
mit Heidi Friedrich
Aus den Augen, doch im Herzen

PIPER

Zu diesem Buch

Wenn man einen geliebten Menschen aus den Augen verloren oder seine Eltern nie kennengelernt hat, leidet man oft ein Leben lang an dieser Leerstelle. Susanne Panter macht sich für andere auf die Suche nach den fehlenden Teilen im Lebenspuzzle. Sei es die Freundin aus Kindertagen, der leibliche Vater oder eine alte Liebe – Susanne Panter sucht nach Spuren der vermissten Angehörigen in verstaubten Archiven, durchkämmt nächtelang das Internet, löchert Standesbeamte, befragt ehemalige Nachbarn und wälzt längst geschlossene Polizeiakten. In ihrem Buch nimmt sie uns mit auf ihre spannenden Spurensuchen und erzählt uns siebzehn der schönsten und bewegendsten Fälle. Entstanden sind emotionale Geschichten, wie sie nur das wahre Leben schreibt.

Susanne Panter ist ausgebildete Mediatorin und erfand ihren eigenen Beruf: Herkunftsberaterin und Menschenaufspürerin. In den letzten 20 Jahren hat sie über 4000 Suchen durchgeführt und Menschen in 32 Ländern gefunden.
Heidi Friedrich ist erfolgreiche Journalistin (u. a. Zeit online, Spiegel online, Berliner Zeitung) und Autorin. Gemeinsam mit Susanne Panter hat sie die Geschichten »der Aufspürerin« aufgeschrieben.

Susanne Panter
mit Heidi Friedrich

AUS DEN AUGEN, DOCH IM HERZEN

Wie ich Menschen zusammenbringe,
die vom Schicksal getrennt wurden

PIPER

Mehr über unsere Autoren und Bücher:
www.piper.de

Handlung und Gespräche beruhen auf wahren Begebenheiten. Zum Schutz der Persönlichkeitsrechte wurden Namen, Orte und Personen verändert.

MIX
Papier aus verantwortungsvollen Quellen
FSC® C083411

Originalausgabe
ISBN 978-3-492-31560-9
1. Auflage August 2020
2. Auflage August 2020
© Piper Verlag GmbH, München 2020
Umschlaggestaltung: zero-media.net, München
Umschlagabbildung: Alpha STORYTELLING by Kai Kapitän; FinePic®, München
Satz: Satz für Satz, Wangen im Allgäu
Gesetzt aus der Adobe Garamond
Druck und Bindung: CPI books GmbH, Leck
Printed in the EU

INHALTSVERZEICHNIS

Vorwort 9

WURZELSUCHEN
Einleitung 13

Auf der Suche nach dem unbekannten Vater
1. Ein deutsch-niederländisches Geheimnis 21
2. Ein Baby irgendwo auf der Welt 33
3. Die Überraschung am Grab 47
4. Ein Seitensprung und seine Folgen 61

Adoptierte Menschen suchen ihre leiblichen Eltern
5. An jedem 7. Juni … 75
6. Tot geglaubte Zwillinge 91
7. Was hatten meine Eltern zu verbergen? 102
8. Die unbekannte Schwester 112

WIEDERSEHEN MACHT FREUDE
Einleitung 127
9. Eine Liebe in Norwegen 129
10. Eine Liebe zwischen Ost und West 142
11. Mit dem Motorrad in den Lebensabend 154
12. Unvergessen – die erste Liebe 168
13. Die roten Stöckelschuhe 180

ERBENSUCHEN
    Einleitung   195
14. Der Ring   197
15. Einmal um die ganze Welt   209
16. In alter Verbundenheit   225
17. Der Onkel aus dem Jenseits   238

Danksagungen   249

Kontakt   253

Dem Guten

VORWORT

Meinen Beruf habe ich selbst erfunden. Ich bin Herkunftsberaterin und Menschenaufspürerin. Seit ich im Jahr 2000 den ersten privaten Personensuchdienst Deutschlands gründete, habe ich gemeinsam mit meinem Team über 4000 Menschen für meine Klienten gefunden. Ich habe schon als Kind gerne Gedulds- und Knobelspiele gespielt und es geliebt, festgezogene Knoten wieder aufzudröseln.

Die Freundin aus Kindertagen, die aus den Augen verlorene Urlaubsbekanntschaft, die leiblichen Eltern, weit entfernt lebende Geschwister oder eine alte Liebe. Meine Suchaufträge erhalte ich in der Regel von denjenigen, die einen für sie wichtigen Menschen aus den Augen verloren haben oder noch nie kennengelernt haben. Oft sind es Schicksalsschläge, die diese Menschen getrennt haben, manchmal aber auch aktive Entscheidungen oder die Flucht vor Konsequenzen. Häufig sind es historische Ereignisse oder Gegebenheiten – die Mauer, der Eiserne Vorhang, der Zweite Weltkrieg, die Alliiertenstationierung im Deutschland der Nachkriegszeit –, die Menschen zusammenführten, aber auch voneinander trennten. Und nicht selten sind es gesellschaftliche Konventionen, die etwa Mütter in den konservativen 50er- und 60er-Jahren dazu brachten, ihre nicht ehelichen Kinder zur Adoption freizugeben.

Entsprechend unterschiedlich gestalten sich auch die Suchen. Es gibt solche, da reicht der Blick ins Melderegister, um einen Kontakt herzustellen. Es gibt jedoch auch andere, die so verzwickt sind, dass jeder einzelne Schritt Wochen dauert. Das beginnt bei der Schreibweise des Namens des Gesuchten: Heißt er/sie nun Meier, Maier, Mayer, Meir, Meyr, Mayr oder Mair? Um hier auf die richtige Fährte zu kommen, muss ich viel umfangreicher recherchieren: Ich suche in alten Adressbüchern, kontaktiere die Archive der Meldeämter, löchere Standesbeamte, wälze akademische Arbeiten in Universitäten, klicke mich durchs Internet, schaue auf Google Maps, befrage Nachbarn oder Bekannte der Gesuchten. Dabei habe ich stets den Datenschutz im Hinterkopf und weiß, welche Formulierungen ich verwenden muss, um möglichst weit zu den gewünschten Informationen vorzudringen. Im Ausland sind die gesetzlichen Vorgaben zum Datenschutz anders als hier in Deutschland, was meine Arbeit in manchen Ländern schwerer und in anderen, wie zum Beispiel den USA, einfacher macht. Bei meinen Recherchen hilft mir mittlerweile ein internationales Netzwerk an Menschen, die ihre Büros rund um die Welt haben.

Jede Geschichte ist anders. In den meisten Fällen finde ich die gesuchte Person, und die Freude ist oft groß. Aber es gibt auch Suchen, bei denen der Mensch, um den es geht, bereits verstorben, mit einem anderen Menschen verheiratet oder einfach nicht bereit für eine Begegnung ist. Ein »Happy End« gibt es aber auch in diesen Situationen, denn quälende offene Fragen können endlich beantwortet und Schmerzen in einer Trauerphase verarbeitet werden. Denn nun hat man ja alles Menschenmögliche getan – diese Gewissheit verschafft den Suchenden innere Ruhe. Ich habe jedes Mal großen Respekt, wenn meine Klienten sich auf die Suche nach ihren biologischen Wurzeln machen. Denn diese Suche ist oft sehr aufreibend, emotional sowie zeitlich beanspruchend. Doch wie sie auch immer ausgeht: Letztlich ist sie heilend, weil sich Kreise schließen und der Blick nach vorne wieder offen ist.

Ich erhalte von Jahr zu Jahr mehr Anfragen. Das hat sicher auch damit zu tun, dass die Medien immer wieder über meine

Arbeit berichten und die seit 2016 laufende Dokumentationsreihe *Die Aufspürerin* zusätzlich für Bekanntheit sorgt.

In diesem Buch beschreibe ich 17 der schönsten und bewegendsten Geschichten aus meinem Berufsalltag. Wie kommt es zu der gemeinsamen Motorradtour eines Rentnerpaares, das sich 40 Jahre lang nicht gesehen hat? Ist es möglich, dass Zwillinge, die zur Adoption freigegeben worden waren, jahrzehntelang nicht wussten, wer und wo ihre Mutter war? Gibt es eine größere Freude, als die alte Jugendliebe aus Norwegen in den Armen zu halten, die einem der Krieg erst zugetragen und dann wieder weggenommen hat? Wer rechnet schon damit, nicht nur von unbekannten Verwandten aufgespürt zu werden, sondern dann auch noch ein stattliches Erbe antreten zu dürfen? Welches dunkle Geheimnis ließ sich durch die Zusammenführung einer deutsch-niederländischen Familie lüften?

Dieses Buch handelt vom Suchen und Finden von ersehnten Menschen, davon, wie wichtig es ist, die eigenen Wurzeln zu kennen, und wie befreiend es sich anfühlt, sich Klarheit über die offenen Fragen in seinem Leben zu verschaffen.

WURZELSUCHEN
Einleitung

Was im Jahr 2000 als fixe Idee begann, hat sich als meine Berufung entpuppt. Als ich mit 34 Jahren den Sprung in die Selbstständigkeit wagte, hatte ich noch keine Vorstellung davon, dass einmal mehr als 80 Prozent meiner Suchen Familiensuchen sein würden. Dass ich als ausgebildete Mediatorin in meinem Arbeitsalltag Genogramme zeichnen und mich mit familiensystemischen Fragen befassen würde. Ganz zufällig war meine Berufswahl übrigens nicht: Auch ich habe meinen leiblichen Vater erst mit 18 Jahren richtig kennengelernt. Zwar habe ich nicht darunter gelitten, dass ich ihn so lange nicht kannte, weil ich einen präsenten und liebevollen Stiefvater hatte. Aber als ich meinen biologischen Vater dann traf, war es doch eine unerwartet große Freude, die bis heute trägt. Es ist eine harmonische Vater-Tochter-Beziehung entstanden. Diese und andere persönliche Erfahrungen bilden die emotionale Grundlage für meine Arbeit. Trotz aller Professionalität berühren mich die teils sehr dramatischen, auch verwirrenden, manchmal verschreckenden, gar absurden Begegnungen und Erfahrungen bis heute zutiefst. Meine Tätigkeit hat oft einen therapeutischen Effekt für meine Klienten. Obwohl die Aufklärung ihrer biologischen Abstammung ihnen oft viel Kraft abverlangt. Ich kann gut nachvollziehen, was meine Klienten empfinden. Und so freue ich mich auch jedes Mal mit ihnen, wenn ich ein Wiedersehen oder ein erstes Treffen möglich machen konnte. Als Wegbegleiterin und Beraterin helfe ich Menschen, fehlende Bausteine in ihrer Identität zu finden und einzufügen, damit sie sich in ihrem Leben ganz zu Hause fühlen können. Ich empfinde das nicht nur als große Verantwortung, sondern auch als persönlich erfüllend für mich.

Eine Herkunftsklärung verläuft normalerweise in mehreren Phasen: Als Erstes lasse ich mir von meinem Klienten die gesamte Geschichte erzählen und versuche, alle relevanten Zusammenhänge zu verstehen und einzuordnen. Die zweite Phase verläuft in zwei parallelen Strängen: Einerseits die konkrete Suche nach der Person in Verzeichnissen von Ämtern, Archiven und Datenbanken sowie bei Menschen, die sie kennen könnten – dabei kann es vorkommen, dass ich schon mal ein ganzes Hamburger Viertel mit der Frage abtelefoniere, ob 1978 eine niederländische Tresenmitarbeiterin bekannt gewesen sei, deren Bruder eine Wurstfabrik gehabt habe. Andererseits suche ich in dieser Phase nach Dokumenten, die eher unwichtig erscheinen, aber Interessantes zur Biografie des Klienten und der sich damals zugetragenen Geschichte preisgeben können, so zum Beispiel Heirats- und Scheidungsunterlagen oder auch Nachlassakten, Geburts- oder Sterbeurkunden. In einer dritten Phase bereite ich die Anbahnung des Kontakts vor. Habe ich die aktuelle Adresse ermittelt, ist es wichtig, das soziale Gefüge um den nun Gefundenen zu berücksichtigen. In welchem Umfeld lebt der Mensch? Ist er verheiratet? Wenn ja, wie lange schon? Gibt es weitere Kinder? An dieser Stelle spielt die Beratung meiner Klienten eine besonders große Rolle. Ich begleite sie dabei, diplomatisch in den Erstkontakt zu gehen, durch den ja oft an lang gehüteten Familiengeheimnissen gerührt wird. Die letzte Phase ist die tatsächliche Kontaktaufnahme, die meist schriftlich erfolgt. Den Brief muss ich in einem Gleichgewicht aus Transparenz und Diskretion formulieren. Eine Antwort darauf enthält oft Fragen und, wenn Zweifel herrschen, den Wunsch nach Beweisen. Manche brauchen aber einfach nur Zeit, bis sie bereit sind, sich mit der neuen Situation zu konfrontieren.

Es gibt seit jeher Familien, in denen die rechtliche und die biologische Elternschaft nicht übereinstimmen. Angefangen von dem als Säugling am Nilufer ausgesetzten Mose bis hin zu Marilyn Monroe und Steve Jobs. Gerichte befassen sich immer wieder mit der Frage, wie weit Kindern der Zugang zu ihren biologischen Wurzeln ermöglicht werden muss. So ist international in der UN-Menschenrechtskonvention der Rechte der Kinder* und in einer Bundesverfassungsgerichtsentscheidung** in Deutschland verbrieft, dass jeder Mensch das »Recht auf Kenntnis der eigenen Abstammung« hat. Die Durchsetzung dieses Rechts ist im Laufe der Jahre zu einem echten Herzensanliegen von mir geworden. Wenn man, wie ich, mehrere Tausend Menschen gesprochen und erlebt hat, die nicht wissen, von wem sie abstammen, wächst ein Verständnis dafür, was es bedeuten muss, nichts oder nur die Hälfte über den eigenen Genpool zu wissen.

Einige werden sich vielleicht fragen: Wie verliert man seine Wurzeln?

Viele Aufträge betreffen die Suche nach dem leiblichen Vater. Die Suchenden, die zu mir kommen, stammen teilweise aus ungeplanten Schwangerschaften der Mutter. Hintergründe sind beispielsweise Seitensprünge, sogenannte One-Night-Stands und im schlimmsten Fall Vergewaltigungen.

Manchmal ist der leibliche Vater auch unbekannt, weil sich

---

* Die Konvention der Rechte der Kinder (verabschiedet am 20. November 1989 durch die Generalversammlung der Vereinten Nationen), Art. 7 und 8
** BVerfGE 79, 256 – Kenntnis der eigenen Abstammung

die Eltern sehr früh getrennt haben und ein anderer Mann die Vaterrolle übernommen hat. In manchen Familien wurde offener, in anderen weniger offen damit umgegangen.

Bei vielen Aufträgen sind die Klienten adoptiert und die Wurzeln sind aus diesem Grund nicht bekannt. Hier gibt es Fälle, bei denen das Jugendamt Kinder zugunsten des Kindeswohls aus der Herkunftsfamilie nehmen musste. Meist ist Überforderung in Verbindung mit einer eigenen belastenden Biografie der leiblichen Eltern Grund dafür.

Der Tod eines oder beider Elternteile, Krieg und Vertreibung sind weitere Gründe, aus denen Menschen ihre biologische Abstammung teilweise nicht bekannt ist.

Jüngere Betroffene haben durch ihre Entstehung mittels der Reproduktionsmedizin offene Fragen zu ihrer Herkunft. Hier wurde und wird das Thema Samenbanken öffentlich viel diskutiert. Aber auch die in Deutschland verbotene Leihmutterschaft kann später zu Fragen nach der eigenen Herkunft führen.

Obwohl es in unserer Gesellschaft recht häufig vorkommt, dass ein Kind nicht bei seinen leiblichen Eltern aufwächst, wird das Thema der erschwerten Identitätsfindung relativ wenig öffentlich diskutiert. Es wird kaum darüber gesprochen, was es für einen als Baby adoptierten Menschen bedeutet, wenn er erfährt, dass ihm seine wahre Identität vorenthalten wurde. Und dies auch noch von den Personen, denen er am meisten vertraut: seinen Eltern! Glücklicherweise werden Adoptierte heutzutage kaum mehr im Unklaren über ihre Herkunft gelassen. Doch bis in die 80er-Jahre war das Schweigen und Verheimlichen ganz normal. Mir ist bewusst, dass keiner der annehmenden Eltern aus böser Absicht geschwiegen hat. Sie wussten es einfach nicht besser, wurden dahingehend auch nicht beraten. Und vor lauter Glück über das Baby wurde die Frage, wie sich das Kind wohl mit seiner unbekannten genetischen Abstammung fühlt, erst mal ausgeblendet.

Dass es ein international verbrieftes Recht auf Kenntnis der eigenen Abstammung gibt, ist ein Segen. Und doch wird dieses Recht immer wieder konterkariert. Durch dubiose Praktiken bei Auslandsadoptionen und durch Grauzonen der Reproduktionsmedizin. Wenn zum Beispiel eine in Deutschland verbotene Eizellenspende im Ausland durchgeführt wird. Auch Babyklappen und anonyme Geburten, die für betroffene Mütter in Not enorm wichtig sind, bedeuten für die Kinder teilweise den Verlust ihres Rechts auf Kenntnis der eigenen Abstammung.

Gerade Adoptivkinder aus der Nachkriegszeit bis in die 80er-Jahre tragen oft eine große Last. Sie mussten einerseits der Rolle des Wunschkindes gerecht werden und gleichzeitig aushalten, ihren Eltern gar nicht ähnlich zu sehen.

Ich habe mit vielen Adoptierten gesprochen, bei denen die Adoption eigentlich ganz o. k. verlief, aber auf der Gefühlsebene doch nicht so gut gelungen ist. Das betrifft häufig den Aufbau einer sicheren Eltern-Kind-Bindung. Zu wenig bis gar nicht wurde von den annehmenden Eltern die eigene Kinderlosigkeit betrauert. Das familiäre Umfeld ließ das Kind spüren: »Du gehörst nicht dazu.« Hinzu kommt eine oftmals abschätzige Haltung gegenüber der Herkunftsfamilie. Dabei verdienen Frauen, die ihr Kind zur Adoption freigeben, Mitgefühl und Respekt.

Viele der von uns gesuchten Eltern sind »Kinder der 50er-Jahre«. Sie sind erzogen worden von Menschen, die den Zweiten Weltkrieg erlebt haben, manchmal sogar auch noch den Ersten. Sie sind aufgewachsen in einer Zeit, in der über Gefühle nicht gesprochen wurde. Es wurden viele Themen tabuisiert, über die wir heute selbstverständlich sprechen. Aus heutiger Sicht kann man es vielleicht so nennen: Sie sind in einer »gefühlstauben Gesellschaft« aufgewachsen.

Frauen, die sich nach dem Zweiten Weltkrieg mit Soldaten der Besatzungsmächte eingelassen haben, wurden gesellschaftlich geächtet. In Frankreich wurden Frauen, die sich mit deutschen Soldaten eingelassen hatten, sogar öffentlich auf dem Marktplatz die Haare abgeschoren. Kinder, die aus Verbindungen mit Besatzungssoldaten entstanden sind, wurden »Kinder des Feindes« oder gar »Kinder der Schande« genannt. Aus diesen Konstellationen kommen die meisten Aufträge. Deshalb haben auch gleich drei Geschichten im Zusammenhang mit US-Besatzungssoldaten ihren Weg in dieses Buch gefunden.

Bis zur »sexuellen Befreiung« Mitte/Ende der 60er-Jahre galt das Verständnis »kein Sex vor der Ehe«. Die Menschen waren sexuell teilweise nicht aufgeklärt, das heißt, sie wussten nicht, dass sie ein Kind zeugen konnten, wenn sie miteinander schliefen. Frauen, die nicht ehelich schwanger wurden, sind teilweise davon ausgegangen, dass der Mann, der sie zum Intimverkehr überredet hatte, sie selbstverständlich auch heiraten werde. War die Liaison nicht mit ernsthaften Absichten verbunden und es ist ein Kind daraus entstanden, wurde häufig versucht, schnell einen Ehemann zu finden. Kinder alleine zu erziehen war seinerzeit schlichtweg unmöglich. Die Mütter waren erst mit 21 volljährig, sodass Entscheidungen über den Verbleib des Kindes noch von ihren eigenen Eltern getroffen wurden. Ein üblicher Weg war: Das Kind wurde weit weg von zu Hause ausgetragen und entbunden und dann zur Adoption freigegeben. Die Nachbarn und Bekannten haben so nichts davon mitbekommen, und der gute Ruf der Familie konnte gewahrt bleiben.

Die Arbeit als Herkunftsberaterin bedeutet immer auch ein Stück, zu einer Heilung beizutragen. Heilung bei den abgegebenen Kindern und Heilung bei den abgebenden Eltern. Sich kennenzulernen und die Trennung gemeinsam aufzuarbeiten, halte ich für eine große Chance, mit sich ins Reine zu kommen. Dass nicht jeder diese Chance wahrnimmt, weil er vielleicht zu verstrickt ist in eine jahrzehntelang aufgebaute und gepflegte Lügengeschichte, ist etwas anderes.

Auf der Suche nach dem unbekannten Vater

1. KAPITEL

Ein deutsch-niederländisches Geheimnis

Unzählige Kinder, die während des Zweiten Weltkriegs gezeugt wurden, kennen ihre Väter nicht. In Zeiten, in denen es nur darauf ankam, den Tag zu überleben, lebte man im Hier und Jetzt. Liebesgeschichten boten Trost und Heimat, wo Verunsicherung und Einsamkeit herrschten. Aber auch Vergewaltigungen führten zu vielen ungewollten Schwangerschaften. Viele Kinder wurden auch von Soldaten gezeugt, die entweder weiterzogen oder in ihre Länder zurückgingen, manche, bevor sie überhaupt wussten, dass ihre Partnerinnen schwanger waren.

Auch Norbert kannte seinen Vater nicht. Er hatte eine Folge von *Die Aufspürerin* im SWR gesehen und fühlte sich durch die darin gezeigte Geschichte einer Frau, die ihren für sie unbekannten Vater mit meiner Hilfe ausfindig machen konnte, ermutigt, sich ebenfalls auf die Suche nach seinen Wurzeln zu begeben. Er rief mich gleich am Tag darauf an.

»Ich will nun endlich wissen, wer mein Vater war«, sagte er ohne Umschweife. »Das wird mit 72 Jahren doch auch endlich mal Zeit, oder?«, witzelte er.

Ich merkte sofort, dass ich es mit einem humorvollen Menschen zu tun hatte. »Ja«, stimmte ich ihm zu, »höchste Zeit!«

»Gut, dann ist das hier Ihr nächster Auftrag. Na, dann machen wir uns mal an die Arbeit! Was müssen Sie wissen?«

Norbert war direkt, das mochte ich. Ohne dass ich nachfragte, erzählte er mir noch, dass er Musiklehrer war und selbst Oboe und Fagott spielte. Er war verheiratet und hatte drei Kinder. Und er war schon zweifacher Opa.

Ich bat ihn in einem ersten Schritt, Notizen von allem zu machen, was ihm zu seinem Vater einfiel, beziehungsweise von allem, was seine Mutter, die bereits verstorben war, über ihn erzählt hatte.

»Das brauche ich gar nicht tun. Ich habe alles hier in meinem Kopf parat. Ich kann sofort loslegen.«

Ich stellte mir ihn vor, wie er selbstbewusst mit den Fingerspitzen an seinen Kopf tippte und dabei aufrecht dastand. Okay, dachte ich mir, warum nicht jetzt gleich, und verlegte meine Postablage auf später. »Gut, dann schießen Sie mal los!« Ich saß an meinem Computer und tippte mit, was Norbert mir über den Lautsprecher meines Telefons erzählte.

»Immer wieder hat meine Mutter von meinem Vater erzählt, was für ein stattlicher Mann er gewesen sei, wie geistreich er sich ausgedrückt habe, wie lustig er gewesen sei und wie ähnlich ich ihm sei und überhaupt wie wunderbar alles hätte werden können, wenn die Russen nicht so schnell nach Breslau vorgerückt wären. Ja, das war ihre Weltsicht. Sie hing eigentlich ihr Leben lang dem Jahr 1944 nach, dem Jahr, in dem sie mit meinem Vater zusammen gewesen war, ihr ganz privates Glücksjahr. Sie stammte aus einem kleinen schlesischen Ort. Aus Angst vor den Russen war sie mit meiner Halbschwester Rosi, die damals vier Jahre alt war, zu einer ihrer Tanten nach Breslau geflohen. Ihr Mann, Heinrich, galt an der Front als vermisst. Sie war Näherin und hoffte auch, in der Stadt eine Anstellung zu finden. Und in all diesem Chaos ist sie meinem Vater begegnet. Sie hat ihn in einem Café kennengelernt, den gut aussehenden jungen Jan. Er erzählte ihr, dass er Architekt sei und Künstler. Schon nach wenigen Wochen zog meine Mutter wohl zu ihm in seine Einzimmerwohnung. Er hatte eine feste Stelle, immer genug Geld, um sie zum Essen einzuladen und ihr Geschenke mitzubringen. Das gefiel ihr bestimmt. Ich bin mir sicher, dass meine Mutter mit ihm glücklich war und sich eine gemeinsame Zukunft ausmalte. Aber sie hätte sich doch fragen müssen, warum ein junger, gesunder Mann damals nicht als Soldat an der Front war! Das kommt mir komisch vor. Vielleicht wollte sie ihm gar keine unangenehmen Fragen stellen. Sie war über beide Ohren in ihn verliebt und wollte sich wahrscheinlich vormachen, dass nun alles gut würde. Doch das Glück ihrer Romanze währte nur kurz. Eines Abends brach die kleine Welt meiner Mutter wieder zusammen. Jan war weg. Und kam auch nicht wieder. Kein Abschiedsbrief. Nichts. Und jetzt wird es seltsam: Alle seine Sachen waren noch da. Als meine Mutter sie in den folgenden Tagen, als sie schon ahnte, dass er nicht zurückkehren würde, durchsah, fand sie unter anderem eine vergoldete Uhr, Malutensilien und ein paar wenige private Fotos, darunter auch ein Foto einer Frau, das wohl in Rotterdam aufgenommen worden war. Es stand eine Adresse auf der Rückseite. Es dämmerte meiner Mutter, dass Jan nicht der war, für den sie ihn gehalten hatte: Was hatte Jan mit Holland zu tun? War Jan etwa Niederländer? Aber er sprach doch ein akzentfreies Deutsch ... Ein niederländischer Zivilist in Schlesien zu dieser Zeit? Meine Mutter war fassungslos und ratlos. Wer war Jan wirklich? Sie vermutete nun, dass sein plötzliches Verschwinden etwas damit zu tun haben musste, dass die Russen mit ihrer Roten Armee kurz vor Breslau standen. War er ein Agent? Oder nur ein abenteuerlustiger Lebenskünstler? In jedem Fall war er weg. Sie war am Boden zerstört. Und dann machte auch noch ich mich bemerkbar. Ohne Geld, mit einer kleinen Tochter an der Hand und von Schwangerschaftsübelkeit geplagt, machte sie sich im Januar 1945 auf die beschwerliche Flucht in Richtung Westen. Sie hatte noch eine Cousine in Altenburg in Thüringen. Das war ihr erstes Etappenziel.«

Norbert erzählte so flüssig, dass ich kaum mit dem Tippen hinterherkam. Er gab weiter, was er wohl so oft gehört hatte, dass es bei ihm in Fleisch und Blut übergegangen war.

»Stellen Sie sich vor, als ich vier Jahre alt war, kam der Mann meiner Mutter unerwartet aus seiner Kriegsgefangenschaft in Russland zurück. Er hatte uns über das Rote Kreuz gefunden. Wir lebten mittlerweile in Würzburg, wo wir bei einer weiteren Cousine meiner Mutter Unterschlupf gefunden hatten. Meine Mutter hatte sich dort nach dem Krieg als Schneiderin selbstständig gemacht. Und dann kam ›Vati‹. So nannte auch ich ihren Mann, obgleich mir von Anfang an klar gesagt wurde, dass er nur der Vater meiner Schwester sei, nicht meiner. Und als ich zehn und alt genug war, das zu verstehen, hat meine Mutter es mir auch erklärt. Da gab es keine Geheimnisse. Vati schien damit keine Probleme zu haben. Er war auch mir gegenüber nie feindselig, sondern eigentlich genauso liebevoll wie Rosi gegenüber.«

»Hat Ihre Mutter eigentlich versucht, Ihren Vater zu finden?«, unterbrach ich ihn, denn ich bemühte mich, noch mehr Informationen über Jan zu bekommen. Bisher gab es ja nicht viele Daten zu ihm.

»Diesen Teil der Geschichte hat mir meine Mutter als Kind nie erzählt. Wie gesagt, sie trauerte ja ihr Leben lang insgeheim den paar gemeinsamen Monaten in Breslau nach. Aber auf mein Drängen hin, ein paar Jahre vor ihrem Tod, erzählte sie mir, dass sie gleich nach dem Krieg, als sie noch davon ausging, dass ihr Mann tot sei, eine Klage auf Feststellung der Vaterschaft eingereicht hatte. Ohne Erfolg. Sie hatte wohl die Antwort bekommen, dass niederländische Soldaten nicht für im Krieg gezeugte Kinder aufkommen müssten. Um mögliche Ansprüche rechtlich geltend zu machen, fehlte ihr das notwendige Geld. Also ließ sie es dabei bewenden. Die Vaterschaft blieb amtlich offen. Ich habe nach ihrem Tod dazu auch keinerlei Unterlagen gefunden. Keine Ahnung, ob das alles überhaupt stimmt. Allerdings hatte meine Mutter mir Jan als zweiten Vornamen gegeben. Obwohl sie mir gegenüber betonte, dass Jan ihre große Liebe gewesen sei, erinnere ich mich doch auch an eine gewisse Bitterkeit, die manchmal bei allem Schwärmen für meinen Vater durchkam. Sie sagte einmal zu mir, dass er eines Tages schon sehen werde, was für ein fescher Mann aus seinem Sohn geworden sei, auch ohne seine Hilfe.«

»Was ist mit dieser Adresse auf dem Foto? Hat sie dort nie hingeschrieben?«, warf ich ein. Ich konnte mir einfach nicht vorstellen, dass eine Frau, die anscheinend eine solch große Liebe erlebt und ein Kind mit diesem Geliebten hatte, nicht wenigstens versuchen würde herauszufinden, warum er in einer Nacht- und Nebelaktion verschwunden war.

»Sie hat nie etwas davon gesagt. Vielleicht wollte sie aber auch gar nichts Genaues wissen. Vielleicht fürchtete sie, dass Jan verheiratet war. Vielleicht wollte sie sich nicht bloßstellen. Vielleicht war sie dazu zu stolz«, überlegte Norbert laut.

»Und wie war das für Sie? Zu wissen, dass Ihr Vati gar nicht Ihr Vater war, und Ihren biologischen Vater nicht zu kennen?«, wollte ich wissen.

»Ich habe ihn als Kind nie vermisst oder darunter gelitten, ihn nicht zu kennen. Ich kannte es ja nicht anders. Und, wie gesagt, Vati war ja da. Das genügte mir. Erst als ich erwachsen war, kam mir mehr aus Neugier als aus irgendwelchen seelischen Nöten der Gedanke, mich auf Spurensuche nach Jan zu begeben. Es fing an, mich zu interessieren, was für ein Mensch er war, was er über die Vergangenheit dachte, ob er eine Familie und ich womöglich weitere Halbgeschwister hatte. Allerdings hielt mich der Gedanke, in eine fremde Familie, die von meiner Existenz womöglich nichts weiß, einzudringen, immer davon ab, etwas zu unternehmen. Außerdem ging ich immer davon aus, dass er schon tot sein müsste. Aber das war vielleicht auch ein innerer Vorwand, nicht den Mut aufbringen zu müssen, mich mit ihm zu konfrontieren. Vielleicht ging es mir wie meiner Mutter: Ich wollte es auch vermeiden, abgewiesen zu werden.«

»Ja, diese Gefahr besteht leider immer, wenn man Menschen sucht und findet, die sich vor langer Zeit von einem verabschiedet haben oder gar nichts von einem wissen«, bestätigte ich ihm.

»Also, Sie sehen, das Thema Vater war eigentlich abgehakt. Und dann kommen Sie plötzlich daher. Direkt in mein Wohnzimmer. Durch den Fernseher.«

Ich musste lachen.

»Was mich an Ihrer Sendung beeindruckt hat, war, dass die Suche, die dort gezeigt wurde, relativ sachlich ablief ohne ein emotional getränktes Drehbuch im Rücken. Niemand drückte künstlich auf die Tränendrüse. Aber Sie waren auch nicht kalt oder nur rational. Die Mischung stimmte einfach. Da wusste ich: Jetzt geht es los. Diese Frau wird mir helfen. Das werden Sie doch, oder?« Nun lachte auch Norbert.

»Ich werde mein Bestes tun, um Ihren Vater zu finden«, versprach ich.

»Ach übrigens, ich fahre demnächst mit dem Zug durch Frankfurt, dann bringe ich Ihnen die Fotos vorbei.«

Darüber war ich froh, denn ich bevorzuge immer persönliche Treffen mit meinen Klienten. Ich kann mich dann besser in sie hineinversetzen und ihre Suche auch emotional besser begleiten.

Das Treffen mit Norbert dauerte allerdings nicht sehr lang. Er hatte nur eine halbe Stunde Zeit, während er auf seinen Anschlusszug nach Trier wartete, wo er seine Tochter besuchen wollte. Norbert war groß und ein heller Typ, mit vielen Sommersprossen im Gesicht und auf den Armen. Man konnte sich den holländischen Einschlag durchaus vorstellen, wenn man ihn sah. Er lachte schon von Weitem, als er mich erkannte. »Jetzt bin ich aber mal gespannt, was Sie herausfinden werden!«, kam er fast stürmisch auf mich zu. Er drückte mir einen Umschlag mit den Fotos in die Hand. »Aber nicht verlieren!«, witzelte er.

Die Adresse auf dem Foto von Norberts Vater war Gold wert. Selten beginnt eine Suche mit so eindeutigen Hinweisen. Es war fast ein Leichtes, Jan auf die Spur zu kommen. Im Stadtarchiv in Rotterdam konnte der Mitarbeiter, den ich gebeten hatte, nach der Adresse in den alten Verzeichnissen der 40er-Jahre zu suchen, Jan sofort zuordnen. Leider war es so, wie Norbert es schon erwartet hatte: Sein leiblicher Vater war bereits seit vielen Jahren tot.

Noch bevor ich Norbert Bescheid gab, versuchte ich so schnell wie möglich herauszufinden, ob Jan eine Familie hatte. So konnte ich die traurige Nachricht vielleicht mit hoffnungsvollen Aspekten überbringen. Norbert hatte mir ausdrücklich den Auftrag gegeben, auch Halbgeschwister ausfindig zu machen, falls es welche gäbe. Er stellte sich vor, durch sie etwas über den Vater zu erfahren und endlich das Geheimnis zu lüften, warum dieser damals in Breslau gewesen war und warum er von dort ohne Nachricht an seine Mutter wieder verschwunden war.

Eine ergiebige Quelle für Informationen über Verwandte sind für gewöhnlich Todesanzeigen. Doch der Todesfall lag schon so lange zurück. Und ich hatte ja keine Ahnung, ob eine Anzeige geschaltet worden war. Und wenn ja, in einer regionalen oder überregionalen Zeitung? Im Internet recherchierte ich also zunächst die Zeitungslandschaft in Rotterdam. Ich hatte Glück. Es gab nur eine Zeitung mit Hauptsitz in Rotterdam, und dies war zugleich die auflagenstärkste Zeitung der Niederlande. Eine E-Mail mit der Frage nach der Todesanzeige wurde prompt beantwortet. Es gab tatsächlich einen Nachruf auf Jan. Und siehe da: Norbert hatte offensichtlich drei Halbgeschwister. Mit ihren auf der Anzeige aufgeführten vollständigen Namen konnte ich mithilfe von Telefonbüchern und Interneteinträgen zügig die aktuellen Adressen und sogar ihr Alter herausfinden.

Eine Schwester war zwei Jahre älter als Norbert. Die anderen beiden bedeutend jünger. Jetzt war es an der Zeit, Norbert zu informieren. Der reagierte wieder mit Humor: »Na also, geht doch!« Über den Tod seines Vaters war er natürlich nicht überrascht. Er hatte bei dem Alter gar nicht mehr damit gerechnet, ihn lebendig zu finden. Über die Halbgeschwister freute er sich allerdings sehr: »Nun habe ich also eine ältere Schwester! Und endlich bin ich nicht mehr der Jüngste!«

Wir überlegten jetzt gemeinsam, wie wir auf die Geschwister zugehen könnten. Sollte ich erst einmal vorfühlen? Oder wäre es besser, gleich ein paar persönliche Zeilen von Norbert weiterzuleiten? Er entschied sich dafür, selbst einen Brief zu schreiben. Ich war beeindruckt, wie beherzt er an die Sache heranging. Viele Klienten brauchen an dieser Stelle erst einmal Bedenkzeit. Norberts Brief war keine zwei Wochen später fertig. Ich ließ ihn ins Niederländische übersetzen und schickte ihn in dreifacher Ausfertigung zusammen mit je einem Foto von Norbert verschlossen mit einem Begleitschreiben meinerseits ab. Nun waren drei Briefe an drei verschiedene Adressen in Rotterdam unterwegs. Es wurde spannend.

Schon nach wenigen Tagen rief mich Norbert ganz enthusiastisch an: »Mareike, meine ältere Schwester, hat mir geschrieben! Auf Deutsch!« Im Namen aller Geschwister teilte sie Norbert mit, dass sie sich sehr über seinen Brief gefreut hätten und dass sie ihn sehr gerne kennenlernen würden. Allerdings stand wohl auch in dem Brief, dass sie froh seien, dass Norbert sich erst jetzt, wo auch ihre Mutter schon tot sei, gemeldet habe. Niemand hatte eine Ahnung davon gehabt, dass Norbert existierte. Mareike schrieb, dass sie nicht sicher sei, wie ihre Mutter reagiert hätte. Sie vermutete, dass es sie schwer belastet hätte zu hören, dass ihr Mann sie betrogen und sogar ein Kind gezeugt hatte. Denn sie sei bereits seit 1941 mit ihm verheiratet gewesen. »Sehen Sie, so etwas hatte ich damals schon geahnt. Vielleicht war es also auch gut so, dass ich wegen meiner Zweifel nicht früher aktiv geworden bin. Aber jetzt fahre ich hin!«

Als Norbert mich wieder kontaktierte, kam er gerade von seinem Besuch in Rotterdam zurück. »Ich muss Ihnen einfach gleich erzählen, wie schön es war. Wir vier Geschwister haben uns zuerst ohne unsere Familien allein in einem Café getroffen. Sie werden es nicht glauben: Wir sind uns einfach in die Arme gefallen, ohne uns je vorher gesehen zu haben. Können Sie sich das vorstellen? Mir sind die Tränen gekommen, und den anderen auch. Zuerst haben wir fast gar nicht über unseren Vater gesprochen, sondern uns erzählt, wie wir leben, was wir beruflich gemacht haben und was unsere Kinder tun. Doch in den Tagen darauf trafen wir uns reihum zu Hause bei den Geschwistern. Meine Frau war auch dabei. Wir wurden mit einer vertrauten Offenheit behandelt, als ob wir uns schon lange kennen würden. Sie zeigten mir viele Fotos von früher, die ich alle gleich abfotografiert habe. Und dann konnte ich all die Fragen stellen, die mir schon so lange auf der Seele brannten.«

Allerdings bekam Norbert nicht auf alle Fragen eindeutige Antworten, weil auch Jans anderen Kindern nicht ganz klar war, was ihr Vater in Breslau genau getan hatte. Sie wussten, dass er als junger Mann 1939 freiwillig zur niederländischen Armee gegangen war und dort unter anderem ein neues System für die Verwaltung von Landkarten einführte. An der Front war er auch. Schon nach kurzer Zeit allerdings geriet er schwer verletzt in deutsche Gefangenschaft, aus der er 1941 wieder entlassen wurde. Er kehrte nach Rotterdam zurück und begann, Architektur zu studieren. Einen Abschluss konnte er wegen der Kriegswirren nicht machen. Aber er heiratete in dieser Zeit und bekam seine erste Tochter. Ende 1943 ging er dann nach Breslau, um dort in einem Unternehmen zu arbeiten, in dem Radaranlagen gefertigt wurden. Aber genauso wie Norbert konnten sich die Geschwister bis heute keinen Reim darauf machen, warum er als Zivilist in das Land der Feinde ging, um dort sogar für sie zu arbeiten. Aber als Spion konnten sie ihn überhaupt nicht einordnen. Eher als Kollaborateur. Sie hatten ihre Mutter einmal danach gefragt. Doch sie konnte – oder wollte – ihnen keine Antwort darauf geben. Auf jeden Fall begann dann die Zeit, in der Norberts Mutter mit Jan zusammenlebte. Doch warum das plötzliche Verschwinden? Dafür gab es eine Erklärung: »Mein Vater hatte meinen Geschwistern wohl einmal erzählt, dass er zwei Arbeiter beobachtet hatte, die Produktionsgüter aus dem Lager der Firma gestohlen hatten, um sie zu Geld zu machen. Als die es bemerkten, schwärzten sie unseren Vater an. Er wurde verhört, und ihm drohte eine Festnahme. Da wohl kurze Zeit zuvor aus demselben Grund bereits zwei Niederländer exekutiert worden waren, bekam es mein Vater mit der Angst zu tun und floh, so schnell er konnte. Und ließ seine Habseligkeiten in der Wohnung zurück, wo meine Mutter sie später an sich nahm.«

Ich hörte gebannt zu, wie Norbert Stück für Stück die Vergangenheit seines Vaters zusammensetzte. »Was mein Vater seiner Familie von seiner Flucht aus Breslau erzählte, war sehr dramatisch. In Dresden, wo er durchkam, überlebte er laut seinen Erzählungen den schweren Bombenangriff vom 13. bis 15. Februar 1945 im Keller der Semperoper. Und Anfang Mai soll er kurz nach Kriegsende wohl für die Amerikaner als Dolmetscher im Konzentrationslager Buchenwald bei Weimar tätig gewesen sein. Deshalb kam er wohl später als die meisten holländischen Soldaten wieder zurück nach Hause.« Beweise hätten Jans Kinder dafür allerdings nicht. Wieder zurück in Holland, verlief Jans Leben in geordneten Bahnen und ohne dramatische Ereignisse. Er begann, als Handelsvertreter zu arbeiten, und baute sich eine bescheidene Existenz auf. In seiner Freizeit zeichnete er viel. Die Familie wuchs und brauchte Platz. Also kaufte er in den 50er-Jahren ein Reihenhaus in einem Rotterdamer Vorort und lebte dort bis zu seinem Tod. Anscheinend kam Jan gut mit seinen Kindern und seiner Frau aus. Die vielen Fotos in den bunten Alben zeigten alle eine ausgelassene Stimmung, eine glückliche Familie.

»Haben Ihre Geschwister wirklich nichts von der Beziehung Ihres Vaters zu Ihrer Mutter gewusst?«, hakte ich noch mal nach.

»Nein, anscheinend nicht. Mein Vater hatte ja auch nichts aus Breslau mitgenommen, weil er direkt von der Firma aus geflohen war, ohne noch einmal nach Hause zu gehen. Sein einziges Hab und Gut auf der Flucht waren seine Kleider und ein bisschen Geld. Es konnte also auch keinen Hinweis auf meine Mutter geben. Und sie hatte ihm ja nie an die bekannte Adresse auf dem Foto geschrieben. Also ging er heim und lebte sein Leben weiter, als wäre in Breslau nichts gewesen.«

»Aber dann wusste Ihr Vater ja auch nichts davon, dass Ihre Mutter schwanger mit Ihnen war. Und so hat er auch nur Ihre Mutter sitzen gelassen, nicht aber Sie. Und weil Ihre Mutter sich auch sofort, nachdem er verschwunden war, selbst auf die Flucht begeben musste, hat er ja gar nicht gewusst, wo er sie hätte finden sollen, wenn er das gewollt hätte«, fügte ich eins und eins zusammen.

»Das stimmt wohl. Aber schlimm genug, dass er ihr nicht Bescheid gegeben hat, bevor er sich aus dem Staub gemacht hat. Das wäre doch wohl sicher gegangen.«

»Vielleicht hat er gefürchtet, dass er sich von Ihrer Mutter nicht hätte losreißen können? Vielleicht musste er deshalb diesen rigorosen Schnitt machen?« Leider würde Norbert das alles nicht mehr erfahren.

Norbert schien erleichtert. Er hatte nun den fehlenden Baustein seiner Vergangenheit gefunden. Das genügte ihm. Und er freute sich sehr darüber, seine Halbgeschwister kennengelernt zu haben. »Wir waren uns alle einig, dass wir in Kontakt bleiben wollen. Auch meine andere Halbschwester Rosi möchte mit ihrer Familie zum nächsten Familientreffen kommen. Das wird dann wohl hier bei uns stattfinden. Hoffentlich bald, denn wir sind ja alle nicht mehr die Jüngsten. In unserem Alter soll man nichts mehr aufschieben.«

2. KAPITEL

Ein Baby irgendwo auf der Welt

Jede Wurzelsuche birgt mindestens eine Überraschung. Und dramatische Wendungen gehören zum Standard. Oft finden meine Klienten auch nicht das, was sie erhofft, oder die Person, auf deren Suche sie sich ursprünglich gemacht haben. Stattdessen hält das Leben für diejenigen, die die Initiative ergreifen, immer wieder erstaunliche Geschenke bereit.

Auch Paula ging es so. Ihre erste Kontaktaufnahme klang erst mal wenig motiviert. Ich erhielt von ihr eine E-Mail mit lediglich zwei Sätzen: »Können Sie mir dabei helfen, meinen leiblichen Vater zu finden? Ich weiß weder, wer er ist, noch, wo er wohnt.« Als ich ihr das positiv beantwortete, machte sich die 50-jährige, aber bedeutend jünger wirkende, große, athletisch gebaute Frau mit schulterlangen braunen Haaren auf den Weg zu mir. Da wusste sie natürlich noch nicht, welche Tür sich am Ende dieser Suche für sie öffnen würde. Ihr ging es am Anfang einzig darum, sich Klarheit darüber zu verschaffen, wer ihr leiblicher Vater war. Sie klang weder aufgeregt noch verzweifelt, eher nüchtern und wenig emotional. »Ich will einfach nur die fehlenden Puzzlestücke in meinem Leben finden und alle Teile zu einem Ganzen zusammensetzen können«, sagte sie mit ruhiger Stimme und einem unverkennbar bayerischen Akzent. Sie war in Frankfurt geboren und kehrte also an den Ort ihrer Geburt zurück, an dem sich zufälligerweise auch mein Büro befindet. Ein gutes Omen.

Paulas Geschichte beginnt wie die vieler meiner Klienten: Kurz nach ihrer Geburt in Frankfurt war sie von ihrer Mutter zur Adoption freigegeben worden. Die Lebensumstände der leiblichen Mutter hatten es offenbar nicht zugelassen, selbst für ihr Kind zu sorgen. Glücklicherweise fand das Jugendamt schnell passende Eltern für Paula. Diese gingen mit der Adoption von Anfang an transparent um. Oft erzählten sie der Heranwachsenden davon, wie sie sie als Baby direkt aus der Klinik abgeholt und zu sich nach Hause gebracht hätten, voller Glück, weil sie sich so sehr ein Kind gewünscht hätten. In dieser liebevollen Atmosphäre wuchs die Adoptivtochter beschützt und in jeder Hinsicht gefördert auf. Als Einzelkind galt ihr alle Aufmerksamkeit in der Familie. »Es hat mir nie an etwas gefehlt. Im Gegenteil: Ich hatte eine richtig schöne Kindheit«, erzählte Paula. Ich merkte ihr an, wie dieses ihr ermöglichte Urvertrauen sie zu einer selbstbewussten Frau gemacht hat, die fest in ihrem Leben steht. Sie lebe in München, sei verheiratet und habe zwei Töchter. Auch in ihrem Beruf als Gymnasiallehrerin fühle sie sich wohl, sagte sie. Aber wieso gerade jetzt das Interesse an ihrer Vergangenheit?

Vor einem Jahr war ihre Adoptivmutter verstorben, auch ihr Adoptivvater lebte schon seit vier Jahren nicht mehr. Jetzt, wo sie keine Gefühle bei ihnen mehr zu verletzen fürchten musste, wo es auch keine möglichen Loyalitätskonflikte mehr gab, wollte sie ihrer Herkunft auf die Spur kommen. Ohne Stress, ohne Druck, ohne Eile. Ich hatte Mitgefühl mit Paula. So lange hatte sie ihren Wunsch zu suchen unterdrückt. Aber ich freute mich auf die Recherche. Denn Paula wirkte ziemlich entspannt. Oft fühlen sich meine Klienten unter einem gewissen Druck, wenn sie sich einmal – endlich – für die Suche nach ihren Wurzeln entschieden haben. Einige wollen dann sofort Klarheit und am besten gleich morgen Antworten. Und nicht noch länger warten in der Ungewissheit. Diesen Druck kann ich häufig deutlich spüren. Doch in einigen Fällen dauert es lange, bis Ergebnisse auf dem Tisch liegen, weil es doch viele Hürden zu nehmen gilt und sich erst nach geraumer Zeit Kreise schließen lassen. Zur Wurzelsuche braucht man oft einfach Geduld. Paula schien davon genug zu haben. Und so machten wir uns in Ruhe daran, alle Fakten zu sammeln, die meine Klientin wusste oder sogar belegen konnte. Sie hatte ein Bündel vergilbte Unterlagen mitgebracht, das sie von ihren Adoptiveltern bekommen hatte, als sie zwölf Jahre alt gewesen war. »Das ist alles, was ich von meinen leiblichen Eltern besitze«, sagte sie, während sie ihre Geburtsurkunde, die Bescheinigung ihrer Wohnortsummeldung von Frankfurt nach München sowie ein Foto ihres leiblichen Vaters sorgfältig vor mir ausbreitete. Ich sortierte: ihre Geburtsurkunde, ein notarieller Beschluss zu ihrer Adoption, ein Impfpass und eine Urkunde, in der eine Namensänderung von Stephanie auf Paula dokumentiert war. Stephanie, dachte ich bei mir und fand, dass beide Namen zu ihr passten. Ich fragte sie nicht, welchen Namen sie bevorzugte. Heute ging es darum, die Daten zu ihrer Suche aufzunehmen. Die Tatsache, dass ihr Name geändert wurde, notierte ich in dem Genogramm, das ich für jede Herkunftsklärung erstelle. Vielleicht würde die Namensänderung im weiteren Verlauf noch eine Rolle spielen. Vielleicht auch nicht.

Offenbar waren die Adoptiveltern doch nicht ganz durchsichtig mit der Adoption umgegangen. Das wurde im Gespräch mit Paula immer deutlicher. Obwohl klar kommuniziert worden war, dass sie nicht die leibliche Tochter ihrer Eltern war, empfand sie doch immer eine unsichtbare Mauer, die sie von ihrer Herkunft trennte. Schon als Jugendliche spürte sie, dass es von ihren Eltern nicht erwünscht war, dass sie sich näher dafür interessierte, Fragen stellte oder gar auf eigene Faust nach ihren leiblichen Eltern suchte. »Ich hatte den Eindruck, dass mich meine Eltern vor etwas beschützen wollten, vielleicht vor einer unschönen Wahrheit.« Doch darüber gesprochen wurde nie. Das Unausgesprochene lag aber immer in der Luft. Paula bekam nur spärliche Informationen über ihre leiblichen Eltern. So erzählte ihr Vater ihr, dass die leibliche Mutter bei der US-Armee in Frankfurt gearbeitet habe, als sie dort Paulas späteren Vater, einen dort stationierten amerikanischen Soldaten, kennengelernt habe. Als die Mutter schwanger wurde und Paula zur Welt brachte, wollte ihr Vater die Adoptionsfreigabe wohl verhindern und das Kind mit zu sich in die USA nehmen. So hatte es ein Mitarbeiter des Jugendamts damals den Adoptiveltern erzählt. Eine Ehe der beiden war scheinbar nicht infrage gekommen. Die genauen Hintergründe und warum der Vater mit seinem Ansinnen scheiterte, blieben im Dunkeln.

Etwa ein Jahr bevor Paula mich kontaktierte, also gleich nach dem Tod ihrer Adoptivmutter, hatte sie bereits ihre leibliche Mutter über das Jugendamt ausfindig gemacht. Wie sie dort herausgefunden hatte, lebte die Mutter nach wie vor in Frankfurt. Vom Jugendamt wusste Paula, dass sie kurz nach der Geburt ihres ersten Kindes geheiratet und vier weitere Kinder bekommen hatte. Doch drei davon seien von ihr, obgleich es eheliche Kinder seien, ebenfalls zur Adoption freigegeben worden. Und Paula wurden häufige Aktenvermerke über Alkoholismus und Gewalt mitgeteilt. Ich fragte mich im Stillen, ob ihre Mutter wohl selbst in ihrer Kindheit Ähnliches oder Schlimmeres erlebt hatte. Es ist bekannt, dass Drogenkonsum und Körperverletzung oder gar Missbrauch oft in ähnlicher Weise von Generation zu Generation weitergetragen werden.

Aber noch war gar nichts klar. Paulas Mutter hatte damals leider nicht auf ihren Kontaktversuch reagiert. Lange Zeit erschien es ihr ohne die Mutter fast aussichtslos, etwas Näheres über den Vater in Erfahrung zu bringen. Doch in der Akte des Jugendamts, die sie vor Ort eingesehen hatte, befanden sich dann auch der Vor- und Nachname ihres leiblichen Vaters und das Schwarz-Weiß-Foto von ihm, das einen breit lächelnden, attraktiven jungen Mann mit dunklen Haaren und großen dunklen Augen zeigt. Das war also Marshall, ihr Vater. Damit müsste es doch möglich sein, mehr herauszufinden. Paula wollte nicht aufgeben. Sie wollte unbedingt auch noch die Spur zum Vater aufnehmen. Nur wusste sie jetzt nicht recht, wie sie in der Recherche weiterkommen sollte, zumal die Fährte in die USA führte.

Die Mutter wollte also keinen Kontakt. Was könnte wohl der Grund dafür sein? Scham? Gleichgültigkeit? Angst? Wir haben lange über diese Frage gesprochen. Paula ging davon aus, dass ihre Mutter so viele Probleme hat, dass sie nicht die Kraft hatte, sich mit ihr zu konfrontieren. Schließlich bat mich Paula, hier noch einen weiteren Versuch zu starten. Die Telefonnummer der Mutter war, das fand ich schnell heraus, nicht mehr aktuell. Wahrscheinlich hatte sie, wie viele Menschen heutzutage, ihr Festnetztelefon abgemeldet und nur noch ein Handy. Doch ihre Wohnadresse galt laut Meldeamt noch, das war ja schon mal etwas. An ihrer Wohnung zu klingeln und mit der Tür ins Haus zu fallen wäre sicherlich von vorneherein kontraproduktiv gewesen. Deshalb versuchte ich es über einen Umweg. Durch die Hintertür sozusagen. Ich machte über die Adresssuche im Telefonbuch eine Nachbarin der Mutter ausfindig und rief bei ihr an. Ich deutete an, dass ich für ein Ehemaligentreffen ihre Nachbarin suche. Sie war sehr gesprächig, und so erfuhr ich von ihr, dass Paulas Mutter alleine und sehr zurückgezogen lebte. Ohne dass ich nachhaken musste, erzählte sie mir auch, dass die Mutter das Haus kaum verlasse. Auch grüße sie kaum, wenn man ihr begegne. Diese Informationen genügten mir, um die Lage einschätzen zu können. Ich überlegte kurz, ob ich sie einfach besuchen sollte. Doch verwarf den Gedanken dann als zu übergriffig. Sie hat sich nun mal entschieden, keinen Kontakt zu wollen. Ich befand mich hier wohl in einer Sackgasse. Die Mutter so erweichen zu können, dass sie weitere Informationen herausrücken würde, erschien mir wenig aussichtsreich. So ist das bei meiner Arbeit immer wieder: Ich stoße am Anfang einer Suche häufig an Grenzen und Mauern, vor allem menschliche. Bis dann irgendwann doch endlich der Durchbruch gelingt. Aber hier lag noch ein weites Stück Weg vor mir, das spürte ich. Als ich Paula davon erzählte, wie unnahbar und menschenscheu ihre Mutter von der Nachbarin beschrieben wurde, schien sie nicht sonderlich überrascht oder enttäuscht darüber. Mir fiel auf, dass es ihr weniger um ein Treffen mit der Mutter als um Informationen zu ihrem Vater ging. Und sie traute mir offensichtlich zu, auch ohne weitere Informationen ihrer Mutter den Vater ausfindig machen zu können.

Ich ließ die Mutter also erst einmal außen vor und konzentrierte mich stattdessen auf die Vatersuche. Etwas, was Paula bei ihrer eigenen Recherche ganz übersehen hatte, war, dass in den Kopien aus der Adoptionsakte neben dem Namen des Vaters auch die genauen Daten seiner Stationierung vermerkt waren. Das war ein besonders wertvoller Hinweis, dem ich sogleich auf den Grund ging. Mir erschien sein Name so ungewöhnlich, dass ich große Hoffnung hatte, mit einer einfachen Internetrecherche im Zusammenhang mit seinem ehemaligen Dienstgrad ihm zumindest geografisch auf die Spur zu kommen. Doch falsch gedacht. In den öffentlichen Datenbanken poppten gleich mehrere Tausend mit dem gleichen Nachnamen auf. Also doch ein amerikanischer Allerweltsname. Der Vorname war nur einmal verzeichnet. Aber viele mit dem passenden Initial. Vielleicht konnte ja die Militärverwaltung weiterhelfen? Es war wahrscheinlich, dass dort noch weitere Daten hinterlegt waren. Von besonderer Wichtigkeit ist immer das Geburtsdatum. Denn damit lässt sich ein Mensch von gleichnamigen Personen am eindeutigsten unterscheiden. Von dort eine Antwort zu erhalten dauerte allerdings erfahrungsgemäß mehrere Wochen bis Monate. Paula hatte zwar versichert, dass sie keine Eile habe. Doch nun brannte es *mir* unter den Nägeln. Aber auch mir blieb nichts anderes übrig, als zu warten, denn dies war zu diesem Zeitpunkt unsere einzige verlässliche Fährte.

Tatsächlich erhielt ich erst nach sechs langen Wochen Nachricht. Obwohl ich an jenem Tag eigentlich auf dem Sprung zu einem wichtigen Termin war und keine Zeit für die Post hatte, riss ich den Umschlag doch noch schnell mit nervösen Händen auf. Ich wusste, nun hieß es hopp oder top. Hatten wir ihn schon gefunden? Oder konnten wir mit dem, was in dem Brief stand, wenigstens den nächsten Schritt machen? Wenn ich an einem entscheidenden Punkt bei einer Suche stehe, fällt es mir oft schwer, geduldig zu sein. In solchen Momenten steigt das Adrenalin des Jagdfiebers dann schlagartig in meinem Blut an, und ich kann einfach nicht mehr abwarten.

Und so überflog ich in Mantel und Schal schnell die Zeilen. Was ich las, gab mir einen Stich ins Herz. Ja, wir hatten den richtigen Marshall gefunden, Paulas Vater. Alle Daten stimmten überein. Auch das Geburtsdatum passte und seine Zeit in Deutschland. Aber leider war er schon viele Jahre zuvor verstorben, im Alter von nur 60 Jahren. Ich blieb erst einmal regungslos. Wütend und enttäuscht steckte ich den Brief in meine Handtasche und ärgerte mich über mich selbst. Über meine Ungeduld und darüber, dass ich während meines Termins den Kopf nicht wirklich frei haben würde, sondern meine Gedanken darum kreisen würden, aus welchem Grund dieser so sympathisch wirkende Mann wohl viel zu jung gestorben war.

In der Besprechung drehte sich das Fragenkarussell in meinem Kopf: Wie würde Paula reagieren? Woran war ihr Vater gestorben? War Marshall verheiratet gewesen? Hatte er Kinder oder andere Angehörige hinterlassen? Gab es noch Menschen, die von ihm erzählen könnten? Wie sollte ich nun weiter vorgehen?

Als ich am Abend von meinem Termin zurückkam, las ich mir die Auskunft des Militärarchivs noch einmal in Ruhe durch. Marshall, geboren in Dallas im US-Bundesstaat Texas, war ein Jahr lang bei der Versorgungseinheit der US-Armee in Frankfurt stationiert gewesen. Und genau am Ende dieses Jahres war Paula zur Welt gekommen. Doch in seiner Militärakte stand, dass er bei seinem Ausscheiden aus der Armee unverheiratet und ohne Kinder gewesen sei. Ja, und dann noch sein Sterbedatum und der Ort.

Nun fiel mir die Aufgabe zu, Paula die traurige Nachricht über den frühen Tod ihres Vaters möglichst schonend zu überbringen. Ich schrieb ihr eine kurze Mail, dass es ein Zwischenergebnis gebe, und fragte, wann wir miteinander telefonieren könnten. Sie schrieb sofort zurück, dass es jetzt möglich sei, und während ich das las, klingelte auch schon das Telefon. »Hallo, hier ist Paula.« Ich teilte ihr die traurige Nachricht mit. Das Schweigen am anderen Ende des Telefons verriet mir ihre Betroffenheit. Sie sprach einfach kein Wort. So lange, bis ich nachfragte, ob sie noch da sei und ob es ihr so weit gut gehe.

»Alles umsonst. Es war alles umsonst.« Sie klang deprimiert. Ihre besonnene Haltung aus unseren ersten Gesprächen schlug in Resignation und Traurigkeit um. »Ich hatte so gehofft, ich könnte ihn finden«, sagte sie. Die Enttäuschung war nicht zu überhören.

»Wir haben ihn gefunden«, widersprach ich ihr sanft. Ich versicherte ihr, dass die Suche damit aber nicht abgeschlossen sei. Denn wer weiß, ob wir noch andere Angehörige aus ihrer Familie finden würden? Und damit noch weitere Informationen, die von ihr ersehnten Puzzleteile eben. Herkunftssuche ist auch Wahrheitssuche. Und die ist eigentlich nie abgeschlossen. Ein ganzes Leben lang nicht.

Jetzt, wo mir das Geburtsdatum des Vaters bekannt war, fing ich am folgenden Tag an, weitere Informationen über ihn zu sammeln. Als ob ich endlich den Schlüssel zu einem lang verschlossenen Tor gefunden hätte, ging plötzlich vieles ganz einfach. So fand ich heraus, dass Marshall neben einer Schwester das zweite Kind eines Lehrerehepaars war. Die Eltern blieben ein Leben lang in ihrem Einfamilienhaus in Texas wohnen. Er selbst hatte einen mittleren Schulabschluss und ging gleich danach zur Armee. Vielleicht hatte ihn die Reiselust gepackt? Vielleicht erschien es ihm interessant, in Deutschland zu leben? Als er von dort zurückkam, zog er mehrere Male um, bis er schließlich fünf Jahre später an seine letzte Adresse in der Nähe von San Diego zog, wo er bis zu seinem Tod wohnte.

Wenn es keine Möglichkeit mehr gibt, einen gesuchten Angehörigen kennenzulernen, sind oft drei Dinge besonders wichtig. Zuallererst: mindestens mal ein Foto des Gesuchten zu sehen, über das man womöglich Ähnlichkeiten zu sich selbst feststellen kann. Viele Klienten wünschen sich außerdem, etwas darüber zu erfahren, wie die Mutter oder der Vater gelebt haben, wo sie ihren Platz im Leben hatten, was sie getan und mit wem sie ihre Zeit verbracht haben. Sie wollen sich ein möglichst umfassendes Bild machen. Sie wollen den Gesuchten darüber kennenlernen, sein Verhalten einordnen und ihn verstehen. Und das Wichtigste ist für meine Klienten oft, zu erfahren, ob der gesuchte Vater über sie Bescheid wusste und über sie gesprochen hat und ob die Zeugung ein Akt der Liebe, von beiden gewollt war.

Ich habe einen Zugang zu einer öffentlichen Datenbank abonniert, in der unter anderem historische Eheeinträge verzeichnet sind. Darüber erschloss ich mir also zusätzlichen Einblick in das Leben von Paulas Vater. Er war verheiratet gewesen. Allerdings starb seine Frau nur zehn Jahre nach der Hochzeit. Wie gerne hätte ich Paula Halbgeschwister vorgestellt. In den Datenbanken konnte ich aber leider keinen Hinweis auf weitere Kinder finden. Wieder musste ich Paula vertrösten. Denn auch jetzt war die Suche noch nicht zu Ende. »Vielleicht finden wir noch andere Verwandte«, ermutigte ich sie. Paula war einverstanden, dass ich die Recherche fortsetzte, auch wenn sie sich alles andere als zuversichtlich zeigte. Aber immerhin: Sie wusste ja, wo ihre Mutter wohnte, und sie hatte wenigstens ein paar Details über ihren Vater erfahren. Sie wollte sich schon gerade damit abfinden, als ich plötzlich auf einen überraschenden Adresseintrag stieß.

Am leichtesten findet man Zugang zu möglichen Verwandten über Todesanzeigen. Aber offensichtlich gab es keine. Deshalb beschäftigte ich mich noch einmal intensiver mit den ehemaligen Adressen des Verstorbenen. Seine letzte Adresse war ein Einfamilienhaus gewesen. Zu meiner Überraschung fand ich heraus, dass dort heute noch immer eine Person mit dem gleichen Nachnamen im Telefonbuch eingetragen war. War das ein Versehen? Mit Karen war doch sicher seine verstorbene Frau gemeint, oder? Ich tüftelte hin und her. Das konnte einfach nicht stimmen. Denn warum sollte sie dort immer noch vermerkt sein, obwohl sie schon so lange tot war? Aus der Ahnenforschungsdatenbank ging hervor, dass diese Karen hier 20 Jahre jünger als Marshall war. Hatte er vielleicht noch einmal geheiratet? Hatte ich einen entsprechenden Eintrag irgendwo übersehen? Oder hatte die Heirat in einem sogenannten »closed state« stattgefunden, also einem Staat, der seine Geburten-, Sterbe- und Eheregister nicht veröffentlicht? Oder: Hatte vielleicht seine Schwester dort ebenfalls gewohnt? Unmöglich, denn sie war ja älter als er und zudem, so fand ich heraus, hatte sie geheiratet und führte einen anderen Namen. Auf der Spur nach Karen fand ich heraus, dass sie schon als Jugendliche unter dieser Adresse gemeldet gewesen war. Also doch ein Kind des Ehepaares? Aber so viel ich auch suchte, ich fand keinen passenden Geburtseintrag dazu! Was war hier los? Wer war Karen? Vor lauter offenen Fragen wurde ich immer unruhiger. Abends beim Zähneputzen grübelte ich weiter. Sollte es etwa sein, dass Karen ebenfalls adoptiert worden war, so wie Paula? Wahrscheinlicher schien mir doch, dass sie vielleicht eine Cousine väterlicherseits war.

Nun kam wieder mehr Schwung in die Suche, und auch Paula schien etwas von meiner Zuversicht angesteckt zu werden. Gemeinsam formulierten wir einen Brief an Karen. Es war schwer, denn wir wussten nicht, wer Karen eigentlich war. So wählten wir die Worte mit großer Vorsicht und sehr zurückhaltend: »Wir vermuten, dass Marshall der leibliche Vater meiner Klientin war, und erhoffen, mehr über ihn zu erfahren. Daher nehmen wir in aller Höflichkeit Kontakt auf«, schrieben wir abschließend. Da die Betroffenen in den USA nicht mehr am Leben waren, konnten wir offen einfach schreiben, worum es ging.

Das Kuvert adressierte ich handschriftlich. Zu oft schon habe ich erlebt, dass Briefe mit dem geschäftsmäßig üblichen Fensterbriefumschlag für unerwünschte Werbung gehalten und deswegen ungelesen in den Abfall geworfen wurden. Während ich die Adresse schrieb und die Briefmarken aufklebte, war mir etwas mulmig zumute, wie immer, wenn ich Briefe dieser Art versende. Denn zu diesem Zeitpunkt ist völlig unklar, ob der Empfänger des Briefes überhaupt von der Existenz meines Klienten weiß.

Ich habe auch immer wieder erlebt, dass Menschen, gerade in den USA, eher skeptisch sind, wenn sie plötzlich von einer wildfremden Person kontaktiert werden. Denn sie befürchten, es könnte sich um einen Betrug handeln, mit dem sich falsche Verwandte Geld oder Erbschaften erschleichen wollen. Aufgrund des fehlenden Datenschutzes in den USA sind Familienbeziehungen und Geburtsdaten öffentlich zugänglich. Ich erlebe aber auch andere Vorbehalte und Befürchtungen. Schließlich werden die Betroffenen aus heiterem Himmel mit ihrer eigenen Vergangenheit oder mit der ihres Partners oder ihrer Eltern konfrontiert. Geht es um Geld? Um Unterhaltsnachzahlungen? Um Erbschaftsansprüche? Ob Paulas Vater wohl jemandem von seinem Kind in Deutschland erzählt hatte? In welchem Verwandtschaftsverhältnis auch immer Karen zu Marshall und damit auch zu Paula stand, in wenigen Tagen würde sie einen Brief in Händen halten, der für beide lebensverändernd sein könnte.

Fünf Tage dauert es im Normalfall, bis ein Brief aus Deutschland in den USA ankommt. Es lagen viele Tage des Wartens vor Paula. Ihre ursprüngliche Geduld war durch die vielen Etappen, die für sie auch Rückschläge und immer wieder langes Warten bedeuteten, auf die Probe gestellt worden. Sie wollte das Thema nun endlich abschließen können. Das merkte ich bei jedem Gespräch mit ihr zunehmend. Doch gab es nach fünf Tagen noch keine Antwort. »Solche Neuigkeiten müssen von den Betroffenen immer erst verdaut werden. In den seltensten Fällen antworten sie noch am selben Tag«, tröstete ich Paula erneut. Ich fieberte mit. Das Wochenende kam. Nichts. Die nächste Woche brach an. Nichts. Kein Anruf. Keine E-Mail. Nichts. Ein Tag nach dem anderen verging ohne ein Lebenszeichen von Karen. Auch von Paula hörte ich in dieser Zeit nichts. Ich hatte die Hoffnung schon fast aufgegeben, als, 14 Tage nachdem wir unseren Brief abgeschickt hatten, endlich die ersehnte Antwort bei mir im Briefkasten lag. Karen hatte ihre Worte auf dünnes hellblaues Luftpostpapier geschrieben. Ihr Kugelschreiber hatte das Papier auf der Rückseite regelrecht gestanzt, mit so viel Nachdruck hatte sie ihre Antwort verfasst:

*Liebe Frau Panter,
ich bin überglücklich, von Paula zu hören! Meine Eltern hatten keine gemeinsamen leiblichen Kinder. Genauso wie Paula wurde ich also als Baby adoptiert. Sie waren sehr gut zu mir, aber leider starb meine Mutter, als ich noch ein Kind war. Doch das schweißte meinen Vater und mich noch mehr zusammen. Mein, nein, unser Vater hat mir schon früh von Paula erzählt. Er nannte sie immer »mein Baby irgendwo auf dieser Welt«. Es wurde ihm immer sehr wehmütig ums Herz, wenn er von ihr sprach, weil er sie so gerne um sich gehabt hätte. Aber er hatte sie nicht kennenlernen dürfen. Das hat ihm schwer zu schaffen gemacht. Aber nun darf ich das. Gerne erzähle ich Paula mehr von unserem Vater. Vielleicht will sie mich besuchen kommen?
Liebe Grüße, Karen*

Mir blieb der Mund offen stehen. Tatsächlich, Karen war ein adoptiertes Kind. Als ich den Brief gemeinsam mit Paula las, ließ sie ihren Tränen freien Lauf. »Siehst du!«, rief ich freudig. Paula hatte ihre Eltern gesucht und eine adoptierte Halbschwester gefunden, die sie liebevoll in die Arme schließen wollte. Hier waren sie also, die fehlenden Puzzlestücke, nach denen meine Klientin gesucht hatte. Nun endlich konnte sie das ganze Bild bis auf wenige Lücken zusammensetzen. Als ich Paula das letzte Mal traf, ließ sie es offen, ob sie später noch mal einen Versuch starten wollte, ihre Mutter zu kontaktieren. Sie hatte den Eindruck, dass diese zu sehr in ihrer eigenen Welt gefangen war und ihr Leben vielleicht eher belasten als bereichern würde.

Mit Karen verband sie inzwischen ein reger Austausch. Über

sie erfuhr Paula, dass sie ihrem Vater sehr ähnlich war. Er war genauso akribisch und konnte kein Kreuzworträtsel ungelöst lassen, wenn es einmal begonnen war. Ihre Herkunftssuche war für sie abgeschlossen, es fühlte sich rund an.

3. KAPITEL

Die Überraschung am Grab

Dass es im Leben fast immer anders kommt, als man denkt, kennen wir alle. Doch meine Klientin Katharina erlitt am Ende ihrer Vatersuche einen regelrechten Schock, so vollkommen unerwartet traf sie, was wir herausfanden. Damit hatte sie wirklich nicht gerechnet. Und ich auch nicht. Doch eins nach dem anderen.

Katharina ist eine viel beschäftigte Beraterin in einer Werbeagentur. Schon bei unserem ersten Telefonat meinte ich einen erhöhten Stresslevel in ihrer Stimme zu hören. Sie war kurz angebunden. Und das, obwohl sie gerade Urlaub hatte. Ihre erste Information war sehr dürftig: Sie suche ihren Vater. Mehr wollte sie fürs Erste am Telefon nicht erzählen. Lieber wolle sie persönlich mit mir sprechen, bat sie. Ich entnahm dem Ton in ihrer Stimme, dass sie in Eile war, und hakte nicht nach, obwohl ich neugierig war, worum es sich genau handelte. Also suchten wir ein Datum für ein Treffen. Allerdings schien es aussichtslos, einen Termin zu finden, an dem sie Zeit hatte, obwohl sie wie ich in Frankfurt arbeitete, also keinen weiten Anfahrtsweg hatte. Sie war über Wochen hinweg ausgebucht.

Endlich, einen Monat später, kam sie zu mir. Es war Winter und bereits dunkel, als sie pünktlich um 18 Uhr klingelte. Während wir uns begrüßten, ging mir durch den Kopf, dass ich sie mir vollkommen anders vorgestellt hatte: eher groß und kräftig, denn ihre Stimme war am Telefon so fest und tief gewesen. Und jetzt stand eine zierliche Frau Anfang 50 vor mir, einen halben Kopf kleiner als ich. Sie war extravagant gekleidet mit einer karierten Knickerbocker-Hose und schwarzen hohen Schaftstiefeln. Als ich ihr einen Bügel für ihre perfekt dazu passende Wolljacke reichte, fielen mir ihre gepflegten Hände auf. Die Frau hat wirklich Stil, dachte ich bei mir. Der Blick hinter ihrer extrem auffallenden grünen Brille blieb anfangs noch sehr zurückhaltend. Sie sah oft zu Boden. Erst mit der Zeit ließ sie mehr Blickkontakt zu. Es fiel ihr offensichtlich schwer, sich auf ihre Entscheidung, ihren Vater jetzt ernsthaft zu suchen, richtig einzulassen. Nachdem ich ihr einen Platz angeboten hatte, ging ich kurz in die Küche, um Tee zu holen. Sie schien fast erleichtert, einen Moment allein zu sein. Aus den Augenwinkeln sah ich sie sich unruhig auf ihrem Stuhl einrichten. Als ich mit dem Tablett zurückkam, hatte sie ihre mitgebrachten Papiere ordentlich vor sich platziert und sah mich erwartungsvoll an. »An die Arbeit«, erwiderte ich ihr Nicken und setzte mich mit gezücktem Block und Stift neben sie. Während wir vor unseren dampfenden Teetassen saßen, erzählte sie erst stockend und dann immer flüssiger, wie sie ihre Kindheit erlebt hatte. Die Worte flossen aus ihr heraus. Ich machte mir Notizen und hörte zu.

»Das Thema, wer mein Vater war, blieb in meiner Kindheit ein großes Tabu«, schloss sie. Da war es wieder, das Wort, das ich so oft aus dem Mund meiner Klienten höre. »Ich durfte ihn von mir aus nicht erwähnen und schon gar nicht konkrete Fragen stellen«, fügte sie hinzu. Sonst wäre ihre Mutter ärgerlich geworden. Schweigen aus Angst: Auch das kannte ich von anderen Klienten. Die Mutter impfte ihr immer wieder ein, dass sie froh und dankbar zu sein habe, dass sie sie durchbringe. Das sollte ihr genügen. »Für wen, glaubst du, tue ich das?«, hielt sie der kleinen Katharina immer wieder vor, dass sie bei anderen Leuten putzen gehen und so ihr Geld verdienen musste. Sie war früh Mutter geworden und hatte nicht die Möglichkeit gehabt, einen Beruf zu erlernen oder zu studieren, obgleich sie sehr intelligent und interessiert war.

Es war sicher nicht leicht für Katharina, dachte ich. Und doch empfand ich auch Respekt für die Mutter. In den 50er-Jahren, einer Zeit, in der alleinerziehende Mütter in Deutschland gesellschaftlich eigentlich nicht vorgesehen waren oder sogar abschätzig angesehen wurden, haben viele andere in ähnlicher Situation ihr Kind zur Adoption freigegeben. Auch oft mit Druck von Jugendamt und Familienumfeld. Katharinas Mutter wurde von ihren Eltern unterstützt, und obwohl sie dadurch ihr Kind behalten konnte, fiel es ihr offensichtlich schwer, ein glückliches Leben zu führen. Auch einen Mann zu finden, der eine Frau mit einem nicht ehelichen Kind heiratete, war schwierig. Das Stigma plagte sie. Und das ließ sie die Kleine spüren, wenn auch nicht mit böser Absicht, wie meine Klientin mir versicherte. Dennoch: Ihre Kindheit war von der Unzufriedenheit der Mutter geprägt und deshalb größtenteils »spröde«, wie Katharina sich ausdrückte. Das einzige wirkliche Highlight war in all den Jahren ihre Tante gewesen, die um viele Jahre ältere und etwas exaltierte Schwester ihrer Mutter, die selbst keine Kinder hatte und ebenfalls unverheiratet war. Aber: Sie besaß ein Damenhutgeschäft und entwarf ihre eigenen Kollektionen. Katharina mochte ihre Tante. Im Geschäft und im Atelier verbrachte sie viel Zeit mit ihr. Die Tante war ihr eine wichtige Inspiration. Sie lernte von ihr nicht nur etwas über Design, sondern auch darüber, wie man ein Geschäft führt. Als Jugendliche durfte sie sie auch immer begleiten, wenn sie neue Stoffe kaufen ging. »1000 verschiedene Farben und Muster ... und alles so weich ... ein Traum!«, schwelgte sie plötzlich, als sie davon erzählte. Das bisher so ernste Gesicht hellte sich auf. Katharina lächelte, während sie ihren Blick verklärt in die Ferne richtete.

So weit, so gut. Doch wo war der Vater abgeblieben? »Ich habe ihn nie kennengelernt.« Damit stockte Katharina. Als sie nun einen Schluck vom frisch eingeschenkten Tee nahm, beschlug ihre Brille. Sie lachte, weil sie einen Moment lang wie blind vor mir saß. Und ich dachte, dass diese beschlagenen Brillengläser wie ein Symbol waren. Ein Symbol für die versperrte Sicht auf ihren Vater. Weder Mutter noch Tante hatten ihr über die Jahre viel Konkretes über ihn verraten. Vielleicht wussten sie selbst gar nicht mehr? Katharina erfuhr erst als Erwachsene mal von der einen, mal von der anderen in geschickt eingefädelten Gesprächen ein paar Einzelheiten über ihren Vater: dass er Friedhelm hieß, dass er in den 50er-Jahren in Bonn Maschinenbau studiert hatte. Katharinas Tante erinnerte sich, dass er von einem Umzug in seiner Grundschulzeit erzählt hatte, vom feinen Kronberg bei Frankfurt nach Hannover. Katharina sagte verzweifelt, dass mehr aus den beiden Frauen einfach nicht herauszubringen gewesen sei. Sie fragte einmal im Bonner Rathaus nach, hier hatte er ja angeblich studiert. Schon am Telefon wurde sie schroff zurückgewiesen: Ohne eine Adresse oder ein Geburtsdatum könne sie es vergessen, mehr über ihren Vater zu erfahren.

So wenig, wie über den Vater erzählt wurde, so viel wurde dafür ausgiebig über ihn geschimpft: »Ein Taugenichts und zu nichts zu gebrauchen, ja, das ist er gewesen«, donnerte die Mutter, wenn das Gespräch darauf kam. Und wenn es ganz schlimm kam: »Und du siehst ihm zu allem Unglück auch noch verdammt ähnlich!« Tatsächlich: Das Schwarz-Weiß-Foto, das Katharina mitgebracht hatte, zeigte einen lächelnden Mann mit Nickelbrille, dessen Augen- und Stirnpartie der seiner Tochter eins zu eins glich. Auf dem Foto hatte er die rechte Augenbraue keck nach oben gezogen und schaute verschmitzt, mit dem Blick von unten. Sympathisch, fand ich. Offensichtlich ein Mensch mit Humor.

Bis zu diesem Zeitpunkt war unser Gespräch relativ sachlich und ruhig verlaufen. Mit »Jetzt reicht's« läutete Katharina eine andere Phase ein: »Ich will das Schweigen endlich auflösen. Immer habe ich mich danach gesehnt, so wie alle meine Freundinnen auch einen Vater zu haben. Aber meine Mutter hat ihn mir vorenthalten. Das war nicht richtig von ihr.« Mit aller Wucht hatte sie versucht, die Mutter unter Druck zu setzen, damit diese ihr endlich reinen Wein einschenkte, erzählte sie. Sogar mit Drohungen, sie werde sie nie wieder besuchen, wirkte sie auf sie ein. Doch nichts half. Die Erinnerung an die Zeit um Katharinas Geburt war für sie jedes Mal mit einem Schmerz verbunden. Die Mutter blieb stur. Für einige Zeit machte Katharina ihre Drohung sogar wahr und blieb dem Seniorenheim, in dem die Mutter seit einigen Jahren wohnte, fern. Ob ihr Vater denn je erfahren hat, dass es Katharina gibt, blieb im Dunkeln. Irgendwann verstand sie, dass sie andere Wege gehen musste, ihre eigenen. Ihre Mutter würde sie nicht mehr ändern können. Und so war sie bei mir gelandet.

Als sie sich wieder beruhigt hatte, waren zwei Stunden seit ihrer Ankunft vergangen. Meine Klientin war sichtlich erschöpft. »Ich bin es nicht gewohnt, so viel von mir preiszugeben«, sagte sie. Zum Abschied bat sie mich in ihrem ursprünglichen sachlichen Ton, dass ich sie bis spätestens in drei Wochen über den Stand meiner Recherchen informieren solle. Ihre professionelle Art war mir zwar angenehm, aber ob ich in nur drei Wochen Ergebnisse vorweisen konnte, stand in den Sternen.

Da der Nachname des Vaters zum Glück einzigartiger war als Huber oder Mayer und es sich bei seinem Geburtsort nach den ersten Hinweisen wahrscheinlich auch nicht um eine Millionenstadt wie Berlin handelte, versprach ich mir bereits von meinen Anfangsrecherchen ein gutes Ergebnis. Ich verlasse mich nie auf nur eine Quelle, sondern recherchiere parallel auf mehreren Wegen. Denn es würde zu lange dauern, auf eine Antwort zu warten, die womöglich negativ ausfällt, und dann erst mit der nächsten

Strategie ins Feld zu ziehen. Außerdem ergänzen sich Informationen häufig, oder die eine Quelle erlaubt es mir, die andere zu verifizieren. Also schickte ich zuerst eine Standardanfrage an das Standesamt in Kronberg, weil ich hoffte, dass es sich dabei auch um Friedhelms Geburtsort handelte. Gleichzeitig bestellte ich mir per Fernleihe in der Stadtbücherei die Bonner Adressbücher aus den Jahren 1954 bis 1957. Ich wollte prüfen, ob er tatsächlich dort gewohnt hatte. Würde sich das bewahrheiten, hätte ich schon den ersten konkreten Anhaltspunkt, mit dem ich weiterarbeiten könnte.

Hoffnungsvoll und mit einer gewissen Ehrfurcht blätterte ich in den vergilbten Büchern, den Zeugen längst verblasster Tage. Immer wenn ich historische Adress- oder Telefonbücher in den Händen halte, überkommt mich ein nostalgisches Gefühl. Eine vergangene Welt taucht vor meinem inneren Auge auf: Wer hat wohl damals, vor mehr als 60 Jahren, seine Finger angefeuchtet, um die einzelnen hauchdünnen Blätter besser umschlagen zu können? Stehend? Sitzend? In einem großen Haus? In einer kleinen Wohnung? Gesund? Verzweifelt? Nach wessen Nummer wurde gesucht? Welche Leben haben sich dadurch verknüpft?

Doch dieses Mal wurde ich ziemlich schnell ernüchtert. Ich blätterte vor und zurück und wieder vor und wieder zurück. Kein Treffer. Den gesuchten Nachnamen gab es vier Mal, aber leider ohne den passenden Vornamen Friedhelm. Auch keine entsprechende Abkürzung, die noch eine Tür offen lassen würde, war verzeichnet. Die Namen waren alle ausgeschrieben. Möglich, dass er zwar in Bonn studiert, aber *bei* Bonn, also außerhalb, gewohnt hatte, dachte ich mir. Denn das kannte ich schon von anderen Suchen. Alle Nachbargemeinden von Bonn abzusuchen würde allerdings zu viel Zeit kosten, also setzte ich biografisch früher an. Vielleicht brachten mich die Hannoveraner

Telefonverzeichnisse weiter. Blieb nur zu hoffen, dass die Eltern nicht *bei*, sondern eben tatsächlich *in* Hannover gewohnt hatten.

Als die schweren Telefonbücher aus den Jahren 1952 und 1953 aus Hannover ankamen und ich sie zu meinem Platz in der Bibliothek geschleppt hatte, ging alles ganz schnell. Denn es gab da nur eine einzige Familie mit dem gesuchten Namen. Die mussten es sein, dachte ich mir siegessicher. Wenige Tage später der Beweis: Das Stadtarchiv in Hannover bestätigte, dass genau diese Familie aus Kronberg zugezogen und dass Friedhelm 1955 nach Alfter bei Bonn umgezogen sei. Na bitte! Ich hatte die Fährte aufgespürt. Und die verlief nun zickzack weiter durch die junge Bundesrepublik. Die Beamten aus Alfter hatten sich zwar zwei Wochen Zeit gelassen, mir zu antworten. Aber von ihnen erfuhr ich zuverlässig, dass Friedhelm 1959 nach Heidelberg umgezogen war. Und zwar in ein damaliges Studentenwohnheim, wie ich herausfand. Er war also auch dort immatrikuliert gewesen. Fünf Jahre später war es weiter nach Köln gegangen, wie ich wiederum vom Einwohnermeldeamt in Heidelberg erfuhr. Ich vermutete, dass auch in Köln nicht Endstation gewesen war, weil Friedhelm zu diesem Zeitpunkt noch relativ jung gewesen war und vielleicht den Arbeitsplatz gewechselt oder womöglich irgendwo anders eine Familie gegründet hatte. Aber ich täuschte mich.

Es war ein düsterer Februartag, an dem es gar nicht richtig hell werden wollte, als ich die dazu passende, traurige Gewissheit über Friedhelms Verbleib erhielt. In einem Schreiben des Kronberger Standesamts las ich, dass Katharinas Vater mit 64 Jahren in Köln verstorben war. Nachdem ich in Erfahrung gebracht hatte, dass er in Kronberg geboren worden war, hatte ich dort gleich eine Anfrage hingeschickt, weil im Geburtenbuch auch die Todesdaten festgehalten werden. »Die Suche ist damit wohl beendet«, sagte ich traurig vor mich hin. Es würde kein freudiges Treffen mit ihrem Vater für meine Klientin geben. Das stand fest.

Mehr als drei Wochen waren seit unserem Termin vergangen. Ich hatte Katharina zwar zwischenzeitlich jeweils auf den neuesten Kenntnisstand gebracht. Aber nun musste ich ihr das abschließende Ergebnis meiner Recherche mitteilen. In diesem Fall keine schöne Aufgabe, die aber auch immer wieder zu meiner Arbeit gehört. Ich bat Katharina per E-Mail um ein Gespräch und schrieb eine weitere E-Mail an das Standesamt in Köln. Wenigstens wollte ich ihr den Ort nennen können, wo ihr Vater beigesetzt worden war, damit sie dort Abschied am Grab nehmen konnte. Den ganzen Tag über erhielt ich von meiner Klientin keine Antwort, sicher saß sie wieder in einem Meeting nach dem anderen, so wie sie mir bei unserem ersten Gespräch ihren Arbeitsalltag geschildert hatte. Auch am nächsten Morgen kein Lebenszeichen von ihr. Dafür bereits eine Antwort aus Köln: »Der gesuchte Sterbeeintrag ist bei uns nicht verzeichnet.« Wie bitte?! Das konnte doch gar nicht sein. Mein Gehirn ratterte. Da ich mir darauf für den Moment absolut keinen Reim machen konnte, speicherte ich den Brief erst einmal als »Suchschritt« an entsprechender Stelle meiner speziell für die Herkunftssuche programmierten Datenbank. Die Suchschritte der einzelnen Fälle werden mir automatisch am kommenden Tag als »Wiedervorlage« auf meiner täglichen To-do-Liste gezeigt. Ich habe es mir angewöhnt, irritierende Informationen oder Auskünfte erst einmal ruhen zu lassen und eine Nacht darüber zu schlafen, um sie mir dann ausgeruht noch einmal durch den Kopf gehen zu lassen. Am nächsten Morgen erhielt ich endlich eine Nachricht von Katharina. Sie befinde sich auf Geschäftsreise in Dubai und werde sich nach ihrer Rückkehr in drei Tagen wieder bei mir melden. Das kam mir gerade recht. So hatte ich noch einen Puffer, die widersprüchliche Auskunft aus Köln zu prüfen. Nun kam aber ein Rätsel zum anderen. Das Kölner Einwohnermeldeamt, das ich ebenfalls angefragt hatte, schrieb mir, dass die von mir gesuchte Person bei ihnen nicht bekannt sei. Aber Kronberg schrieb doch, dass er in Köln verstorben war!

Ich ließ mich erst einmal ratlos in meinen Schreibtischstuhl zurückfallen. Minutenlang konnte ich nicht denken. Wie konnte das sein? Dann kam es mir: Na klar, es musste sich natürlich um einen Fehler des Standesamtes in Kronberg handeln. Es lag bestimmt eine Verwechslung vor. Es konnte gar nicht anders sein. Ein weiterer Anruf, und die Angelegenheit müsste geklärt sein. Wahrscheinlich war Friedhelm eben doch an einem anderen Ort gestorben.

Doch die Beamtin in Kronberg, die sich die Vermerke noch einmal gründlich vornahm, bestätigte mir erneut, dass Friedhelm in Köln verstorben sei. Alle mir bekannten Daten stimmten mit ihren überein. Ich bat sie um eine Kopie des Eintrags und schickte diesen an das Standesamt in Köln. »Verflixt und zugenäht«, hörte ich mich leise vor mich hin fluchen. Das konnte doch alles nicht wahr sein. Der Standesbeamte aus Köln konnte mit der Registernummer, die bei dem Eintrag in Kronberg stand, nun etwas anfangen. Ja, diesen Sterbeeintrag hatte man nun gefunden. Also doch, dachte ich mir. Allerdings zu schnell. Die Daten der angefragten Person stimmten nämlich nicht mit diesem Eintrag überein, wurde mir mitgeteilt. Sogar das Geschlecht stimmte nicht einmal. Also, jetzt wurde es mir aber zu bunt. Ein weiterer Anruf beim Einwohnermeldeamt brachte mich auch nicht weiter. Auch dort wurde mir nur erneut bestätigt, dass der Gesuchte in Köln nicht gemeldet war. Wie es zu diesem offensichtlichen Fehler gekommen war, konnte mir niemand erklären und weiterhelfen erst recht nicht.

Ich fühlte mich wie bei Monopoly im Nebel. Ich war eindeutig auf dem falschen Feld: »Gehen Sie zurück auf Los!« Ich tat, was mir das Spiel beschied, und begab mich an den Ausgangspunkt. In Heidelberg fragte ich also erneut an und erhielt eine Adresse in Köln, an die der Gesuchte von dort aus damals hingezogen sein sollte, zumindest laut Eintragung.

Wieder wälzte ich Telefonbücher. Dieses Mal allerdings elektronisch. Ich hatte das Kölner Telefonbuch von Friedhelms angeblichem Sterbejahr glücklicherweise auf CD im Büro. Unter der Adresse fand ich zu der Zeit zwölf Parteien, ein Mehrfamilienhaus also. Vielleicht hatte es dort unter den Bewohnern seither keinen so großen Wechsel gegeben, und ein ehemaliger Nachbar konnte mir helfen, den mysteriösen Fall zu lösen? Ich versuchte mein Glück systematisch und klapperte eine Nummer nach der anderen ab. Erst bei der vorletzten hatte ich Erfolg. Ein älterer Mann nahm ab. Als ich ihm erklärte, wen ich suchte, war er erst misstrauisch. Warum ich wissen wolle, wer im Haus wohne oder gewohnt habe? Wer genau ich sei? Herkunftsberaterin? Davon habe er im Leben noch nichts gehört. Doch nach einigen Erklärungen konnte ich seine Bedenken zerstreuen, und er taute langsam auf. »Ja, der Friedhelm, das war ein ganz Besonderer«, fing er bedeutsam an zu erzählen, und ich war froh, endlich wieder eine Information zu bekommen. Die beiden kannten sich wohl einige Jahre, wohnten Tür an Tür. Über die Zeit hinweg wurden sie zu Freunden. Beide waren in technischen Berufen tätig und hatten ähnliche Interessen. Vor allem als die Frau des Nachbarn gestorben war, verbrachten sie immer mehr Zeit miteinander, gingen spazieren oder ab und an ein Bier trinken. Friedhelm habe allein gelebt, sei eher einsam gewesen und habe die Gesellschaft genossen, so erzählte der Nachbar. Doch leider sei er vor wenigen Jahren einem Krebsleiden erlegen. Die Freundschaft fehle ihm, setzte der Nachbar noch hinzu. Und ich meinte ein leises Schluchzen am anderen Ende zu hören. Dann war da nur noch Schweigen. Auch ich war gerührt, denn nun konnte sich der Kreis für Katharina schließen. Endlich konnte ich den Fall abschließen, so schien es. Ich hatte eine Idee: »Würden Sie Friedhelms Tochter zu seinem Grab begleiten?« Der Nachbar räusperte sich und stammelte etwas für mich Unverständliches. Aber letztendlich willigte er ein, wenn auch noch etwas zögerlich. Viele Male schon musste ich am Ende einer Herkunftssuche Klienten vom Tod ihrer Eltern berichten. Auch dieses Mal war das keine leichte Aufgabe. Weil es zu lange dauern würde, bis Katharina Zeit für ein Treffen hätte, vereinbarten wir einen Telefontermin. Wie erwartet, nahm sie das Ergebnis meiner Arbeit gefasst auf. Ich bot ihr an, sie zum Grab ihres Vaters zu begleiten, wenn sie das wünsche. Ein ehemaliger Nachbar wolle uns den Ort zeigen. Dazu müssten wir allerdings nach Köln fahren. Drei Wochen später fuhren wir gemeinsam hin. Während der ersten Minuten auf der Autobahn schwiegen wir. Ich wollte Katharina die Möglichkeit geben, sich auf das, was wir gleich erleben würden, in Ruhe vorzubereiten. Doch schon bald begann sie zu sprechen.

»Ich weiß gar nicht, was ich jetzt denken oder fühlen soll. Ich bin ja schließlich noch nie an das Grab meines Vaters gegangen«, sagte sie und zupfte ein wenig an ihrem schwarzen Kleid herum. Sie war so gekleidet, als ginge sie zu einer Beerdigung. Nichts an ihr war heute extravagant. Einzig, dass sie eine andere Brille mit besonders dickem schwarzem Rahmen trug.

»Es ist ganz verständlich, dass Sie unsicher sind«, antwortete ich ihr sanft. Nun begann sie, ihre gesamte Geschichte des abwesenden und unbekannten Vaters noch einmal zusammenzufassen. Sie nutzte die Fahrt, um sich zu vergewissern, dass das nun tatsächlich eine natürliche Konsequenz daraus sei – eben an das Grab des Vaters zu gehen. Ich hatte den Eindruck, sie wolle sich gar nicht unterhalten, sondern nur ihre Gedanken und Gefühle aussprechen. Ich hörte ihr also nur zu, ohne sie zu unterbrechen.

Nach eineinhalb Stunden Fahrt trafen wir den ehemaligen Nachbarn von Katharinas Vater am Eingang des Friedhofs. Es war ein etwas untersetzter, älterer Herr mit einem runden Gesicht und einem offenen Lächeln. Nach einer kurzen Begrüßung, bei der er sich auffällig häufig räusperte, führte er uns an eine Reihe mit Urnengräbern. Als unser Begleiter vor einem bestimmten Grab stehen blieb, schauten Katharina und ich ihn verdutzt an. Was sollte das? Der Name auf dem Grabstein lautete nicht Friedhelm. Da stand »Frieda«. Der Nachbar schwieg und schaute uns beide abwechselnd an, als erwartete er, dass wir von alleine verstünden, was das bedeuten sollte. Katharina wurde ungeduldig.

»Und wo ist das Grab meines Vaters?«

»Hier direkt vor Ihnen.«

Noch immer ratlos, machte ich einen Versuch: »Aber wir suchen doch Friedhelms Grab. Haben wir uns vielleicht missverstanden?«

»Nein, das ist sein Grab. Ich konnte das so am Telefon nicht erzählen. Ich wollte die Tochter persönlich vor mir sehen. Und dieser Ort schien mir am passendsten.«

»Wofür denn?« Katharina riss nun fast der Geduldsfaden.

»Irgendwann platzte er damit heraus«, fing der Nachbar an zu erzählen. Immer noch zögerlich. Welches Geheimnis konnte er so schwer preisgeben? Als ob er es sich doch noch einmal zu überlegen schiene, legte er wieder eine Pause ein. Ich musste mich zurückhalten, ihn nun nicht auch noch zu drängen. Auch mir lag ein »Womit? Raus mit der Sprache!« auf der Zunge. »Friedhelm war im falschen Körper geboren worden«, wagte er es. Wieder Stille. Im ersten Moment verstand ich gar nicht, was er sagte. Auch Katharina schien es so zu gehen. Alle schwiegen wir. Nach einem inneren Kopfschütteln, damit sich die Gedanken neu ordnen konnten, fiel mir die Wahrheit wie Schuppen von den Augen:

Katharinas Vater war eigentlich eine Frau gewesen. »Aber ...«, wollte ich weiterfragen. Doch nun erzählte der Nachbar von sich aus weiter. Er selbst hatte am Anfang, als Friedhelm ihm davon erzählte, seine Schwierigkeiten, mit der Situation locker umzugehen. Doch als die beiden Freunde häufiger über Friedhelms Situation sprachen, wurde er ihm nicht nur zum Vertrauten, sondern auch zu einer großen Stütze und Ermutigung. »Ich bin sogar mit ihm zu diesem Arzt gegangen. Sie wissen schon: einer, der sich mit so etwas auskennt.« Friedhelm hatte sich entschlossen, eine Geschlechtsumwandlung vornehmen zu lassen, wie wir nun erfuhren. Ihm hatte es damals nur noch an Mut gefehlt, seinen Entschluss in die Tat umzusetzen. Während Friedhelms Freund erzählte, setzte ich in meinem Hinterkopf die fehlenden Puzzlestücke in mein Suchraster ein. Jetzt machte alles wieder Sinn: die widersprüchlichen Einträge in den städtischen Registern und dass bei Friedhelms Geburtseintrag das Sterbedatum verzeichnet war, beim Einwohnermeldeamt aber nicht. Im Kronberger Standesamt stand nur eine Registernummer, unter der der Tod in Köln beurkundet war. Dass er als Frau gestorben war, stand da nicht! Und auch im Kölner Meldeamt stand seither sein weiblicher Name.

»Und nach einem langen Hin und Her, mit Hormonspritzen und therapeutischen Gesprächen und der entscheidenden Operation, war es endlich so weit. Aus Friedhelm war Frieda geworden.«

Bingo. Jetzt war es raus. Der Nachbar seufzte tief und sah uns nun direkt in die Augen in Erwartung unserer Reaktion. Genau in dem Moment sackte Katharina zusammen und wankte. Das war zu viel für sie. Erst die Enttäuschung, einen toten Vater ausfindig gemacht zu haben, und dann noch erfahren, dass sie letztendlich eigentlich zwei Mütter hatte. Schnell legten wir sie gerade auf eine Bank und hielten ihre Beine nach oben. Katharina war zum Glück noch bei Bewusstsein. Etwas Wasser, das ich in meiner Tasche dabeihatte, half ihr, sich zu stabilisieren. Sie blieb aber erst einmal auf der Bank sitzen und starrte auf Friedas Grab. Da sprach noch einmal Friedas Freund: »Leider konnte Friedhelm, ich meine Frieda, nur kurze Zeit das Leben im richtigen Körper genießen, denn dann wurde sie krank und starb. Das tat mir so leid. Sie hatte sich so darauf gefreut, sich endlich wie eine richtige Frau zu fühlen, mit allem Drum und Dran.«

Als ich mit Katharina Wochen später noch einmal telefonierte, schien sie sich mit der Situation versöhnt zu haben. Ihrer Mutter hatte sie allerdings nicht erzählt, welche Überraschung sie am Grab ihres Vaters erlebt hatte. Aber sie hatte sich die Geschichte ihrer Eltern nun neu zusammengesetzt. Was, wenn ihre Mutter damals schon ahnte oder gar wusste, wie sich der Vater fühlte? Was, wenn genau das der Grund für die Trennung oder Unmöglichkeit der Beziehung gewesen war? Was, wenn ihre Mutter deshalb immer so wütend auf ihren Vater war? Bei Herkunftssuchen bleibt am Ende in meinen Klienten nicht immer nur ein Gefühl der Harmonie und der Erleichterung, sondern manchmal herrscht auch noch Ambivalenz. So auch bei Katharina: »Auch wenn ich meinem Vater immer noch nicht verzeihen kann, dass er sich nie um mich gekümmert hat, habe ich jetzt Klarheit. Und ich finde es schön zu wissen, dass er mit seiner wahren Identität Frieden fand.«

4. KAPITEL

Ein Seitensprung und seine Folgen

In den letzten Jahren ist das Thema Scheinvaterschaft immer wieder öffentlich thematisiert und diskutiert worden. Bei einer Scheinvaterschaft hat die Mutter sowohl Kind als auch Partner glauben lassen, sie seien blutsverwandt. Häufig wird auch der Begriff »Kuckuckskind« verwendet, in Anlehnung an das Phänomen, dass ein Kuckuck mitunter seine Eier in fremde Nester legt.

Diese Konstellation ist ein häufiger Hintergrund meiner Aufträge. Meistens begeben sich die Kinder auf die Suche nach ihrem biologischen Vater. Einige Mütter, die sowohl Partner als auch Kind im Unklaren gelassen haben, empfinden ihr Schweigen oft als gar nicht so schlimm, wie es von den anderen Beteiligten wahrgenommen wird. Für sie ist alles in Ordnung, Hauptsache, der Familienfrieden bleibt gewahrt. Und es ist ihnen häufig nicht bewusst, was es für einen Mann bedeuten kann zu erfahren, dass sein geliebtes Kind nicht von ihm abstammt. Im schlimmsten Fall ist der Scheinvater so gekränkt, dass er die Verantwortung für das Kind infrage stellt und dabei aus dem Blick verliert, in welch emotionale Katastrophe er das Kind damit stürzen kann. Meiner Einschätzung nach bekennen sich die meisten Betroffenen glücklicherweise dennoch zu »ihrem« Kind, das sie erzogen und versorgt haben.

Am stärksten betroffen ist aus meiner Sicht das Kind. Es erlebt eine Identitätskrise im wahrsten Sinne des Wortes. Die eine Hälfte des eigenen Bauplans ist von einem Tag auf den anderen plötzlich völlig unbekannt! Fragen nach dem leiblichen Vater werden von der Familie teilweise zu unterdrücken versucht, und es fehlt an Verständnis für den Wunsch nach Wahrheit. Einige Klienten haben mir erzählt, dass ihnen gesagt wurde, sie sollten doch zufrieden sein, sie hätten ja einen Vater, auch wenn es nicht der leibliche sei.

Und nicht zuletzt ist es auch für den leiblichen Vater oft tragisch zu erfahren, dass er um die Vaterrolle betrogen wurde. Nachholen lassen sich die verlorenen Jahre nicht.

Aber nun zu Julia. Auch sie wuchs in einer Familie mit dieser Konstellation auf, und auch sie stieß bei ihrer Mutter immer wieder auf Unverständnis, als sie nach ihrem leiblichen Vater fragte. Als die junge Frau zu mir kam, machte sie auf den ersten Blick den Eindruck eines Menschen, der es nicht leicht hat im Leben. Die Haare bunt gefärbt und wild vom Kopf abstehend, die Kleidung erinnerte mich an die Rapper aus den Musikvideos im Fernsehen. Sie war nervös, tippte unentwegt mit ihren Füßen auf den Boden und konnte meinen Blick kaum halten. »Meine Mutter ist so stur und egoistisch«, schoss es mir entgegen, noch bevor wir uns begrüßt hatten. Oh, ist die Frau wütend, dachte ich und versuchte sie zu beruhigen: »Herzlich willkommen! Setzen Sie sich doch erst einmal bitte, und erzählen Sie ganz von vorne.« Tatsächlich schien sich Julia nun etwas zu entspannen und lehnte sich nach hinten an die Stuhllehne. Ihre Hände mit hellrosa lackierten Fingernägeln nestelten aber immer noch ununterbrochen an den Fransen ihrer durchlöcherten Jeansjacke herum, als suchten sie Halt. Ich erfuhr von Julia zunächst, dass sie gerade ihre Ausbildung zur Fremdsprachenkorrespondentin abgeschlossen und ein für sie passendes Jobangebot bei einem Schiffsbroker in Hamburg erhalten hatte. Sie war auf dem Sprung von Magdeburg in ein neues unabhängiges Leben. Sie wollte ihre Koffer aber ohne Altlasten packen. Deshalb saß sie bei mir.

»Die Ehe meiner Eltern war immer schwierig. Obwohl eigentlich alles äußerlich stimmte – sie verdienten gut, hatten ein schönes Haus, zwei Autos, alle gesund –, aber es gab ständig Streit. Als Kind verstand ich auch nie, worüber sie stritten. Es schien mir nie einen Grund dafür zu geben«, sagte Julia. Erst rückblickend verstand sie, dass etwas in der Luft lag, was niemand ahnte: Julias Mutter hatte wohl ein schlechtes Gewissen, und deshalb konnte die Familie nicht in Harmonie leben. »Sie kritisierte ständig an meinem Vater und mir herum, fand immer einen Grund, zu meckern oder zu schimpfen, schrie viel. Irgendwann wurde es meinem Vater zu bunt. Er wollte endlich seine Ruhe und zog aus. Das war einfach schrecklich für mich, ich war gerade 13 Jahre alt, und kein Stein stand mehr auf dem anderen«, erzählte sie weiter. Zwar konnten Mutter und Tochter in dem Haus wohnen bleiben, und auch am Lebensstandard änderte sich nicht viel, weil die Mutter durch ihren Job bei einem Unternehmen weiterhin einen guten Verdienst nach Hause brachte, aber ab jetzt waren sie alleine. »Mit meiner Mutter wurde es immer schlimmer. Sie ließ ihre ganze Aggression an mir aus. Es war ja sonst niemand mehr da. Sie fing sogar an zu trinken. Es war oft die Hölle.«

Julias Augen blickten in weite Ferne, als ich sie fragte, wie sie herausgefunden hatte, dass ihr Vater gar nicht ihr Vater war. Sie schien wie versunken in ihren Erinnerungen. Doch dann sah sie mich an und erzählte mir, dass auch sie das Verhalten ihrer Mutter mit der Zeit als so belastend empfand, dass sie vor einem Jahr den Kontakt zu ihr abgebrochen hatte. »Sie tut mir einfach nicht gut. Als ich sie an einem Wochenende besuchte, trank sie unentwegt. Irgendwann fing sie wieder an, mich zu kritisieren, irgendeine Lappalie stimmte nicht, ich glaube, es war mein Rock, der ihr nicht gefiel. Sie nörgelte und nörgelte. Es kam zu einem heftigen Streit. Und plötzlich brach es aus ihr heraus. Sie schrie, ich sei an allem schuld. Und dass mich nicht mal mein richtiger Vater haben wollte«, erzählte Julia nun unter Tränen. Eine Nachfrage hatte gereicht, und Julia kannte die Wahrheit: Der Mann, den sie so lange für ihren Vater gehalten hatte, war es gar nicht. »Da schlug ich nur noch die Tür hinter mir zu und ging weg. Ich war so enttäuscht von meiner Mutter. Wie konnte sie mich nur so lange anlügen?«

Erst als sie sich wieder beruhigt hatte, merkte sie, dass sie nun zwar mit der Wahrheit, aber ohne weitere Details dasaß. Ein Fragenkarussell begann sich in ihrem Kopf zu drehen. Wer war ihr tatsächlicher Vater? Warum hatte er sich nie gemeldet? Wusste er überhaupt, dass es sie gibt? Und Papa, wusste er, dass er gar nicht wirklich ihr Vater war? Der Weg zu ihrer Mutter, die ihr diese Fragen hätte beantworten können, blieb ihr jedoch erst einmal verschlossen. Julia war zu stolz und zu wütend, als dass sie sich hätte an sie wenden wollen, um Genaueres zu erfahren. Erst vor Kurzem hatte sie sich überwunden und es doch versucht. Aber nun blieb die Mutter stur. Keine Antwort auf Julias Anrufe. »Ich hatte es nie leicht, aber ich lasse mich nicht unterkriegen«, hieß Julias Kampfansage. Mit meiner professionellen Hilfe wollte sie sich nun auf die Suche nach ihrem Vater begeben.

Allerdings war das Einzige, was ihre Mutter an Information preisgegeben hatte, dass sie ihren Vater damals bei der Arbeit kennengelernt hatte. Er habe in demselben Unternehmen in der Nähe von Dresden gearbeitet. Kein Name. Nichts.

Ich schluckte. Eine Suche ohne Namen?!

Ich bot Julia an, mich in einem ersten Schritt mit ihrer Mutter in Verbindung zu setzen. Das wäre der einfachste Weg, um an weitere Informationen heranzukommen. Vielleicht würde sie auf mich anders reagieren als auf Julia. Meine Ausbildung als Mediatorin ist in solchen Situationen, wenn zwei Menschen nicht miteinander reden können, oft hilfreich. Meine Klientin war einverstanden. Erleichtert verließ die junge Frau mein Büro. Nach ein paar Schritten drehte sie sich noch mal um und winkte mir zu. Es schien ihr gutgetan zu haben, sich alles einmal von der Seele zu reden.

Der Widerstand, den ich nach Julias Erzählungen von ihrer Mutter erwartet hatte, trat nicht ein. Ich schrieb ihr, dass ich sie gerne sprechen wolle und dass es um Julias Vater gehe. Ich stellte mich auf eine lange Stille ein oder zumindest darauf, dass ich für ein Gespräch mit ihr noch mehr Überzeugungsarbeit leisten müsste. Doch als ich sie in der folgenden Woche anrief, antwortete mir zwar eine wortkarge, aber dennoch freundliche Frau. Als ich ihr mein Mitgefühl zeigte, dass es sicher eine schwierige Situation gewesen sein musste, als sie mit Julia schwanger gewesen war, taute sie zunehmend auf. Sie gab zu, dass sie Julia sehr vermisste, und es schien mir, als wollte sie ihr gegenüber etwas wiedergutmachen. Denn es brauchte nicht viel, und sie verstand, dass ihre Tochter durchaus gewillt war, wieder mit ihr in Kontakt zu treten, allerdings unter der Bedingung, dass die Mutter auf sie zukam und Informationen preisgab, die uns bei der Suche nach ihrem leiblichen Vater helfen könnten. Ohne dass ich viel fragen musste, erzählte sie mir, was Julia wissen wollte.

»Er war doch verheiratet und hatte schon Kinder«, fing sie an. »Ich musste ihm versprechen, niemandem etwas zu sagen. Ich war so jung und leicht einzuschüchtern. Er war ja um einiges älter als ich und auch noch mein Chef.«

»Das ist alles lange her«, ermutigte ich sie weiterzusprechen. Aber sie fühlte sich offensichtlich immer noch an ihr altes Versprechen gebunden und hatte den Eindruck, sich schützen zu müssen. Deshalb musste ich ihr versprechen, dem Vater ihrer Tochter nicht ihren neuen Namen und Wohnort mitzuteilen, sollte ich ihn finden. Erst dann nannte sie mir den vollen Namen und seinen Geburtsort: Er kam aus Radebeul. Auch den Namen der Firma, in der beide damals gearbeitet hatten, wusste ich nun. Na bitte! Damit ließ sich etwas anfangen.

»Bitte richten Sie meiner Tochter aus, dass ich sie liebe und vermisse. Und dass ich nie vorhatte, ihr zu schaden. Ich war nur so verstrickt. All die Jahre ...«, flehte Julias Mutter am Ende unseres Gesprächs. »Ich weiß, dass sie eine Kämpfernatur ist, und hoffe für sie, dass sie ihn finden wird. Halten Sie mich auf dem Laufenden?« Das versicherte ich ihr aufs Wort.

Mit dem nun bekannten Namen begann ich eine Tour de Force durch sämtliche Telefonbücher von Sachsen und Thüringen. Tatsächlich fand ich den Namen von Julias Vater zuerst in einem alten Telefonbuch von Radebeul. Doch bevor ich Julia darüber informieren konnte, rief sie mich an, um nachzufragen, ob es schon Ergebnisse gebe. Es brannte ihr auf der Seele, so schnell wie möglich zu erfahren, wer ihr Vater war. Sie schrieb mir immer wieder E-Mails, in denen sie nachfragte, wie der Stand der Dinge sei, obwohl ich ihr versprach, mich umgehend bei ihr zu melden, wenn es etwas Neues gebe. Ich behielt die Contenance, denn die Ungeduld bei meinen Klienten ist verständlich und gehört mit zu meinem Beruf. Die Nerven vieler meiner Klienten liegen blank, wenn sie endlich den Schritt getan haben und die Wurzelsuche angehen.

Ich fand heraus, dass Julias Vater ein paar Jahre nach ihrer Geburt nach Chemnitz umgezogen war. Und wieder einige Zeit später war er nach Erfurt weitergezogen. Dort blieb er nur ganz kurz, bis er ohne Familie nach Leipzig zog. Vor 15 Jahren schließlich verschlug es ihn nach Pirna. Dort schien er immer noch zu wohnen. Auch diese Information hatte ich keine zehn Minuten, da kam schon der nächste Anruf von Julia. Ihre Anspannung schien sich zu lösen: »Ja, ja, ja!«, rief sie immer wieder wie in einem Siegestaumel. Ich war zwar ebenfalls erleichtert, aber ich wusste aus Erfahrung auch, dass ihn aufgespürt zu haben nicht selbstverständlich hieß, dass er Julia auch treffen wollte oder könnte oder würde.

Und so wurde Julias Enthusiasmus auch bald wieder gedämpft, als sie erfuhr, dass der erste Brief an ihren Vater bisher – zwei Wochen nach seinem Absenden – noch unbeantwortet war. Ich formuliere Briefe zur ersten Kontaktaufnahme immer so neutral wie möglich, so auch hier:

Bei einer Familienforschung für unsere Klientin, geboren am _____ in Radebeul, können Sie vielleicht helfen. Bitte melden Sie sich bei uns.

Der Grund für diese noch uneindeutige Formulierung ist, dass ich vermeiden will, dass der potenziell Gesuchte beim Öffnen des Briefes, vielleicht in Anwesenheit einer Lebensgefährtin oder seiner Kinder, in eine brenzlige Situation gerät. Vielleicht würde eine Wahrheit zutage treten, die vorher niemand geahnt hat. Vielleicht soll niemand wissen, dass der Betreffende noch ein weiteres Kind hat.

Der zweite Brief macht die Angelegenheit in der Regel etwas deutlicher. Ich schicke ihn erstens per Einschreiben, denn man weiß ja nie, ob der erste Brief vielleicht gar nicht angekommen ist. Und zweitens kündige ich einen persönlichen Brief meiner Klienten an, falls der Empfänger nicht selbst auf mein Schreiben antworten sollte. Der Betroffene ist nun vorgewarnt, falls in seinem Umfeld niemand etwas von dieser Suche erfahren soll. Er hat also die Wahl, eine gewisse Öffentlichkeit zu vermeiden und zu antworten oder sich zurückzulehnen und den persönlichen Brief abzuwarten. Oft sind Menschen auch misstrauisch, wenn sie Post von mir erhalten, und wollen deshalb nicht darauf antworten. Sie vermuten leicht eine Betrugsfalle, denn schließlich kennen sie mich ja gar nicht. Oder sie möchten einfach, dass der Klient sich selbst bei ihnen meldet. Dann brauchen sie nur noch zu warten.

Bevor ich diesen zweiten Brief an Julias Vater abschickte, wollte ich ihren persönlich formulierten Brief vorliegen haben, damit ich ohne weitere Verzögerung, wenn nötig, wie angekündigt handeln könnte.

Julias Version war vier Seiten lang, eine Länge, die ihren Vater leicht überfordern und emotional »erschlagen« könnte. »Ich muss ihm doch alles erzählen und ihm sagen, wie es mir geht«, argumentierte Julia. Doch bei einem gemeinsamen Treffen mit einer Familientherapeutin, mit der ich regelmäßig zusammenarbeite, konnten wir sie davon überzeugen, die Kontaktaufnahme mit weniger Vehemenz und viel zurückhaltender zu gestalten und das Schreiben beträchtlich zu kürzen. Stattdessen wollte sie Fotos von sich und ihrem Hund beilegen. Danach hörte ich seltsamerweise zwei Wochen lang gar nichts von Julia. Als ich anfing, mir Sorgen zu machen, und schon drauf und dran war, sie anzurufen, kam der Brief von ihr an, auf eineinhalb Seiten gekürzt und bedeutend sachlicher. Sie erklärte mir in einer kurzen Notiz:

Liebe Frau Panter,
nach unserem letzten Treffen bekam ich plötzlich Angst.
Sie hatten mir geraten, vorsichtiger an meinen Vater heranzutreten. Da kamen mir Zweifel: Was, wenn er mich gar nicht kennenlernen will? Ich wusste gar nicht mehr, ob ich dieses Risiko wirklich eingehen wollte. Aber meine Freundin hat mir gut zugeredet. Jetzt bin ich bereit.
Liebe Grüße, Julia

Das klang gut. Sie bat zudem darum, noch einmal die Familientherapeutin treffen zu dürfen, weil doch einige Kindheitsthemen an die Oberfläche gekommen seien, über die zu sprechen ihr guttun würde. Das arrangierte ich sofort. In meinem Beraternetzwerk kennen wir solche Notfälle und sind darauf vorbereitet, kurzfristig voneinander zu hören und immer wieder gegenseitig auch einen Klienten in Krise in den Zeitplan einzuschieben. Und Julia brauchte jetzt offensichtlich Unterstützung. Nun konnte auch ich handeln und schickte den zweiten Brief an Julias Vater ab.

Seltsamerweise lautete die Unterschrift auf der Empfangsbestätigung des Einschreibens nicht auf den Namen des Vaters. In einer für mich weiblichen Schrift las ich etwas ganz anderes. Aber wer war diese Frau? Eine neue Partnerin? Eine Tochter? Oder nur eine Nachbarin? Oder jemand ganz anderes? Im Internet gab es unter dem Namen in Pirna eine Telefonnummer, aber keine Adresse. Unser gesuchter Vater stand dagegen nicht im Telefonbuch. Ich druckte mir eine Liste mit den Nummern in der Nachbarschaft aus. Als ich die Nummer der Frau damit verglich, fiel mir auf, dass die ersten vier Ziffern übereinstimmten. Es könnte durchaus sein, dass sie seine Lebensgefährtin war. Wenn das stimmte, hätten wir durch den Telefonbucheintrag der Frau jetzt sogar die Telefonnummer des Vaters.

Inzwischen war ich es, die Julia anrief, wenn es etwas Neues gab. Dieses Prozedere ist mir grundsätzlich auch viel lieber. Ich wähle die Zeitpunkte für einen Zwischenbericht ganz bewusst aus. Wenn ich unvorbereitet Auskunft geben muss, kann der aktuelle Stand der Dinge meine Klienten auch schon mal irritieren. Ich war jetzt froh, dass ich die Herkunft dieser Unterschrift inzwischen einigermaßen sicher zuordnen konnte. Mit Julia vereinbarte ich nun, dass ich tatsächlich dort anrufen würde, für den Fall, dass auch ihr persönlicher Brief unbeantwortet bliebe. Allerdings habe ich mir für diesen Schritt in der Suche zur Gewohnheit gemacht, mindestens zehn Tage zu warten, bevor ich in Aktion trete. Denn selbst zehn Tage sind noch wenig angesichts der vehementen Wirkung, die der Inhalt der Briefe bei den Adressaten zeigen kann. Schließlich erfährt man nicht alle Tage, dass man von einem nahen Verwandten gesucht wird beziehungsweise gefunden wurde. Das kann ganze Leben grundlegend umkrempeln – und tut es auch oft. Julia stimmte zu.

Wieder kam die Bestätigung des Einschreibens mit derselben weiblichen Unterschrift wie schon das Mal davor. Dieses Mal konnte ich auch deutlich den Vornamen lesen: Gudrun. Ich hatte das beim ersten Mal mehr geraten als entziffert. Wir warteten nun die zehn anvisierten Tage ab. Auch Julia hielt still, und ich wandte mich zwischenzeitlich anderen Recherchen zu.

Doch als nach der vereinbarten Zeit immer noch keine Antwort gekommen war, dämmerte die Stunde der Wahrheit. Warum antwortete Julias Vater nicht? Wollte er tatsächlich keinen Kontakt? Wollte Gudrun nicht, dass er Kontakt mit Julia hatte? Oder war er krank? Oder lebte im Ausland?

Ich war gespannt wie immer, wenn es zum Kulminationspunkt meiner Recherchen kommt. Nach all den Jahren Erfahrung in meinem Beruf schlägt mir in solchen Momenten immer noch das Herz bis zum Hals, denn alles ist möglich. Es klingelte nur kurz, nachdem ich die Nummer gewählt hatte, und schon nahm eine sanfte Frauenstimme den Anruf entgegen. »Mein Name ist Susanne Panter. Spreche ich mit Gudrun?«, fragte ich. Das bestätigte sie und wollte wissen, aus welchem Grund ich anriefe. »Ich habe Briefe verschickt, die von Ihnen angenommen wurden, aber unbeantwortet blieben. Sind Sie die Lebensgefährtin des Adressaten?«

»Ach, von Ihnen kamen die Einschreiben? Ja, worum handelt es sich denn genau? Die Briefe sind noch verschlossen«, gab Gudrun mit zerbrechlicher Stimme zurück.

»Sind Sie denn die Lebensgefährtin?«, insistiere ich, denn ich wollte keine sensiblen Informationen weitergeben, ohne sicherzugehen, dass sie die richtigen Ohren erreichten.

»Ja, das bin ich. Wir wohnen schon seit mehr als 15 Jahren zusammen.«

»Ist Ihr Lebensgefährte denn zu sprechen?«, wollte ich wissen. Daraufhin erklärte Gudrun mir, dass ihr Mann, so nannte sie ihn, nach einer schweren Lungenoperation im Krankenhaus liege, dass seine Situation prekär sei und dass sie die Briefe nur entgegengenommen, aber nicht geöffnet habe. Gudrun hatte Julias Vater wohl überhaupt keine Post ans Krankenbett gebracht, damit er keine Aufregung erlebte und seine Situation sich stabilisieren konnte. »Schließlich ist er mit seinen 82 Jahren auch nicht mehr der Jüngste«, begründete sie ihr Verhalten. Sie selbst sei Bibliothekarin und 20 Jahre jünger als er, erzählte sie noch nebenbei.

»So sagen Sie mir doch endlich, worum es geht«, bat Gudrun nun eindringlicher.

»Mein Beruf ist es, Menschen zu helfen, Näheres über ihre Vorfahren zu erfahren«, erzählte ich ihr. »Das sind oft sehr private Themen. Ich weiß nicht, ob es Ihrem Lebensgefährten recht wäre«, bat ich vorsichtig um Verständnis.

»Seine Tochter! Geht es um seine Tochter?«, fiel sie mir ins Wort, ohne dass ich das Geschlecht meiner Klientin genannt hatte. Ich überspielte meine Unsicherheit und räusperte mich. Sie war sich sicher und verstand das als Zustimmung. »Das ist ja unglaublich!«, entfuhr es ihr. »Er hat mir schon so oft davon erzählt, dass es neben seinen zwei Söhnen aus seiner Ehe auch noch eine nicht eheliche Tochter gebe, die er nie gesehen habe, dass er nicht einmal wisse, wo sie wohne. Nicht einmal ihren Namen kennt er.«

Mir fiel ein Stein vom Herzen. Der Kontaktwunsch beruhte auf Gegenseitigkeit. Etwas anderes hätte ich auch ungern berichtet. Ich fühlte mich aber auch etwas unwohl. Lieber hätte ich mit dem Gesuchten selbst gesprochen anstatt mit seiner Lebensgefährtin.

»Ich kann das gar nicht fassen«, setzte Gudrun wieder an. Dieses Mal konnte ich deutlich hören, wie sie die Tränen unterdrückte. »Wissen Sie, er hat mir noch mehr erzählt. Er hat zugegeben, dass er damals die Mutter des Kindes sehr unter Druck gesetzt habe, weil das Kind bei einem Seitensprung mit einer jungen Angestellten seiner Firma entstanden sei. Sie sollte niemandem etwas davon sagen. Er hatte Angst um sein Ansehen als Geschäftsführer, aber auch um seine Ehe. Er hat der Mutter des Kindes allerdings Geld angeboten, aber sie wollte nichts annehmen. Stimmt es, dass sie gleich danach einen anderen Mann geheiratet hat?«

Darauf antwortete ich nicht. Stattdessen bot ich ihr an, direkt mit Julia zu sprechen. Ich verabredete mit Gudrun ein weiteres Gespräch, sobald es ihrem Mann besser gehen würde.

»Nur noch eines«, hielt mich Gudrun davon zurück, mich zu verabschieden. »Dass er sich damals so verhalten hat, hat meinen Mann all die Zeit, die ich ihn kenne, belastet. Und er hatte auch immer den Wunsch, seine Tochter kennenzulernen. Nur war er so in sich selbst gefangen, dass er gar nicht auf die Idee kam, sie zu suchen. Und ich wollte nicht zu sehr in die Geschichte eingreifen.«

Julia erfuhr von alldem gleich am Abend von mir per Telefon. Zum ersten Mal erlebte ich Julia sprachlos. Kein Freudenjauchzen. Sie hörte sich alles an und sagte dann nur in einem erschöpften Ton: »Jetzt kann ich endlich wieder ruhig schlafen.« Es kam mir so vor, als ob allein die Tatsache, dass ihr Vater immer an sie gedacht hatte, sie so beruhigte.

Vier Wochen später erhielt Julia Nachricht von Gudrun, dass der Zeitpunkt nun gekommen sei, an dem sie Julias Brief mit zu ihrem Vater ins Krankenhaus nehmen wolle, wo er immer noch liege, allerdings in einem stabilen Zustand. Nicht mehr lange, und er sollte entlassen werden. »Ich kann es selbst kaum erwarten, ihm diese wunderbare Neuigkeit mitzuteilen. Er wird sich sehr freuen, aber es wird ihn natürlich auch aufregen«, sagte Gudrun. Deshalb habe sie so lange abgewartet. Sie wolle nicht auch noch einen Herzinfarkt riskieren, denn mit dem Herzen habe ihr Mann in der Vergangenheit auch schon Probleme gehabt.

Noch aus dem Krankenhaus erhielt Julia den ersten Anruf ihres Vaters. Sie hatte ihre Telefonnummer mit in ihren Brief geschrieben. Sie rief mich danach sofort an und erzählte mir, wie glücklich sie sei, die Stimme ihres Vaters gehört zu haben, und wie glücklich auch er am Telefon geklungen habe. Sie hätten beide geweint und gar nicht viel sagen können. Julia hatte aber ihren baldigen Besuch bei ihm angekündigt. »Ohne Sie, ohne Ihre Hilfe wäre das alles nicht geschehen«, bedankte sie sich überschwänglich.

Damit hielt ich meinen Auftrag für erledigt. Doch Julia übertrug mir eine weitere Aufgabe: »Ich wollte Sie bitten, mit meiner Mutter Kontakt aufzunehmen, ihr alles zu erzählen und ihr zu sagen, dass es mich momentan überfordern würde, auch mit ihr wieder Kontakt zu haben. Es ist mir einfach zu viel. Und ich habe meinen Groll gegen sie auch noch nicht überwunden. Aber Sie können ihr sagen, dass ich ihr unendlich dankbar bin, dass sie Ihnen den Namen verraten hat. Und dass ich verspreche, mich eines Tages bei ihr zu melden. Aber wann der Zeitpunkt dafür gekommen sein wird, weiß ich noch nicht.«

Auch das konnte ich gut nachvollziehen. Und obwohl ich fand, dass Julia das alles eigentlich ihrer Mutter selbst sagen müsste, versicherte ich ihr, ihre Mutter anzurufen. Ich hatte ihr ja auch vor einiger Zeit versprochen, mich mit dem Ergebnis bei ihr zu melden. Sie nahm die Neuigkeiten fast gelassen auf. Sie kannte wohl ihre Tochter gut und hatte geahnt, dass sie alles tun würde, um ihren Vater zu finden. Als sie hörte, dass Julia ihn bald besuchen würde, schien sie nun endlich mehr Frieden finden zu können.

Überall machte Julia jetzt reinen Tisch. Auch ihren sozialen Vater setzte sie in Kenntnis. Der allerdings zeigte sich davon, so erzählte mir Julia später, ihr gegenüber wenig beeindruckt: »Er nahm mich sofort in den Arm. Für ihn bliebe ich auf immer seine Tochter, sagte er zu mir.« Er wusste wohl schon lange, dass er nicht Julias Vater sein konnte. Ein Blutgruppentest bei einer lang zurückliegenden OP ... Er behielt es für sich, denn es war ihm egal. Julia war sein einziges Kind, und deshalb war er froh um die Erfahrung gewesen, sie aufwachsen zu sehen. Nur mit Julias Mutter wollte er nun noch mehr als zuvor nichts mehr zu tun haben.

Auch Julia hatte immer noch die gleichen Gefühle für ihn wie zuvor. Daran hatte die Tatsache, dass sie nun ihren leiblichen Vater kannte, nichts geändert. »Ich habe jetzt eben zwei Väter«, sagte sie stolz.

In Pirna angekommen, wollte sich Julia nach der langen Autofahrt zurechtmachen und ihrem Vater so schön wie möglich unter die Augen treten. Ihre Hand zitterte, als sie noch etwas Wimperntusche nachtrug. Julias Vater war leider immer noch im Krankenhaus. Aber er hatte ein Doppelzimmer für sich allein. Als sie klopfte und mit Blumen in den Händen eintrat, strahlte ihr ein alter Mann aus dem Bett entgegen. Gudrun saß daneben. Als sie Julia sah, stand sie sofort auf und trat zur Seite. Sie schloss still die Tür hinter sich und wartete auf dem Gang.

Von Julia habe ich zwei Jahre später noch einmal gehört. Sie schickte mir die Todesanzeige ihres Vaters mit ihrem Namen neben denen ihrer Brüder als erste Angehörige.

> **Adoptierte Menschen suchen ihre leiblichen Eltern**

5. KAPITEL

An jedem 7. Juni ...

Manchmal stehen zukünftige Klienten von mir einfach vor meiner Tür und klingeln. Ich habe mich schon öfter gefragt, warum das so ist, da es doch eigentlich üblich ist, sich telefonisch oder per E-Mail anzumelden. Vielleicht bewegt das meist sehr private Anliegen zu solch einer Unmittelbarkeit. Vielleicht hat es auch etwas mit der Dringlichkeit zu tun oder mit dem direkten persönlichen Kontakt, weil die Themen ja meist sehr tiefgehend sind. Auf jeden Fall freue ich mich jedes Mal darüber, denn auch für mich ist es gut, meine Klienten persönlich kennenzulernen.

So war es auch bei Sarah, die vor vielen Jahren an einem schönen Spätsommertag bei mir vorbeikam. Ich kann mich noch genau an sie erinnern, weil sie ein so außergewöhnliches Äußeres hatte. Es war um die Mittagszeit herum, als ich gerade eine Pause machen und mittagessen gehen wollte, als es klingelte. Die Postbotin, dachte ich und eilte zur Tür. Doch vor der Tür stand eine dunkelhäutige Schönheit. Sie war auch ohne ihre Absätze mit Sicherheit zwei Köpfe größer als ich sowie um die Hälfte schlanker.

»Wow«, fuhr es mir durch den Kopf, »sie hat sich sicher in der Tür geirrt. Ich wusste gar nicht, dass es hier in der Gegend eine Modelagentur gibt.« Aber nein, sie wollte wohl doch zu mir.

»Hallo, sind Sie Frau Panter? Ich bin Sarah. Hätten Sie kurz Zeit für mich?«, fragte sie höflich. Ich überlegte kurz, ob ich sie auf später vertrösten sollte, entschied mich aber spontan, sie einzuladen, mich zum Mittagessen in ein Restaurant um die Ecke zu begleiten. Sicher würden wir uns sogar draußen hinsetzen können, so warm wie es war. Wir könnten uns dort ungestört unterhalten, mein Stammplatz liegt sehr abseits. Ich wusste ja nicht, warum sie zu mir gekommen war, ahnte aber, dass sie mir einen Auftrag erteilen wollte. »Ja, gerne«, stimmte sie zu und schien froh darüber, dass ich mir gleich Zeit für sie nehmen wollte. »Ich wohne in Düsseldorf, war aber gerade nach einem Fotoshooting zu Besuch bei Freunden hier in Frankfurt. Und die haben mich gestern Abend dazu überredet, mich mit Ihnen in Verbindung zu setzen. Sie haben Sie wohl schon mehrmals im Fernsehen gesehen«, erklärte sie sich. Ihr stark aufgetragenes, aber angenehm riechendes Parfüm wehte mir immer wieder um die Nase, während wir nebeneinander hergingen. Sie lief wie eine Gazelle und schwenkte dabei rhythmisch ihre große rote Handtasche vor und zurück. Fast wie auf einem Laufsteg setzte sie leichtfüßig ein Bein vor das andere. Ich kam mir ganz klein neben ihr vor. Auch ihre Kleidung, ein leichter Trenchcoat, ein kurzer Rock und eine Seidenbluse, alles farblich in orangefarbenen Frühlingstönen abgestimmt, versprühte den Charme dessen, was sie tatsächlich war: ein Fotomodell.

Als wir in meinem Lieblingsrestaurant angekommen waren und etwas zu essen bestellt hatten, wusste ich bereits etwas über ihre berufliche Karriere. Sarah hatte unentwegt gesprochen. Sie war wohl noch kein Topmodel, das nur in Paris, London und New

York gebucht wurde, aber sie hatte in ihrer Branche durchaus einen Namen, wie sie mir erzählte. Neben Fotoshootings für internationale Modemagazine hatte sie auch schon bei Videoclips in der Werbebranche mitgewirkt. Und wer weiß, wohin ihr Weg noch führen würde, schließlich sei sie ja noch jung genug. Bei jedem Lächeln strahlten ihre weißen geraden Zähne wie auf einem Plakat. Bei all der perfekten Schönheit erschien sie mir dennoch ganz natürlich. Irgendwann war das Mode-Thema ausgeschöpft, und ich sah sie über meinen Salat hinweg fragend an.

»Ich weiß, Sie wollen jetzt wissen, warum ich überhaupt zu Ihnen gekommen bin«, lenkte sie über zu ihrem eigentlichen Thema. »Vor Kurzem habe ich in einer Zeitschrift einen Artikel über Naomi Campbell gelesen. Sie ist mein großes Vorbild, müssen Sie wissen. Als ich las, dass sie ihren Vater wohl nie kennengelernt hat, kamen mir die Tränen. Konnte das sein? So eine Parallele ... Denn auch ich weiß nichts über meine leiblichen Eltern. Ich wurde nämlich adoptiert, aber das weiß ich auch erst seit Kurzem.« Aha, das war es also: Sarah wollte Klarheit über ihre Herkunft.

»Wie haben Sie denn erfahren, dass Sie adoptiert wurden?«, fragte ich nach.

»Ich bin zwar noch ziemlich jung, aber ich habe schon 2008 geheiratet. Für das Standesamt benötigte ich meine Abstammungsurkunde, die immer noch meine Mutter verwahrte. Als ich sie darum bat, verhielt sie sich ganz komisch. Sie wollte partout die behördlichen Angelegenheiten für mich übernehmen, gab vor, mich entlasten zu wollen. Auch als ich darauf bestand, meine Angelegenheiten ab jetzt selbst zu regeln, gab sie nicht nach. So kannte ich sie gar nicht, hatte sie mich doch stets zur Selbstständigkeit erzogen. Es gab folglich einen Riesenstreit. Und letztendlich hatte sie gar keine andere Wahl, weil ich darauf bestand, selbst die Urkunde zu beantragen. Ich wurde auch das Gefühl nicht los, dass irgendetwas nicht stimmte. Aber darauf, dass ich adoptiert wurde, wäre ich nie gekommen. Sie müssen wissen, dass meine Adoptivmutter zwar Deutsche ist, mein Adoptivvater aber aus Kenia stammt. Er hat hier studiert. Also war die Hautfarbe auch kein Thema, das Fragen aufwarf.«

Sarah machte eine Pause, als sie merkte, dass ich zahlen wollte. Ich schlug ihr vor, zurück in mein Büro zu gehen, damit ich mir ab jetzt Notizen machen könnte, um die Details nicht zu vergessen oder zu verwechseln. Auf dem kurzen Weg zurück unterhielten wir uns über Belangloses. Erst als wir beide in meinem Büro saßen und ich meinen Laptop vor mir hatte, erzählte Sarah auf mein Zeichen hin weiter. Ich tippte nebenher mit.

»Als ich meine Mutter, also meine Adoptivmutter, sah, wie sie mit zittrigen Händen auf mich zutrat und mir das besagte Dokument gab – mein Adoptivvater saß im Hintergrund auf dem Sofa in unserem Wohnzimmer und schwieg –, wusste ich, dass jetzt etwas Schlimmes passieren würde. Die Atmosphäre im Raum war so angespannt, dass ich es kaum aushielt. Welches schreckliche Geheimnis würde mir nun preisgegeben? Als ich meine Abstammungsurkunde las, verstand ich gar nichts. Vater: unbekannt? Mutter: ein mir vollkommen fremder Name? Das war doch gar nicht meine Urkunde! Ich sah von meiner Mutter zu meinem Vater und wieder zurück, hoffte, dass sie mich nun endlich aufklärten, was das alles sollte. Ich schrie beide unvermittelt an: ›Was ist hier los???‹ Ich hielt es einfach nicht mehr aus.«

Sarah war nun auch in meinem Büro laut geworden. Sie verlor fast die Fassung, so sehr hatte sie sich in die Erzählung hineingesteigert. Nach ein paar tiefen Atemzügen fand sie allerdings zu ihrer Contenance zurück. Sie erzählte weiter: »»Sarah, setz dich erst einmal‹, forderten mich meine Eltern auf. Wie in einem dieser Filme, wo jemand gleich etwas Schlimmes erfährt. Also setzte ich mich. Nun sprach doch mein Vater, der sonst immer meiner

Mutter den Vortritt ließ. Aber die schien nicht in der Lage zu sein, denn sie fing an, zu weinen und zu schluchzen. Er sagte es ohne weitere Umschweife. Sie hätten mich als Baby adoptiert. Der Name meiner leiblichen Mutter stehe auf meiner Abstammungsurkunde. Der Name meines leiblichen Vaters sei tatsächlich unbekannt, auch ihnen. ›Aber warum habt ihr mir das nicht früher gesagt?‹, fragte ich sie. Der richtige Moment sei nie gekommen. So einfach war ihre Erklärung.«

Ich konnte Sarahs Empörung gut nachvollziehen, aber ich versuchte, sie zu beruhigen, und sagte, dass es die Eltern bestimmt gut mit ihr gemeint hätten und es sehr häufig vorkomme, dass annehmende Eltern ihren adoptierten Kindern nicht die Wahrheit sagten. Die Vermittlungspraxis war damals eine ganz andere als heute. Adoptionsvermittlungsstellen berieten die Eltern nicht dahingehend, dass es wichtig ist, ihre adoptierten Kinder über deren eigentliche Herkunft gleich von Beginn an aufzuklären. So kam und kommt es zu unzähligen Dramen der Art, wie Sarah es schilderte. Ich versuchte also, ihre Erfahrung in einen größeren Kontext zu stellen und damit etwas zu entschärfen. Parallel dachte ich darüber nach, welche der Therapeutinnen aus meinem Netzwerk ich Sarah empfehlen könnte. Während sie erzählte, wippte sie unaufhörlich mit dem übergeschlagenen Bein. Das Trauma war ihr deutlich anzumerken.

»Ich kann Ihnen sagen, dieser Abend endete nicht gut. Ich fühlte mich natürlich wie vor den Kopf gestoßen und wurde derart wütend, dass ich türenschlagend, mit meiner Abstammungsurkunde in der Hand, das Haus verließ. Ich gab meinen Eltern damals nicht einmal die Zeit, sich weiter zu erklären.«

Oft verzeihen Kinder ihren Eltern sehr rasch. Sie haben Verständnis für ihr Dilemma, und die tiefe Bindung zu ihnen wiegt spontan schwerer als der Vertrauensbruch. Sarah beschrieb ein jedoch ebenso bekanntes Phänomen: die Fassungslosigkeit, die Wut, der (meist vorläufige) Kontaktabbruch. In ihrem Fall dauerte Letzterer nicht lang, wie sie mir erzählte.

»Es stand ja die Hochzeit an, und ich wollte, egal, was passiert war, auf jeden Fall meine Eltern dabeihaben. Sie hatten schließlich immer gut für mich gesorgt. Ich hatte eine schöne Kindheit. Meine Eltern hatten mir alles ermöglicht und waren stets liebevoll mit mir umgegangen. Die Aufarbeitung musste also warten. Ich war dann eine Zeit lang so beschäftigt, dass ich mich gar nicht um das Thema kümmern konnte. Mit meinen Eltern hatte ich damals nur sporadisch Kontakt. Bei unseren Telefonaten taten sie eine Zeit lang so, als hätte es diese Enthüllung gar nicht gegeben.«

Auch das kannte ich von anderen Klienten.

»Irgendwann aber stand das Thema wieder an. Ich spürte deutlich, dass ich meiner Herkunft auf den Grund gehen wollte. Ich wollte wissen, wer meine leiblichen Eltern sind. Das war mir wichtiger, als meinen Eltern, äh – Adoptiveltern weiter Vorwürfe zu machen. Das alles habe ich auch gestern mit meinen Freunden hier diskutiert. Und deshalb bin ich heute hier.«

Ich erklärte Sarah, dass der normale Sprachgebrauch so ist, dass die Adoptiveltern »Eltern« genannt werden und die biologischen Eltern »leibliche Eltern«. Jetzt lächelte sie endlich wieder. Als ich auf die Uhr sah, waren eineinhalb Stunden vergangen. Ich musste mich verabschieden, weil ich einen Termin mit einem anderen Klienten hatte. Sarah stand graziös auf und verließ mein Büro Richtung Bahnhof, nachdem sie mir offiziell den Auftrag erteilt hatte, ihre leiblichen Eltern zu finden.

Mein erster Schritt war es, die Adoptionsvermittlungsstelle in Gießen zu kontaktieren. Dort hatten Sarahs Eltern zum Zeitpunkt ihrer Adoption gewohnt. Dort war auch ihre Adoptionsakte sogar noch archiviert, wie ich erfuhr. Das war ein großes Glück, denn die Aufbewahrungsfrist war eigentlich bereits abgelaufen. Ich vereinbarte mit der Adoptionsvermittlerin, dass sich Sarah in Kürze melden würde, um Einsicht in ihre Akte zu beantragen. Dass ich mich selbst um die Suche nach den leiblichen Eltern kümmerte, war der Frau ganz recht. Eine ihrer Kolleginnen war dauerhaft erkrankt und die andere gerade im Urlaub.

Erst drei Monate später hörte ich wieder von Sarah. Sie hatte vorher keine Zeit gehabt, in Gießen vorstellig zu werden. Bei unserem Treffen hatte sie schon angedeutet, dass ihre Agentur für die nächste Zeit einige Auslandsreisen für sie geplant hatte, um an Fotoshootings teilzunehmen. Als sie mich anrief, teilte sie mir begeistert mit, dass sie ihre Adoptionsakte nun endlich eingesehen hatte. Sie wollte aber am Telefon nichts weiter darüber sagen. Stattdessen würde sie mir gerne persönlich die Kopien aus der Akte zeigen. Nur wenige Tage später war Sarah wieder in Frankfurt gebucht und kam nach ihrem Termin bei mir vorbei. Wieder beeindruckt von ihrer Erscheinung – dieses Mal wie auf einem großen Winter-Ölbild in einen hellen dicken Daunenmantel gehüllt, mit modischen Fellstiefeln und einer beigen Wollmütze auf dem Kopf, unter der die schwarzen Korkenzieherlocken hervorhüpften –, bat ich Sarah herein. Kaum hatte sie den Mantel abgelegt, zeigte sie mir die mitgebrachten Unterlagen. Sarah erzählte aufgeregt von dem Termin im Jugendamt und dass sie nun wisse, wer ihre leibliche Mutter sei. Beziehungsweise wie sie heiße und wo sie damals gewohnt habe. Sie hatte in der amerikanischen Kaserne gearbeitet und war ungewollt schwanger geworden. Es war eine kurze Liaison gewesen, ohne Perspektive auf eine langfristige Partnerschaft. Sarah blätterte weiter, indem sie über die schon angeknickten oberen Seitenecken wischte.

»Ist das nicht wunderbar?«, jauchzte sie und feuchtete den

Finger an. »Ich habe sogar Gesundheitsberichte über mich gefunden. Ich bin ein kräftiges Baby gewesen!« Es sprudelte nur so aus ihr heraus. Ihr Armreif klimperte, als sie ihren Zeigefinger energisch unter eine bestimmte Zeile schob. »Schauen Sie, hier«, die Fingerkuppe wurde weiß, »ich habe einer Krankenschwester einen glitzernden Kettenanhänger abgerissen. Glitzer hat mich also schon immer fasziniert«, lachte sie. »Es ist so, als sähe ich mir alte Babyfotos von mir an, wenn ich das lese.«

Ich freute mich für Sarah, wie viel gelöster sie jetzt war als noch vor wenigen Wochen.

Besonders schwierig war für sie allerdings zu erfahren, dass es wohl keine reibungslose Adoption gewesen war. Es hatte ein langes Hin und Her gegeben, bis ihre Eltern sie adoptieren konnten: Sarahs leibliche Mutter war wohl erst fest entschlossen gewesen, die Adoption durchzuziehen, änderte dann aber noch einmal ihre Meinung, wollte Sarah gar wieder zurückhaben, als alle Beteiligten glaubten, alles sei bereits in trockenen Tüchern. Letztendlich kam es aber doch zu der Adoption. »Es bricht mir fast das Herz, mir vorzustellen, wie schmerzvoll diese Ambivalenz für meine leibliche Mutter gewesen sein muss«, vertraute Sarah mir an. Sie selbst erinnerte sich an nichts. Sie war ja noch ein Baby gewesen. Ihre Erinnerungen setzten erst ein, als die Adoption schon lange unter Dach und Fach gewesen war. Sarah hatte nie den geringsten Zweifel daran gehabt, dass ihre Eltern nicht ihre leiblichen Eltern sein könnten.

»Ich bin so aufgeregt, ich werde wahrscheinlich meine biologische Mutter treffen! Was glauben Sie, wie lange es dauern wird, bis Sie sie gefunden haben?«

»Das kann ich gar nicht so genau sagen, da steckt man vorher nie drin. Aber bitte versuchen Sie, Ihre Erwartungen minimal zu halten!«, bat ich sie. »Wir wissen nicht, wo Ihre Mutter ist, wie es ihr geht und ob sie Sie auch treffen will. Wir müssen alle Eventualitäten berücksichtigen und vorsichtig vorgehen.« Sarahs Gesicht wurde ernster. »Wenn Mütter sich so schwer von ihren Kindern trennen, hat das manchmal zur Folge, dass sie das Thema komplett abspalten. Sie erzählen dann ihren neuen Familien nichts davon und möchten dann später nicht an den erlebten Schmerz erinnert werden.«

»Egal, was Sie herausfinden werden und was passiert, ich bin froh, dass ich schon jetzt Klarheit habe.« Als Sarah den Raum verließ, hinterließ sie einen Hauch ihres eleganten Parfüms.

Wie ich ohne Probleme herausfand, stammte Sarahs leibliche Mutter ursprünglich aus Gießen und war innerhalb der Stadt mehrfach umgezogen. Doch in den 70er-Jahren verlor sich ihre Spur. Der letzte mir bekannte Vermieter, eine Hausverwaltung, hatte sie »verzogen nach unbekannt« abgemeldet. Die Firma gab es schon lange nicht mehr, genauso wenig wie das Haus, in dem sie gewohnt hatte. Dort stand inzwischen ein Bürohaus. In ihrem Geburtsstandesamt gab es auch keine weiteren Hinweise auf ihren Verbleib, es schien aussichtslos. Es kommt zwar selten vor, aber in diesem Fall schloss ich nicht aus, die Suche erfolglos einstellen zu müssen. Das passte mir gar nicht, und ich ging alles noch einmal von vorne durch. Hatte ich vielleicht einen Hinweis übersehen?

Und wie immer, wenn eigentlich nichts mehr zu gehen schien, kam mir doch noch ein Einfall. Natürlich! Sie hatte ja auf einem amerikanischen Militärstützpunkt gearbeitet. Hatte ich das nicht schon öfter? Ich kenne einige Fälle, in denen deutsche Mütter, die von amerikanischen Soldaten schwanger wurden, in die USA ausgewandert sind, nachdem sie ihr Kind zur Adoption freigegeben hatten. Ich fand das immer kurios, in diesem Fall wäre es aber die Rettung. Und siehe da: Als ich den gesuchten Namen in die Datenbank eingab, in der die Informationen über Emigranten gespeichert sind, tauchte sie tatsächlich auf. Ich atmete auf. Sarahs Mutter lebte höchstwahrscheinlich immer noch in den USA. Ich legte mich ordentlich ins Zeug, und schon nach kurzer Zeit hatte ich die aktuelle Adresse herausgefunden. Sarahs Mutter lebte in einem kleinen Ort in Virginia. Was gerade noch aussichtslos erschien, hatte so schnell eine positive Wendung genommen. Sofort schrieb ich Sarah, die ich telefonisch nicht erreichen konnte, eine E-Mail. »Wirklich? Wirklich? Wirklich? Ich kann es nicht fassen. Ich bin so glücklich«, schrieb sie zurück.

Sarah war damit einverstanden, dass ich erst einmal einen kurzen, vorsichtig formulierten Brief an ihre Mutter schickte, der deren Umfeld nicht gleich verraten würde, dass es um ein zur Adoption freigegebenes Kind von ihr ging:

Sie können eventuell unserer am 7. Juni geborenen Klientin bei ihrer Familienforschung helfen.

Ob sie sich bitte mit mir in Verbindung setzen würde. Daraufhin passiert nichts. Ganz lange nichts. Nach drei Wochen des Wartens schickte ich einen zweiten Brief, in dem ich ankündigte, dass im nächsten Schritt ein persönlicher Brief unserer Klientin weitergeleitet würde. Falls die Mutter nicht wollte, dass jemand in ihrem Umfeld von der Adoption erfuhr, war sie nun vorgewarnt. Und tatsächlich meldete sie sich, per E-Mail:

Ich denke jeden 7. Juni an das Kind, das ich zur Adoption freigegeben habe. Ich habe den Geburtstag natürlich nicht vergessen. Mein Schmerz war damals sehr groß. Aber es sind so viele Jahre vergangen. Ich bin verheiratet und habe zwei Kinder. Ich möchte auf keinen Fall, dass meine Familie erfährt, dass ich noch eine Tochter habe. Bitte haben Sie Verständnis.

Mit keinem Wort hatte sie sich an Sarah direkt gewandt, kein Gruß, keine guten Wünsche, keine Frage, wie es ihr gehe. Sie hatte nur von sich selbst geschrieben. Ich war betrübt. Wie sollte ich das meiner Klientin beibringen? Das war keine leichte Aufgabe für mich. Da Sarah wieder weit weg war, in Italien arbeitete, blieb mir nichts anderes übrig, als ihr zu schreiben, dass eine nicht so angenehme Antwort auf unseren Brief angekommen war. Sie sollte selbst entscheiden, ob sie mich aus Sizilien anrufen oder bis nach ihrer Rückkehr warten möchte, wenn wir uns persönlich treffen könnten. Sie rief sofort an und weinte bitterlich: »Warum will mich meine Mutter nicht haben? Warum?« Minutenlang verstand ich vor Schluchzen kaum ein Wort. Sarahs Enttäuschung war so groß. »Sie lässt mich noch ein zweites Mal fallen«, sagte sie, als sie etwas ruhiger geworden war. »Und was ist mit meinem Vater? Den kann ich ohne sie ja erst recht nicht finden. Ich werde nie erfahren, wer meine Familie ist. Alle wissen, woher sie stammen, nur ich nicht.« Wieder Schluchzen.

»Es bleibt uns nichts anderes übrig, als die Entscheidung Ihrer Mutter zu akzeptieren. Irgendwann werden Sie diese Situation in Ihr Leben integrieren können, auch wenn es sich jetzt noch überhaupt nicht so anfühlt. Unsere Postadoptions-Beraterin kann Ihnen helfen, diese, wie wir immer sagen, *doppelte Kränkung* zu verarbeiten.« Aber daran war jetzt natürlich noch nicht zu denken.

»Und was, wenn ich einfach zu ihr fliege und dort aufkreuze?« Sarahs Frage beantwortete ich mit Schweigen. Sie ahnte selbst, dass das wohl keine gute, zumindest eine riskante Idee wäre, die sie in eine prekäre Situation bringen würde, die nur noch mehr Schmerz bedeuten könnte – für alle Beteiligten.

Ich konnte gut verstehen, dass Sarah jetzt nicht einfach aufgeben wollte. Ihre Mutter hatte ihre Gründe, das würde sie irgendwann akzeptieren können, da war ich sicher. Da aber die Mutter der einzige Schlüssel zu Informationen über Sarahs Vaters war, bot ich ihr an, ihrer Mutter noch mal zu schreiben. Vielleicht würde sie ja wenigstens bei der Suche nach Sarahs Vater behilflich sein. Sarah schniefte: »Das klingt okay für mich.«

So schrieb ich also erneut an Sarahs Mutter. Ich dankte ihr für ihre aufrichtigen Worte und drückte mein Mitgefühl aus, dass es bestimmt schwierig für sie sei, plötzlich mit diesem, sicher für sie schmerzhaften Thema längst vergangener Zeiten konfrontiert zu werden. Ich erklärte ihr, dass Sarah irgendwann Kinder haben wolle. Deswegen sei es für sie wichtig zu wissen, ob sie Erbkrankheiten habe und wer ihr Vater sei. Die Ungewissheit nage an ihr, und Fragen von Ärzten nach Erbkrankheiten in der Familie bedeuteten regelmäßig eine Qual für sie.

Ich versicherte der Mutter, dass wir Sarah dabei unterstützen würden, die Entscheidung, keinen Kontakt zu wollen, akzeptieren zu können. Dies würde aber sicher leichter fallen, wenn sie uns die Fragen zum Vater beantwortete. Wir würden sie selbstverständlich gegenüber dem Vater nicht erwähnen, wenn er gefunden würde. Sie möge sich bitte ein Herz fassen und ein letztes Mal antworten.

Die E-Mail zeigte Wirkung: Noch am selben Tag erhielt ich von Sarahs Mutter eine Antwort, allerdings ohne Anrede oder Grüße. Vollkommen unpersönlich, als wäre sie gar nicht davon betroffen, schrieb sie »keine Erbkrankheiten«, und dann nannte sie den Namen von Sarahs Vater. Sie schrieb, dass er aus Puerto Rico stamme, und nannte uns dessen Dienstgrad bei der amerikanischen Armee, als er in Deutschland stationiert gewesen war. Ich jubelte innerlich. Sofort startete ich die Suche nach ihm. Allerdings war der Name recht weitverbreitet, deshalb fand ich ihn auch gleich mehrfach. Weil ich aber auch die Einheit kannte, in der er Soldat gewesen war, konnte Sarahs Vater in der Militärverwaltung eindeutig identifiziert werden. Ich hatte nun auch sein Geburtsdatum.

Als ich Sarah von dem Sucherfolg erzählte, war sie zwar froh, aber weniger enthusiastisch als bei ihrer Mutter. Dass ihr Vater aus Puerto Rico stammte, war aber ein richtiges Aha-Erlebnis für sie, so oft, wie sie auf ihr Äußeres angesprochen und gefragt wurde, woher sie komme. Puerto Rico fühlte sich für sie viel stimmiger an als Kenia, woher ihr Vater, mit dem sie aufgewachsen ist, stammte. Doch sie hatte ja nun schon die Erfahrung gemacht, dass es riskant ist, sich große Hoffnungen zu machen. Also blieb sie ruhig, obgleich ich meinte, ihr die Freude darüber anzumerken, dass sich ein weiterer Weg eröffnet hatte und sie womöglich doch noch ihre Wurzeln finden würde.

Mit den neuesten Informationen in der Hand fand ich drei passende Adressen in den USA heraus, allesamt in South Carolina. An alle drei schrieb ich einen Brief mit dem immer ähnlichen Inhalt bei der ersten Kontaktaufnahme:

Es geht um die Zeit, als Sie in Deutschland stationiert waren, es möchte jemand Kontakt aufnehmen. Bitte melden Sie sich.

Doch leider kam nicht eine einzige Antwort. Wochenlang. Sarah fühlte sich in ihrer emotionalen Zurückhaltung bestätigt.

Der nächste übliche Schritt in so einer Situation ist für mich, Nachbarn ausfindig zu machen und über sie den Informationskreis zum Gesuchten enger zu ziehen. Immer unter dem Vorwand, dass es um eine »Reunion«, also ein »Ehemaligentreffen« gehe. »Kennen Sie die gesuchte Person? Lebt sie noch nebenan? Wissen Sie, wie ich sie am besten erreichen kann?« Und je nachdem, wie gesprächig die Nachbarschaft ist, kommt es mir auch gelegen, wenn ich gleich noch mehr Informationen über die familiären Verhältnisse bekomme, um die Lage für meine Klienten einschätzen und auch die nächsten Schritte entsprechend anpassen zu können.

Im Fall von Sarahs Vater dauerte es viele Telefonate lang, bis ich endlich jemanden erreichte, der ihn kannte und mir bestätigte, dass sein Nachbar tatsächlich in Deutschland stationiert gewesen sei. Persönliches erzählte der Nachbar nicht. Nun wusste ich aber, an welche Adresse ich einen zweiten Brief schreiben musste. Wieder wochenlang keine Resonanz. Sarah bat mich aufzugeben: »Es hat keinen Wert. Die wollen mich einfach nicht haben. Das wollten sie damals nicht, und warum sollte sich daran etwas geändert haben?« Verwundert, dass Sarah noch keinen Termin mit der Therapeutin vereinbart hatte, wäre ich ihrem Wunsch am liebsten fast nachgekommen. Da kam plötzlich eine E-Mail von ihrem Vater. Er schrieb mir, dass er sich natürlich an Sarahs Mutter erinnere. Als sie ihm damals mitgeteilt habe, dass sie schwanger sei, habe er die Beziehung zu ihr abgebrochen. Kurz danach sei er wieder in die USA abgezogen worden. Er sei heute nicht stolz darauf, wie er sich verhalten habe. Er sei ein junger Mann und sich seiner Verantwortung nicht bewusst gewesen. Er habe das alles dann erfolgreich verdrängt und eine andere Frau geheiratet. Nun sei er von seiner Vergangenheit eingeholt worden. Als gläubiger Christ müsse er sich der nun stellen. »Ich schäme mich vor Jesus, dass ich mich so verhalten habe. Aber er hat mich nun auf einen anderen Weg geführt. Meine Ehe blieb kinderlos, vielleicht wollte er mir damit auch etwas zeigen«, schrieb er. Doch bat er auch um etwas Aufschub. Seine Frau sei schwer krebskrank. Die Ärzte gäben ihr nur noch wenige Monate. Er müsse sich erst um sie kümmern. Er wolle seiner Frau diese Situation jetzt nicht zumuten. Und auch er selbst habe momentan einfach nicht die Kraft für ein Treffen mit Sarah. Aber er versprach, sich auf jeden Fall irgendwann mit ihr in Verbindung zu setzen, und richtete ihr herzliche Grüße aus.

Ich war mit dieser Antwort sehr zufrieden. Sie klang authentisch und vielversprechend. Und Sarah war froh, nun wenigstens mehr über ihren Vater zu wissen. Es gab im Internet sogar Fotos von ihm als jungen Mann, seine Highschool hatte das Jahrbuch seines Abschlussjahrganges online veröffentlicht! Sarah sammelte die »Puzzlestücke ihres Lebens«, wie sie sich ausdrückte, und setzte sie dankbar zusammen. Doch ging sie nicht davon aus, dass sie jemals wieder von ihrem Vater hören würde. Sie deutete die Krankheit seiner Frau als Vorwand, sich erneut aus der Affäre zu ziehen, und fühlte sich einfach nur abgelehnt. Das sah ich nicht so. Denn warum sollte er dann zugeben, dass er sich falsch verhalten hatte? Ich sprach in den nächsten Wochen häufiger mit Sarah. Sie wollte sich zwischenzeitlich immer wieder vergewissern, dass sich wirklich nichts Neues ergeben hatte. In den Telefonaten bekam sie irgendwann ein Verständnis dafür, dass sie ein ziemliches »Päckchen« mit sich herumtrug: ihre Adoption als Säugling, der Schock, ihr Leben lang von ihren Eltern belogen worden zu sein, die ablehnende Haltung der Mutter und die Ungewissheit, ob ihr Vater sich jemals bei ihr melden würde. Sie versprach dann endlich, einen Termin bei der Therapeutin zu vereinbaren, und ich hoffte inständig, dass sie wirklich »dranbleiben« würde. Denn die Wahrscheinlichkeit, dass der Kontakt zum Vater nachhaltig gelang, war höher, wenn sie damit anfing, ihre Vergangenheit aufzuarbeiten.

Es verging ein Jahr. Sarah ging nun regelmäßig zu einer Familientherapeutin. Ich hatte den Eindruck, dass sie hart an sich arbeitete und es sogar verkraften könnte, wenn ihr Vater sich nicht melden würde. Doch dann war sie da, die Mail von Sarahs Vater! Er schrieb, dass seine Frau vor zwei Monaten verstorben sei. Er sei jetzt bereit, mit Sarah zu sprechen. Er sei vom Militär, bei dem er auch in den USA als Berufssoldat weitergearbeitet habe, frühpensioniert worden. Er wolle nun gerne nach Deutschland reisen, um seine Tochter kennenzulernen. Und er bat mich darum, ein Treffen zu arrangieren. Nun wollte er auch einiges von seiner Tochter wissen, wo sie wohne, was sie beruflich tue, ob sie verheiratet sei.

Als ich Sarah anrief, geschah etwas Überraschendes. Sie konnte es zwar einerseits kaum glauben, dass es stimmte, was ich ihr erzählte. Andererseits war sie auch darauf vorbereitet: »Ich habe im letzten Jahr viel aufgearbeitet, auch gemeinsam mit meinen Eltern. Wir haben viel gesprochen, und ich habe ihnen von meiner Suche mit Ihnen erzählt. Ich habe das Gefühl, dass meine Eltern auch erleichtert sind, dass die Heimlichtuerei ein Ende hat. Nur meinem Mann fällt es noch schwer, ihnen ganz zu verzeihen, dass die Wahrheit nun gerade bei unserer Hochzeit ans Licht gekommen ist. Meine Eltern haben mich voll unterstützt, auch dann, als ich mich erst einmal von ihnen entfernt habe, um mich selbst zu sortieren. Sie waren weiterhin liebevoll zu mir und wünschten sich so sehr, dass ich ihnen vergebe. Wir haben dann etwas vereinbart: Sollte sich mein leiblicher Vater jemals doch wider Erwarten bei mir melden, würden wir uns gemeinsam mit ihm treffen. Es soll keine Geheimnisse mehr geben, nur noch Transparenz und Verständnis.« Ich war gespannt. Ein paar Wochen später erhielt ich von Sarah eine E-Mail. Es stand nicht ein einziges Wort darin. Die Fotos, die sie mir schickte, sprachen für sich: Sie zeigten Sarah mit ihren beiden Vätern und ihrer Mutter vor der Kulisse des Gießener Schlosses. Alle Arm in Arm. Ich war baff.

6. KAPITEL

Tot geglaubte Zwillinge

Die Suche nach der Mutter? Ein Standardauftrag, dachte ich, als Hans bei mir anrief. Dass ich im Begriff war, einen der unfassbarsten und berührendsten Fälle meiner gesamten Karriere zu lösen, konnte ich zu diesem Zeitpunkt noch nicht ahnen. So ist es mit den Menschensuchen immer: Man kann eigentlich nie wissen, wie ein Auftrag verlaufen wird. Um die Ecke, mit dem nächsten Anruf, kann die Welt schon wieder eine andere sein. Und dieser Fall sollte mir erneut beweisen, dass es nichts gibt, was es nicht gibt. Und dass Eltern ihren eigenen Kindern monströse Dinge antun können, die diese ihr ganzes Leben lang prägen.

Er sei gleich nach seiner Geburt in einem kleinen Ort in der Nähe von Hamburg gemeinsam mit seinem Zwillingsbruder Jürgen in ein nahe gelegenes Kinderheim gebracht worden, erzählte Hans mir bei unserem ersten Telefonat. Ah, Zwillinge suchen ihre Mutter, also doch nicht so Standard, schoss es mir durch den Kopf. Die Neugeborenen seien von ihrer Mutter zur Adoption freigegeben worden. Hans sprach immer aufgeregter: Er suche nach seiner Mutter. Schon so lange. Aber erfolglos. Er habe fast aufgegeben. Deshalb brauche er nun professionelle Hilfe. Von mir. Es sprudelte aus ihm heraus. Ich spürte, dass er es fast nicht mehr ertragen konnte, im Unklaren zu sein. Er sei jetzt 45 Jahre alt und müsse endlich erfahren, von wem er abstamme.

Er erzählte weiter, dass die beiden Brüder nicht getrennt werden sollten und sich deshalb erst nach mehreren Jahren ein Ehepaar finden ließ, das die beiden gemeinsam adoptieren wollte. Es war die Nachkriegszeit. Hans erzählte, dass seine Adoptivmutter, einige Jahre bevor sie die Zwillinge aufnahm, schwanger gewesen war und bei einem Haushaltsunfall so unglücklich gestürzt war, dass sie ihr Kind verloren hatte. Die Trauer darüber überwand sie nie. Die Idee, ein Kind zu adoptieren, kam vom Vater, was das von Hans als »etwas unterkühlt« beschriebene Verhältnis zur Adoptivmutter erklärte.

Wie in den 50er-Jahren üblich, durfte im neuen Zuhause nicht über die leiblichen Eltern gesprochen werden. Doch manchmal sickerte dennoch die eine oder andere Information zu den Buben durch: Die leibliche Mutter habe sich mit einem Amerikaner eingelassen, aus dieser Verbindung seien die Zwillinge entstanden, hieß es. Angeblich solle die Mutter später selbst auch in die USA ausgewandert sein. Also wurde »irgendwo in Amerika« zum Sehnsuchtsort des heranwachsenden Hans. Sein Bruder Jürgen konnte sich besser mit der Situation arrangieren, denn er fühlte sich bei seinen Adoptiveltern erwünschter. Aber auch er wollte nun als Erwachsener seine Mutter kennenlernen und unterstützte Hans bei der Suche. Allerdings blieb er verhalten. Er schien sich nicht zu große Hoffnungen machen zu wollen, um einer möglichen Ablehnung oder Enttäuschung vorzubeugen.

Nun war ich am Zug: Mit den Abstammungsurkunden der Brüder in den Händen, auf denen der Geburtsort sowie der Name der Mutter stand, begann ich zu recherchieren. Die Ausgangsbasis war mehr als dürftig. Und es wurde noch schwieriger. Wie ich herausfand, hatte die Mutter tatsächlich geheiratet und war dann in die USA ausgewandert. Und zu allem Übel hatte sie einen äußerst ungewöhnlichen deutschen Namen, der für die leichtere Handhabung in den USA wahrscheinlich verändert worden war. Es war offensichtlich ein neuer Nachname, dessen gekritzelten Vermerk im Geburtsregister ich nicht eindeutig entziffern konnte. Ihr neuer Aufenthaltsort war den Ämtern in Deutschland unbekannt. Ich war also erst einmal genauso weit gekommen wie meine Klienten mit ihrer privaten Suche.

Auch damals schon lag auf meinem Schreibtisch immer eine schwere Lupe, die meine Schwiegermutter mir einst vererbt hatte. Die Kopie des Geburtseintrages der Mutter vor mir liegend, packte ich sie aus ihrem schwarzen Lederetui aus. Einerseits ist es immer schön, solche alten, handgeschriebenen Urkunden in den Händen zu halten. Weht doch ein Hauch Geschichte durch den Raum bei der Vorstellung, wie ein Standesbeamter mit Ärmelschonern, natürlich ohne Computer auf dem Schreibtisch, mit seinem Füller Einträge in das große Geburtenbuch schrieb. Doch andererseits sind diese Handschriften oftmals einfach fürchterlich schwer zu entziffern. P O U L E, las ich den neuen Nachnamen. Ich fragte Kollegen, meine Familienmitglieder und Freunde. Das P, das O, das U – eindeutig. Das L könnte auch ein H sein, waren einige der Meinung. Doch POUHE ergab keinen Sinn. POULE schien richtig zu sein. Ich durchforstete Auswandererkarteien, Volkszählungsakten, Anträge für eine Sozialversicherungsnummer und alte Telefon- und Adressbücher. Ohne Erfolg! Es könnte auch sein, dass sie erneut geheiratet hat und heute ganz anders heißt, dachte ich. Die Brüder hatten die Hoffnung schon fast aufgegeben. Immer wieder musste ich die Sehnsüchtigen vertrösten, was mir sehr leidtat. Es schien aussichtslos, aber aufzugeben ist nicht mein Stil. Wie immer, wenn ich einfach keinen weiteren Ansatz mehr sehe, fing ich die Suche einfach noch mal von vorn an. Als ob ich mich noch nie mit dieser Suche beschäftigt hätte, ging ich die Unterlagen noch mal durch. Also: Die Kinder wurden in Hannover geboren. Bei der Geburt wurde vermerkt, dass die Mutter aus Kiel stamme. In Kiel hatte man ihren Geburtseintrag gefunden und mir eine Kopie davon zugeschickt. Normalerweise steht der Ehename nicht auf den Geburtseinträgen. Der Standesbeamte hatte ihn dennoch ganz klein am Rand vermerkt. Heutzutage unvorstellbar. Aber tatsächlich haben einige Standesbeamte früher häufiger Dinge in ihre Register geschrieben, was sie persönlich für wichtig hielten, manchmal sogar auch nicht eheliche Kinder. »Warum in aller Welt hat dieser Standesbeamte nicht einfach in Druckbuchstaben geschrieben, wenn er schon etwas notierte, was eigentlich gar nicht erforderlich war?«, fluchte ich leise vor mich hin. Mit Schriftproben aus anderen Textstellen des Dokuments verglich ich noch mal die Buchstaben. P – eindeutig. O – eindeutig. U – eindeutig. L – es ist kein H – eindeutig. »Aber Moment mal – könnte das L auch ein D sein?«, traf es mich wie ein Blitzschlag. Mit klopfendem Herzen öffnete ich meinen Onlinezugang zum amerikanischen Einwanderungsarchiv und tippte den Namen P O U D E ein. Und: Volltreffer! Dorothy Poude! Endlich hatte ich eine Spur. Ich kam bis zu einer Adresse aus den 70er-Jahren. Noch am selben Abend rief ich bei Hans an und sagte ihm, dass höchstwahrscheinlich der Knoten geplatzt sei und wir nun endlich eine heiße Spur hätten. Er schien sehr glücklich, dass es nun wieder Hoffnung gab bei der Suche nach seiner Mutter, und er versprach mir, Jürgen gleich Bescheid zu geben. Äußerst zufrieden mit dem Ergebnis ging ich an diesem Tag beseelt, mit einem zufriedenen Lächeln auf dem Gesicht, in den wohlverdienten Feierabend.

In den nächsten Tagen kam ich nach diesem entscheidenden Durchbruch kontinuierlich weiter. Dieselben Datenbanken und Register – nur mit einem einzigen anderen Buchstaben im Nachnamen und dem englischen Vornamen – brachten mich letztlich dem Ziel ganz nahe. Die Spur führte schließlich nach Colorado Springs in der Nähe von Denver, mitten in die USA. So ganz sicher war ich mir allerdings immer noch nicht. Ich hatte kein Geburtsdatum der Frau, nur ihr damaliges Alter. Ich führte viele

Telefonate. »Ich suche eine Frau Poude, die früher Dörte hieß und in Kiel geboren wurde«, hörte ich mich immer und immer wieder auf Englisch sagen. Und immer wieder die gleiche Antwort: »No, it's not me.« Doch dann schwieg auf einmal eine Frau am anderen Ende der Leitung, nachdem ich meinen Spruch aufgesagt hatte. Sie schwieg so lang, dass es nur die Richtige sein konnte. Bei vielen Anrufen bin ich mir nicht sicher, ob sich jemand verleugnen möchte oder tatsächlich nicht die gesuchte Person ist, wenn die Reaktion abweisend ist. Doch Schweigen ist eigentlich immer ein gutes Zeichen. »Ich rufe im Auftrag von zwei männlichen Zwillingen aus Deutschland an, die ihre Mutter suchen. Könnten Sie das sein?«, fragte ich die Frau, die über 8000 Kilometer entfernt schwer ins Telefon atmete. Irgendwann folgte auf ihr Schweigen eine ungläubige, fast vorwurfsvolle Nachfrage: »Wollen Sie mich auf den Arm nehmen?« Ich beteuerte das Gegenteil und nannte ihr das Geburtsdatum der beiden. Der Auftrag war eine meiner ersten Muttersuchen. Heute würde ich viele Dinge ganz anders machen. Telefonate werden heute vermieden, so weit es geht. Dieser Auftrag hat zu der Erkenntnis ein gutes Stück beigetragen. Auf ein weiteres langes Schweigen folgte plötzlich ein derartiges Schluchzen, dass ich erschrak und Sorge hatte, die Frau würde gleich zusammenbrechen: »Oh, father, what have you done to me?«, kreischte sie jetzt hysterisch ins Telefon. Sie war über diese Information, die so schlagartig in ihr Leben platzte, offensichtlich erschüttert, gar im Schock. Ich verstand nicht, was sie damit meinte. Was genau hatte ihr Vater ihr angetan? Warum klagte sie ihn an? Aber eines war klar: Ich hatte Hans' und Jürgens Mutter gefunden.

Als ich das Gespräch mit Dorothy beendet hatte, wartete ich keine Sekunde länger, um ihren Söhnen von den Neuigkeiten zu berichten. Die erwachsenen Männer weinten am Telefon ebenfalls, als sie mich hörten. Nur ganz anders: voller Erleichterung und Freude.

»Seit ich zehn Jahre alt war, habe ich auf diesen Moment gewartet«, sagte Hans mit einer von Tränen fast erstickten Stimme, als könnte er es noch gar nicht begreifen, dass sein Lebenswunsch nun in Erfüllung gegangen war. Die Unklarheit habe ihn immer wieder in seinem Leben in nervliche Krisen gestürzt. »Ich war oft total fertig«, erzählte er mir.

Solche Reaktionen auf die Lücken in der eigenen Lebensgeschichte erlebe ich bei vielen meiner Klienten, die ihre Eltern nicht kennen. Die fehlenden Informationen über die leiblichen Eltern und damit einen Teil der eigenen Identität verursachen eine ständige innere Unruhe, die offenen Fragen ziehen förmlich Lebensenergie. Erst wenn sich der Kreis schließen kann, kommen die meisten zur Ruhe und erreichen eine echte Stabilität in ihrem Leben.

Dorothy brauchte etwas Zeit, um zu realisieren, was gerade in ihrem Leben geschah, und Zeit, um die Neuigkeiten mit ihrer Familie zu besprechen. Sie war immer noch mit dem Mann verheiratet, mit dem sie damals ausgewandert war. Mit Don hatte sie zwei Kinder, eine Tochter, die noch bei ihnen lebte, und einen Sohn, der inzwischen selbst zwei Kinder hatte und im nahen Denver wohnte.

Hans rief mich fast täglich an, wie es denn jetzt weitergehe. Er konnte es kaum erwarten, seine Mutter zu treffen. Jedes Mal musste ich ihn beruhigen und ihm erklären, dass sein Zeitempfinden und das seiner Mutter in dieser Situation sehr wahrscheinlich vollkommen unterschiedlich seien.

Schließlich nahm Dorothy Kontakt zu ihren Söhnen auf. Mit einem handgeschriebenen Brief in Deutsch und Englisch lud sie

sie zu sich ein. Um selbst nach Deutschland zu reisen, fühlte sich die 63-Jährige zu wenig fit, da sie unter Schmerzen in den Beinen litt. »Die Zukunft wird für uns alle besser werden. I will be the happiest Mum on Earth«, schwelgte sie in Vorfreude auf ein Wiedersehen. Die Brüder, vor allem Hans, freuten sich riesig. Fast atemlos las Hans mir den Brief vor, als er sich aufgeregt mit den Neuigkeiten bei mir meldete. Der Inhalt des Briefes mit seiner Mischung aus Englisch und Deutsch, aus gefassten, wohlüberlegten Sätzen und halben Satzfetzen mit übersprudelnden Emotionen rührte mich sehr. Und als ich an mein erstes Telefonat mit Dorothy zurückdachte, das gerade mal sechs Wochen zurücklag, bekam ich eine Gänsehaut.

Mit einem deutschen Kochbuch im Koffer und einem Kaffeebecher, den sie mit einem Kinderfoto von sich beiden hatten bedrucken lassen, machten sich die Zwillinge schon bald auf den Weg. Es war der erste Flug für die Männer. Hans' Frau Andrea begleitete die beiden auf der langen Reise. Ob es wohl so weit gekommen wäre, wenn er sich bei seinen Adoptiveltern geliebt und ganz angenommen gefühlt hätte, fragte Hans sich beim Einsteigen. Während der 26 Stunden langen Reise blätterten er und Jürgen immer wieder in dem Fotoalbum, das sie ihrer Mutter schenken wollten. Dabei unterhielten sie sich angeregt und ließen viele Kindheitserinnerungen Revue passieren.

Doch auf der Fahrt vom Flughafen zu der Farm von Dorothy und Don herrschte Schweigen. Jeder hing seinen Gedanken nach, und alle waren erschöpft von dem langen Flug. Ohne ein Wort zu verlieren, ließen die drei die Landschaft an sich vorbeiziehen. Hans und Jürgen waren aber auch sehr aufgeregt. Was würde sie wohl erwarten? Würden sie ihre Mutter erkennen? War sie so, wie sie es sich vorgestellt hatten? Umarmen, küssen oder die Hand geben? Die Anspannung lag deutlich in der Luft.

Endlich zeigte das Navigationsgerät nur noch drei Meilen bis zum Ziel an.

Als sie auf das Grundstück der Farm einbogen, sahen sie schon eine Frau, die nur Dorothy sein konnte. Sie lief ihren Söhnen vom Haus durch den Garten, so schnell sie konnte, entgegen und schwenkte, etwas hinkend, ihren Gehstock in der Luft. Kein Zögern, keine Zurückhaltung: Als ob sie sie schon immer gekannt hätte, nahm sie ihre Zwillinge in die Arme, erst Hans, und dann kam Jürgen dazu. Zu dritt hielten sie sich minutenlang fest und sprachen kein Wort. Sie hoben nur ab und zu die Köpfe, lächelten sich immer wieder gegenseitig an, nur um sich gleich noch mehr zu drücken, als ob sie sich kurz der Realität versichern müssten. Als ob sie die lebenslang fehlende Körpernähe nachholen wollten. Die Welt um sie herum schien stillzustehen. Alles andere rückte in die Ferne. Bis Hans das Schweigen brach:

»Endlich zu Hause.«

»Don't make me cry«, antwortete ihm seine Mutter und weinte dann doch. Als sich die drei endlich losließen, hatte sich die Anspannung gelöst. Don ging nicht weniger freundlich auf seine plötzlichen Stiefsöhne zu: »Ihr seid nun Teil der Familie«, hieß er sie willkommen. Immer wieder umarmten sich alle abwechselnd.

Noch unter freiem Himmel begann Dorothy vor Aufregung, ihre Geschichte noch einmal bis ins Detail zu erzählen. Endlich sollten alle Puzzleteile ein Ganzes ergeben, Auge in Auge mit ihren Söhnen. Sie sollten die ganze Wahrheit darüber erfahren, warum sie ohne ihre leibliche Mutter aufwachsen mussten. So wie sie nach 45 Jahren einen grausamen Teil ihrer Lebenswahrheit erfahren hatte. Obwohl Hans und Jürgen von mir schon einen Teil der Geschichte erfahren hatten, hörten sie ihrer Mutter nun gebannt zu, musterten die korpulente Frau mit den hochgesteckten grauen Haaren und der goldfarbenen Brille.

Sie war 18 Jahre alt und unverheiratet, als sie schwanger wurde, erzählte Dorothy. Damit endete ihre Jugend abrupt. Das letzte schöne Ereignis, an das sie sich aus dieser Zeit erinnern konnte, war ein Konzert von Elvis Presley, nach dem sie dem Star sogar persönlich begegnet war. »Meine Eltern waren sehr aufgebracht, als ich es ihnen gestand«, erinnerte sie sich. Sie machten ihr Vorwürfe und schoben alle Schuld auf sie. Wie hatte sie sich nur mit einem Mann derart einlassen können?! Sie sei doch gut erzogen gewesen. Und so weiter. So wie es zu dieser Zeit, in den 50er-Jahren, vielen jungen Frauen in ihrer Lage erging, kam durch die Schwangerschaft aus der Sicht ihrer Eltern große Schande über die Familie. Die Eltern sahen nur eine Lösung: Das Mädchen musste weit weg von seinem Heimatort in ein Heim »für böse Mädchen«, wie Dorothy es nannte, wo sie, neben anderen jungen Schwangeren, bis zur Geburt leben sollte. So bekam niemand in der weiteren Familie mit, was mit Dorothy in Wirklichkeit los war. Und man musste auch nicht das Tuscheln und auch nicht das Kopfschütteln der Nachbarn ertragen. Dorothy willigte stumm ein. »Was wäre mir auch anderes übrig geblieben?« Sie schaute fragend in die Runde. Mündig wäre sie nämlich laut Gesetz damals erst drei Jahre später gewesen. Im Heim bekam sie nicht ein einziges Mal Besuch. Vollkommen unvorbereitet auf die Geburt, bekam Dorothy Wehen. »Ich wusste gar nicht, was mit mir geschieht«, sagte sie. Die Geburt schließlich verlief mit Komplikationen, erzählte sie weiter: »Ich erinnere mich nur noch daran, dass ständig hektisch auf mich eingeredet wurde: ›Pressen! Pressen! Pressen!‹ Dann weiß ich nichts mehr.« Dorothy war geschwächt und musste deshalb einige Zeit im Krankenhaus verbringen. Als sie nach ihrem Kind fragte, antwortete ihr Vater, dass sie Zwillinge auf die Welt gebracht habe, doch die Buben seien leider bei der Geburt gestorben.

»Warum hätte ich das nicht glauben sollen?« Wieder ein Blick in die Augen ihrer Söhne. »Wie konnte ich ahnen, dass mein Vater mich belügt!« Die Bestürzung stand Dorothy ins Gesicht geschrieben. Noch immer konnte sie nicht begreifen, dass ihre tot geglaubten Kinder lebten. Obwohl sie direkt vor ihr standen und sie den Männern immer wieder über den Kopf streichelte und ihre Hände fest drückte. »Ist es tatsächlich möglich, dass das mir passiert? Das ist doch nicht real. Solche Dinge passieren doch anderen, nicht mir.« Immer wieder brachen aus ihr Sätze der Fassungslosigkeit hervor. Ihre Eltern konnte Dorothy nicht mehr zur Rechenschaft ziehen: Sie hatten die Lüge und das Geheimnis mit ins Grab genommen. »Sie haben uns 45 Jahre gestohlen«, klagte sie sie an.

Um die Mutter im Nachhinein wenigstens bildlich an ihrer Entwicklung teilhaben zu lassen, gaben Hans und Jürgen ihr das mitgebrachte Fotoalbum. Die Buben mit fünf Jahren, mit zehn, mit fünfzehn und als junge Männer. Dorothy liefen wieder die Tränen übers Gesicht.

Jetzt erfuhren endlich auch die Zwillinge, dass es nicht die Mutter, sondern der Großvater gewesen war, der die Kinder weggegeben hatte. »Ich hatte immer einen Groll gegen meine Mutter, weil ich glaubte, sie hätte uns im Stich gelassen«, sagte Jürgen nun. Dorothy hatte wohl, noch immer krank und im Wochenbett, gutgläubig und ohne darauf zu achten, was ihr Vater ihr vorlegte, die entsprechenden Papiere dafür unterschrieben. Das Heim, in dem die Kinder auf ihre Adoption warteten, war nur fünf Kilometer von Dorothys Heimatort entfernt gewesen. »So nah und doch so fern«, entfuhr es Dorothy traurig. Es hätte gut sein können, dass sie ihren Kindern unwissentlich einmal begegnet war. Denn erst fünf Jahre später lernte sie ihren Ehemann kennen, einen amerikanischen Soldaten, der in Deutschland stationiert war, und ging mit ihm in die USA, erst nach Wisconsin, dann schließlich nach Colorado. »Ich hatte nie Heimweh, denn ich hatte nichts, wonach ich mich in Deutschland sehnte«, schloss Dorothy. Doch das war gerade im Begriff, sich zu ändern. Mittlerweile saßen alle erschöpft im Wohnzimmer des kleinen Hauses, wo erst einmal wieder geschwiegen wurde. Die Informationen zu verdauen kostete Kraft. Doch dann wurde zusammen gekocht, gegessen und weitererzählt.

Als die lokalen Medien, sowohl Zeitungen als auch Fernsehsender, von der Geschichte erfuhren, die zwischenzeitlich vor Ort wie ein Lauffeuer die Runde gemacht hatte, wurde die Privatsphäre von Interviews und Kameras immer wieder gestört: Alle stürzten sich auf die drei und wollten über diese rührende Familienzusammenführung berichten. Voller Stolz und Staunen sahen sich die Söhne gemeinsam mit ihrer Mutter auf dem Sofa später ihr Glück in den abendlichen Fernsehnachrichten an. Und dieses Glück nahmen sie auch mit zurück nach Deutschland, in ihr gewohntes und von nun an doch ganz neues Leben.

7. KAPITEL

Was hatten meine Eltern zu verbergen?

Zu jedem Auftrag gehört ein längeres Vorgespräch, bei dem die Klienten mir von sich und der gesuchten Person erzählen können. Das Vorgespräch kann entweder telefonisch oder persönlich erfolgen. Die meisten wollen mich persönlich kennenlernen. Bei Helmut war das anders. »Nee, vorbeikommen will ich nicht. Das ist mir viel zu weit nach Frankfurt«, sagte er direkt heraus, als er mich das erste Mal anrief. Sein rheinischer Dialekt war so stark, dass ich ihn zuerst gar nicht gut verstand. Doch mit der Zeit gewöhnte ich mich daran und konnte ihm folgen. Helmut wohnte in Köln und suchte seine Eltern.

»Ich bin in Heimen und bei Pflegeeltern aufgewachsen. Und jetzt möchte ich herausfinden, wer meine Eltern sind. Besonders emotional ist das nicht für mich«, schickte er gleich hinterher. »Ich mache das eher wegen der Kinder, wissen Sie. Die sollen doch mal wissen, wer ihre Großeltern waren.«

Noch bevor wir richtig ins Gespräch kommen konnten, schlug er vor, mir alle Unterlagen, die er für relevant hielt, zu schicken. »Dann können Sie sich ja vielleicht schon mal einen Reim darauf machen. Mir ist das bisher nicht gelungen.«

Ich war einverstanden und versprach, mich bei ihm zu melden, sobald ich mir einen Überblick verschafft hatte. So unaufgeregt, wie Helmut geklungen hatte, ging ich von einer Standardrecherche aus. Doch da hatte ich mich komplett getäuscht.

Zwei Tage später erwartete mich in der Post ein dickes Einschreiben aus Köln. In dem Umschlag befanden sich Kopien von Urkunden, Fotos und ein langer Brief von Helmut an mich. Dem konnte ich entnehmen, dass er und seine Frau sich schon selbst auf die Suche nach seiner Herkunftsfamilie begeben hatten, allerdings ohne Erfolg. Was sie bereits herausgefunden hätten, könnte auch für meine Suche hilfreich sein, schrieb Helmut. Er war 1954 in Nürnberg zur Welt gekommen. Als Mutter war die ledige Köchin Therese vermerkt. Sie war wohnhaft in Nürnberg und gehörte der evangelischen Kirche an. Geboren war sie in Berlin-Neukölln. Das Ehepaar hatte beim Meldeamt in Nürnberg herausgefunden, dass Therese in Helmuts Geburtsjahr aus Ostberlin nach Nürnberg gezogen war. Auch eine Adresse war angegeben: Die Monate November und Dezember desselben Jahres hatte sie in der dortigen Justizvollzugsanstalt eingesessen! Danach war sie innerhalb von Nürnberg umgezogen, doch dann verlor sich ihre Spur: »Mit unbekanntem Aufenthalt von Amts wegen abgemeldet.« Aus einer Randnotiz auf der Meldekarte ergab sich lediglich die Vermutung, dass sie in die damalige »Ostzone« verzogen sein könnte. Auch beim Neuköllner Standesamt in Berlin war über Thereses Verbleib nichts herauszufinden.

Den Unterlagen konnte ich außerdem entnehmen, dass ein Suchantrag beim Deutschen Roten Kreuz ins Leere gelaufen war. Die Innere Mission war kurz nach Helmuts Geburt zum Vormund bestellt worden, weil der Aufenthaltsort seiner Mutter seit Sommer 1954 unbekannt war. Sie hatte den Säugling damals einfach alleine in der Klinik zurückgelassen. Über die Mutter war dem Diakonischen Werk nicht mehr bekannt, aber es konnte Helmut den Namen seines Vaters und dessen damalige Anschrift in Nürnberg nennen. Außerdem dessen Beruf: Karl war Mechaniker gewesen. Ich war beeindruckt, wie viel Helmut schon selbst recherchiert hatte.

Helmut verbrachte seine Kindheit und Jugend in vier verschiedenen Heimen und bei drei Pflegefamilien. Nirgends hatte er sich, wie er mir schrieb, einfügen können. Er hatte Probleme, sich anzupassen, lehnte sich auf und wurde sogar straffällig. Bei den letzten drei Heimen, in denen er aufwuchs, handelte es sich sogar um sogenannte geschlossene Anstalten. Mit 17 begann er seine Ausbildung zum Bergmann, und damit war diese Phase für ihn vorbei. »Es ist traurig, aber ich habe so gut wie keine guten Erinnerungen an meine Kindheit«, schrieb Helmut. Doch sein Leben nahm eine glücklichere Wendung, als er Mitte 20 seine Frau kennenlernte. »Was hatte ich für ein Glück!« Mit dieser neuen Stabilität in seinem Leben ging es bergauf: Heirat, Wohnungskauf, zwei gesunde Kinder. »Eigentlich sind wir glücklich und zufrieden. Irgendwann fingen unsere Söhne an nachzufragen, wo denn ihre Großeltern seien. Alle anderen hätten doch zwei Paar Großeltern. Es war mir unangenehm, keine Antwort geben zu können. Also begann ich, in der Vergangenheit zu wühlen. Ich selbst bin gar nicht so begierig darauf zu erfahren, wer meine Mutter war. Aber für meine Kinder und Enkel will ich doch einigermaßen die Familienchronik komplett haben. Können Sie mir dabei helfen?«

»Ja klar, kann ich«, rief ich ihm innerlich zu. Noch am selben Tag schickte ich eine Anfrage an das Geburtsstandesamt der Mutter nach Berlin-Neukölln. Zwei Wochen später kam die Antwort, dass dieser Geburtseintrag dort nicht vorliege. Ich überprüfte noch einmal die Angaben auf meinem Antrag und vergewisserte mich sogar telefonisch beim Meldeamt in Nürnberg: Helmuts Geburtsort stimmte, auch der Geburtseintrag seiner Mutter war dort so verzeichnet. Doch aus Neukölln hörte ich auf meine Nachfrage hin, dass drei Mitarbeiterinnen des Amtes nach diesem Eintrag gesucht hätten. Keine hatte ihn dort finden können. Weder die Standesbeamten noch ich konnten sich einen Reim darauf machen, das war einfach nur skurril. Den ganzen Tag zerbrach ich mir darüber den Kopf: Wie konnte so etwas nur sein? Als ich am Abend mit meinen Freundinnen im Restaurant saß, kreisten meine Gedanken immer noch um dieses Mysterium. Meine Freundinnen kennen es von mir, dass ich manchmal etwas abwesend bin, wenn eine meiner Suchen mir Kopfzerbrechen macht. So diskutierten wir zu dritt, was zu tun sei, wie immer ohne Namen zu nennen. Obwohl sie Laien sind, tat es gut, und vor dem Zubettgehen beim Zähneputzen sah ich klarer. Es gab nur eine Möglichkeit, hier weiterzumachen: Ich musste bei den Einwohnermeldeämtern ansetzen. Irgendwann würde sich das mit dem fehlenden Geburtseintrag schon klären.

Die Mutter war damals ja nach unbekannt verzogen abgemeldet. Vielleicht war sie ja mit dem Vater zusammengezogen und hatte sich nicht ordnungsgemäß umgemeldet? Als ich mit dieser Idee an das Nürnberger Meldeamt herantrat, schüttelte man dort den Kopf. Die damalige Adresse des Vaters, die Helmut von der Inneren Mission genannt bekommen hatte, hat nie in Nürnberg existiert. Auch auf Straßenkarten von Nürnberg konnte ich den Straßennamen, der in der Akte der Inneren Mission genannt war, nicht finden. »Ob damals geschlampt wurde, als Karls Daten aufgenommen wurden?«

Mir fiel ein, dass ich noch Thereses Gefängnisakte einsehen könnte. Vielleicht fände ich darin Anhaltspunkte und käme endlich weiter. Helmut war sowieso daran interessiert herauszufinden, welches Delikt seine Mutter begangen hatte. Wie aus dem

Strafregister hervorging, das mir zusammen mit einem Personalienbogen zugeschickt wurde, handelte es sich sogar um mehrere Straftaten: Betrug, illegaler Grenzübertritt, Diebstahl, Unterschlagung in mehreren Fällen. Therese hatte damals angeblich bei einer amerikanischen Militäreinheit gearbeitet. Interessant war, dass auch Helmuts Vater in der Akte erwähnt wurde. Er war ebenfalls inhaftiert gewesen. Und auch er hatte bei den Amerikanern gearbeitet. Überraschenderweise war auch Karls Mutter – eine Emilie – mit ihrer Ostberliner Adresse genannt. Dort sollte Karl vor seinem Umzug nach Nürnberg gewohnt haben. Sonst gab es keine weiteren Angaben zu Verwandten oder sonstige Adressen.

Aha, dachte ich bei mir. Daher also die Vermutung, dass Therese eventuell in die ehemalige DDR zurückgegangen sein könnte. Für mich wurde das Ganze einfach nur immer rätselhafter.

Wenn es vorwärts nicht weitergeht, hilft manchmal der Rückwärtsgang. Ein bisschen so wie bei einem Auto, das sich festgefahren hat. Fährt man zurück, kann man Schwung holen und wieder nach vorne setzen. Mich interessierte, ob es in der DDR vielleicht noch Verwandte der Mutter gegeben hatte. Um das herauszufinden, brauchte ich die Akten von Thereses Aufnahmeverfahren. Es hieß ja, dass sie aus Ostberlin nach Nürnberg gekommen war. Jeder, der aus der ehemaligen DDR in das Bundesgebiet kam, musste das sogenannte Aufnahmeverfahren durchlaufen. So also bestimmt auch sie. In Thereses Akte wären sicher auch ihre familiären Verhältnisse festgehalten worden. Die Auskunft aus dem damals zuständigen Bundesverwaltungsamt dauerte eine gefühlte Ewigkeit. Na klar. Urlaubszeit! Da konnte man nichts machen. Ich rief Helmut an und bat um Geduld. Er war entspannt und wünschte nur freundlich gutes Gelingen. Ich hatte fast den Eindruck, dass ihn gar nicht besonders interessierte, was ich ihm erzählte. Er sei nur froh, dass seine Mutter keine Mörderin sei, lachte er ins Telefon. Er gab zu, dass er nicht genau verstand, warum es mir so viel Kopfzerbrechen machte, dass der Geburtseintrag der Mutter nicht da zu sein schien, wo er eigentlich sein müsste. Ich würde sie auch so finden, ermunterte er mich.

Endlich, sechs Wochen später, kam die Auskunft aus dem Bundesverwaltungsamt zu Thereses Übersiedlung. Keinerlei Hinweise auf Verwandte. Aber etwas anderes war interessant und zugleich merkwürdig: Thereses letzte Meldeadresse in Berlin war identisch mit der von Karls Mutter! In der Französischen Straße. Das kam mir komisch vor. Und überhaupt: Diese Gegend in unmittelbarer Nähe des Brandenburger Tors konnte doch unmöglich eine Anschrift »einfacher Leute« gewesen sein. Ich forsche nach. Und beim Berliner Grundbuchamt brachte ich in Erfahrung, dass in den 50er-Jahren der Eigentümer des besagten Hauses in der Französischen Straße die SED gewesen war.

Nun ratterte es in meinem Kopf. Und die Einzelheiten setzten sich wie von alleine zu einem großen Puzzle zusammen: angestellt bei den Amerikanern, Unterschlagung, unerlaubter Grenzübertritt … Da fehlte eigentlich nur noch ein Teil: Stasi. Natürlich! Es fiel mir wie Schuppen von den Augen: Helmuts Mutter hatte ihn höchstwahrscheinlich unter einem falschen Namen, gar einer falschen Identität zur Welt gebracht. Seine Mutter, wie sie auf der Geburtsurkunde stand, gab es vielleicht gar nicht. Aus alldem schloss ich, dass es gut möglich war, dass es sich bei Helmuts Eltern um DDR-Spione handelte.

Es erschien mir angebracht, solche heiklen Vermutungen mit Helmut persönlich zu besprechen, handelte es sich doch um harten Tobak, wenn das die Wahrheit sein sollte. So bat ich ihn um ein Treffen: »Es gibt zwar bisher noch keine faktischen Ergebnisse, aber doch interessante Vermutungen, über die wir besser unter vier Augen sprechen.« Ich wolle ihm auch gerne entgegenfahren, sagte ich ihm am Telefon, um ihm die Entscheidung zu erleichtern. Und so kam es, dass wir uns auf halber Strecke zwischen Köln und Frankfurt in einem Café im Westerwald trafen. Helmut wirkte in seinen Jeans und Sneakers nicht nur sportlich, sondern auch sehr jugendlich. Er schien gefasst und fast schon amüsiert, als ich ihm von meinen Hinweisen berichtete. »Der Sohn von Spionen? Na, wenn das mal keine Geschichte für meinen Stammtisch ist! Und meine Enkel werden sich an so einer Spionagegeschichte ergötzen!« Er lachte laut. So hatte ich mir seine Reaktion nicht vorgestellt, war aber sehr erleichtert, dass er die Neuigkeiten quasi mit Kölner Humor nahm. »Ganz ehrlich, mir kam das alles schon von Anfang an seltsam vor. Ich wäre gar nicht wirklich überrascht, wenn sich Ihre Vermutungen bewahrheiten würden und meine Eltern für die Stasi gearbeitet haben. Irgendetwas war da doch im Busch«, sagte er. Nun stellten sich natürlich zentrale Fragen: Wer war Helmuts Mutter wirklich? Wie lautete ihr richtiger Name? Woher stammte sie? Lebte sie noch? Wenn ja, wo? »Eigentlich stehen wir damit wieder ganz am Anfang«, befand Helmut und hatte recht. Um Antworten auf diese Fragen zu erhalten, sah ich nun nur einen Weg: Wir würden nur über die BStU, die Behörde, bei der die Stasiunterlagen verwahrt werden, etwas über Helmuts Mutter herausfinden können. Und dafür musste er Akteneinsicht beantragen. »Ich soll also die Stasiakte meiner Mutter einsehen? Das mache ich doch glatt«, sagte Helmut ohne Zögern.

Doch so einfach war das nicht. Mit meiner Hilfe stellte Helmut zwar den dafür nötigen Antrag. Doch dieser wurde fast postwendend mit der Begründung abgewiesen, er könne zwar über sich selbst Auskünfte erhalten, aber nicht über Dritte. Helmut war in diesen Dingen unerfahren und wollte diese Antwort einfach kommentarlos akzeptieren. Doch ich machte ihm klar, dass es ein Recht auf Kenntnis der eigenen Abstammung gibt und er auf dieser Grundlage Einspruch gegen die Ablehnung einlegen könne. So leicht wollte ich uns nicht abspeisen lassen, schließlich war dies der einzige Weg, Klarheit über die Identität seiner Eltern zu erhalten. Helmut war mit allem einverstanden.

Um dieses Recht für Helmut geltend zu machen, brauchten wir Rechtsbeistand. Ich telefonierte mit mehreren Anwaltskanzleien. Jedoch schien sich keiner wirklich auszukennen in diesem speziellen Thema. Ich überlegte hin und her. Dann fiel mir Gregor Gysi ein. Er war zu DDR-Zeiten Anwalt in der DDR und kannte das System Stasi. Zuletzt wurde ihm sogar vorgeworfen, selbst inoffizieller Mitarbeiter der Stasi gewesen zu sein. Wie auch immer, die Stasi und ihre Arbeitsweisen waren ihm vertraut. Vielleicht könnte seine Kanzlei etwas ausrichten? Als ich telefonisch in seinem Büro anfragte, wurde mir dort wenig Hoffnung gemacht. Gysi übernehme nur sehr wenige Mandate. Aber eine schriftliche Anfrage würde ihm, wie alle anderen auch, unterbreitet werden. So schilderte ich den Fall schriftlich. Und überraschenderweise kam auch fast unverzüglich eine Antwort: »Ihr Klient darf sich gerne in unserer Kanzlei melden. Herr Gysi ist bereit, den Fall zu übernehmen.« Ich machte regelrecht einen Freudensprung, als ich diese E-Mail gelesen hatte. Mit so einem prominenten Fürsprecher versprach ich mir einen positiven Ausgang. Ich wusste aber auch, dass das dauern würde. Ich überbrachte Helmut also am Telefon die guten Neuigkeiten und vertröstete ihn gleichzeitig: »Wir müssen jetzt Geduld haben. Aber wenn Gysi es nicht schafft, für Sie Zugang zu der Akte Ihrer Mutter zu erlangen, wer dann?!« Helmut stimmte zu.

Es dauerte tatsächlich fast ein halbes Jahr, in dem es ein reges schriftliches Hin und Her zwischen Kanzlei, Helmut und mir gab. Eines Tages eröffnete mir Helmut, dass das Anwaltsbüro ihm gerade mitgeteilt habe, dass sein Antrag auf Akteneinsicht gewährt worden sei. Sobald die Behörde die Unterlagen herausgesucht habe, könne er dort hinfahren. »Was??? Das ist ja wunderbar!« Wieder ein Freudensprung. Endlich gab es Aussicht darauf, die Suche mit den richtigen Daten, den sogenannten Klarnamen, der Eltern aufzunehmen!

Doch daraus wurde leider nichts. Helmut erhielt nach kurzer Zeit einen Brief der BStU, in dem ihm mitgeteilt wurde, dass man zwar den Namen beziehungsweise den Decknamen seiner Mutter auf einer Liste gefunden habe, aber keine entsprechende Akte, die auf die wahre Identität dahinter hinweise. Zu dem Namen seines Vaters hatten die Beamten gar nichts gefunden. Bei diesem Telefonat sackten Helmut und ich gleichzeitig merklich zusammen. Für ein, zwei Minuten schwiegen wir nur. Die Enttäuschung war zu groß. Ich konnte Helmut nicht einmal trösten. Ich bat ihn, mir eine Kopie des Schreibens mit der Post zu schicken. Gab es nicht doch noch eine Chance? Eine kleine Hoffnung? Ich las darin unter anderem:

Wir bedauern das unbefriedigende Rechercheergebnis. Die Kenntnisse über das Ablagesystem des Ministeriums für Staatssicherheit reichen nicht aus, um eventuelle Erfolgsaussichten einer Suche einzuschätzen. In der Tat hatte die Staatssicherheit eine Ablage, denen die Decknamen der Informellen Mitarbeiter (IM) zugrunde lagen. Allerdings beinhalten diese Karteien keine Informationen über die Identität des IM, sondern verweisen nur auf einen Vorgang, eine Registriernummer, Diensteinheit oder Signatur. Zwar fand sich der genannte Deckname, es konnte aber kein Zusammenhang mit der gesuchten Person hergestellt werden oder gar mit Ihnen. Auch die bekannten Angaben zum Vater, sei es Klar- oder Deckname, führten zu keinem positiven Ergebnis.

Nachdem ich das Schreiben gelesen hatte, war ich noch frustrierter. Denn mir war klar, dass die Suche hier endete.

Wenige Wochen später war ich wegen eines anderen Falls in Köln. Also bot sich dort ein Abschlusstreffen an. Helmut lud mich zu sich nach Hause ein, wo ich auch seine Frau Elisabeth kennenlernte. Die Wände ihrer Wohnung waren vollgehängt mit Familienfotos und selbst gemalten Bildern ihrer Enkel. »Für Oma und Opa«, stand auf vielen. »Schön, oder?«, fragte mich Helmuts Frau, als sie merkte, dass ich die Wände bestaunte. Sie hatte einen ruhigen und freundlichen Ton. Man merkte, dass in ihrer Familie Frieden herrschte und Harmonie. »Wissen Sie, es ist traurig, dass Helmut nichts Konkretes über seine Eltern erfahren konnte. Was auch immer sie getan haben, sollen sie es eben mit ins Grab nehmen. Glücklicherweise haben wir ja uns. Das ist das Wichtigste«, sagte sie und blickte zu Helmut hoch. Der legte ihr einen Arm um die Schultern und fügte hinzu: »Das stimmt. Wir haben ja alles versucht, aber nun ist auch gut.« Auch wenn die beiden noch so gelassen sprachen, meinte ich dennoch eine gewisse Wehmut aus Helmuts Stimme herauszuhören.

Nachdem wir gemeinsam Kaffee getrunken und uns herzlich verabschiedet hatten, verließ ich die Wohnung und später die Stadt nachdenklich und auch etwas traurig. So ist das. Manchmal bleiben weiße Flecken, auch wenn man sich noch so bemüht hat, das Bild eines Lebens zu vervollständigen, die Wurzeln eines Menschen zu finden. Manchmal stößt man einfach auf unüberwindbare Grenzen.

8. KAPITEL

Die unbekannte Schwester

Ich hatte gerade einen Drehtag in Südengland für eine Episode von *Die Aufspürerin* mit dem Südwestrundfunk abgeschlossen, da erreichte mich spätabends noch die Nachricht, ich solle Sandra zurückrufen. Sicher eine neue Klientin, dachte ich, und wollte sie am nächsten Tag zurückrufen, doch schon frühmorgens erhielt ich eine weitere Nachricht von ihr. Es schien dringend zu sein. Auf zur nächsten Suche! Noch von England aus rief ich die hinterlassene Nummer an.

»Ja, hallooo?«, sang ein kleines Mädchen in den Hörer.

Etwas überrascht antwortete ich: »Könnte ich bitte deine Mama sprechen?«

»Mamiiiiiiiiiiiii!«, tönte es so laut, dass ich den Hörer von meinem Ohr weghalten musste. Ich schmunzelte.

Kurz danach eine Stimme, leicht außer Atem: »Hallo, hier ist Sandra. Ich muss nur gerade eben unserem Au-pair-Mädchen Bescheid sagen und die Türe schließen.«

Drei Minuten später war sie wieder am Telefon, diesmal sehr ruhig. »Meine Mutter ist vor sechs Wochen gestorben. So traurig es ist, so ist es doch auch für alle eine Erlösung, nach einer so langen Krankheit.« Ich schwieg und wusste, dass die Erlösung auch noch ganz andere Dimensionen hatte. Und tatsächlich: »Ich trage Ihre Telefonnummer schon so lange mit mir herum. Jetzt endlich ist die Zeit reif. Ich kann jetzt tun, was ich will.« Sie stockte einen Moment. »Ich habe eine Schwester. Aber meine Mutter hat mir nie etwas davon erzählt.« Ich wusste gleich, worauf Sandra hinauswollte. Als ob sie es ihrer verstorbenen Mutter zurufen würde, forderte sie: »Ich möchte sie finden. Ich will wissen, wer sie ist und warum sie nicht bei uns aufgewachsen ist. Ich will die ganze Wahrheit.« Sie schien zu lange mit ihrem Wunsch gewartet zu haben, kaum war die Mutter verstorben, gab es kein Halten mehr.

Ich hätte am liebsten gleich mit der Recherche losgelegt. Doch eins nach dem anderen. Ich bot ihr erst einmal einen persönlichen Termin an, noch in dieser Woche. Dann könne sie mir alles im Detail erzählen, und wir würden einen Weg finden, versicherte ich ihr. Im Hintergrund war erst ein lautes Scheppern und dann ein spitzes »Mamiiiiiiiiiiii!« zu hören. Wir brauchten für die Details definitiv mehr Ruhe und Konzentration. Und die nahmen wir uns ausgiebig drei Tage später. Sandra wohnte zwei Autostunden von meinem Büro entfernt, in einer kleinen Stadt im Sauerland.

Es war ein heißer Sommertag, und Sandra hatte einen schweren Koffer dabei, den sie ächzend in der Diele abstellte. »Ich verbinde unser Treffen mit einem Besuch bei einer lieben Freundin, wir kennen uns aus früheren Tagen, und sie lebt heute mit ihrer Familie hier in Frankfurt«, erzählte sie fröhlich. Ich hatte sie mir genau so vorgestellt, eine quirlige Mittdreißigerin mit einer ansteckenden fröhlichen Art. Ihr Kleid war hell mit dem Aufdruck einer Blumenwiese. Ihre hellen Haare hatte sie locker hochgesteckt, sodass sie sich die Strähnen immer wieder aus dem Gesicht pusten musste. Ich bat Sandra, sich zu setzen, und machte uns ein Wasser mit Zitronensaft.

Als ich die Gläser füllte, saß Sandra zurückgelehnt mit ausgestreckten Beinen auf dem Stuhl. Mit ihren großen dunklen Augen verfolgte sie jede meiner Bewegungen erwartungsvoll: »Ich bin froh, dass ich hier bin«, sagte sie und setzte sich mit einer entschlossenen Bewegung aufrecht hin.

Bevor wir überhaupt ins Gespräch kamen, kramte sie in ihrer Laptoptasche. Gut vorbereitet, mit ihrer Geburtsurkunde und einer Vollmacht für mich in den Händen, schob sie sich nun in meine Richtung ganz nach vorne auf die Stuhlkante, wie zum Absprung bereit. Meine neue Klientin war offensichtlich fest entschlossen und fast begierig, in ihrem Leben die letzten unsauberen Ecken aufzuräumen und die Leichen ihrer Familie aus dem Keller zu holen.

Ich gab den Startschuss: »Von Ihrer Mutter haben Sie nie etwas über Ihre Schwester erfahren. Woher wissen Sie es dann?«

Sandra holte tief Luft und begann, lückenlos zu erzählen: »Von meiner Tante, der Schwester meiner Mutter. Als ich 14 Jahre alt war, fragte sie mich plötzlich, als wir einmal allein waren, wie nebenbei, ob ich etwas über den Verbleib meiner Schwester wisse. Ich starrte sie damals an, weil ich gar nicht verstand, was sie meinte.« Zu ihrer Tante hatte Sandra wohl immer ein gutes Verhältnis gehabt, aber nun war sie wütend auf sie, weil sie sie scheinbar gezielt verunsicherte: »Was für eine Schwester? Wovon redest du? Was soll das?«, patzte sie sie an. Die Tante schien nun selbst verunsichert zu sein, weil sie wohl davon ausgegangen war, dass ihre Nichte von ihrer Schwester wusste. Etwas halbherzig musste sie nun aber mit der Sprache herausrücken. Sandra ließ natürlich nicht mehr locker. Drei Jahre vor ihrer Geburt hatte die Mutter bereits eine Tochter zur Welt gebracht. Das war weit weg in Süddeutschland gewesen, wo die Mutter damals ihre Ausbildung zur Hotelfachfrau gemacht hatte. Der Vater der ersten Tochter war für eine dauernde Verbindung wohl nicht infrage gekommen. Alleine war es für die Mutter aber unmöglich, für das Kind zu sorgen. Deshalb hatte sie sie zur Adoption freigegeben. »Als ich meine Tante ungläubig ansah, merkte sie, dass ich tatsächlich nichts davon wusste, und schien zu bereuen, dass sie das Thema aufgebracht hatte. Doch da war es schon zu spät«, erzählte Sandra weiter. Auf ihre drängenden Nachfragen reagierte ihre Tante mit Abweisung. Jetzt wollte sie nicht weiter mit der Sprache herausrücken. Sie herrschte Sandra an, dass sie mit niemandem darüber sprechen solle, vor allem nicht mit ihrer Mutter. »Ich war wütend auf meine Tante, aber ich hielt mich an ihre Anweisung. Warum, weiß ich selbst nicht. Aber ich schwieg all die Zeit. Vor allem, als es mit meiner Mutter langsam zu Ende ging, fiel es mir immer schwerer, das Geheimnis nicht anzusprechen. Dennoch wagte ich es nicht. Nur meinem Mann habe ich später davon erzählt. Ich möchte aber in Zukunft auch vor meiner Tochter keine Geheimnisse mehr haben«, erzählte Sandra. Sie seufzte tief und schloss ihren Monolog mit: »Aber jetzt soll endlich alles ans Licht kommen. Schluss mit dem Versteckspiel!«

Ich ließ ihr erst einmal Zeit, sich etwas zu beruhigen. Nach einer Weile, in der wir beide schwiegen, fragte ich sie in der Hoffnung auf weitere konkrete Details, ob ihre Tante noch lebe. Wenigstens der Vorname der Schwester, der Geburtsort oder das Geburtsdatum … Aber nein, die besagte Tante war auch schon tot. Und von weiteren Verwandten, die von der Schwester wissen konnten, wusste Sandra nichts. »Ich hatte gehofft, im Nachlass meiner Mutter oder in dem meiner Tante selbst irgendeinen Hinweis zu finden, aber ich habe nichts, gar nichts gefunden. Ich war so wütend auf meine Mutter: Wie kann man ein Kind bekommen und es nicht nur hergeben, sondern auch noch so tun, als wäre es nie geboren worden?«, begann Sandra erneut zu schimpfen.

Es war wohl die schwerste Zeit, die die Mutter je erlebt hatte, dachte ich im Stillen bei mir. Ich sprach Sandra gut zu, dass ich zuversichtlich sei, ihre Schwester zu finden. »Aber wie wollen Sie das machen?«, fragte Sandra zweifelnd. Sie hatte sich wohl schon selbst erkundigt: Wenn ihre Schwester adoptiert worden war, wovon ich ausging, durfte man nicht direkt nach ihr suchen beziehungsweise sie von der Adoption in Kenntnis setzen, sollten wir sie finden. Denn unser Gesetz schreibt vor, dass einzig die Adoptiveltern das Recht haben, ihr angenommenes Kind über die Adoption zu informieren. Zudem wird ein adoptierter Mensch natürlich bei sämtlichen Ämtern mit dem Adoptivnamen geführt. Einzige Ausnahme: das Standesamt. Dort ist selbstverständlich jeder mit seinem ursprünglichen Geburtsnamen verzeichnet. Aber auch das Standesamt ist nicht befugt, die Adoptivfamilie preiszugeben. »Macht es überhaupt Sinn, sich auf die Suche nach meiner Schwester zu begeben?«, kam Sandra weiter ins Grübeln, wahrscheinlich weil ich ihr nicht sofort einen einfachen Weg zum Erfolg aufzeigen konnte. Sie hatte gehofft, dass ich aufgrund meiner Expertise ihre Schwester ohne Weiteres finden würde. Aber meine Rechercheaufträge sind oft echte Knochenarbeit à la »die Stecknadel im Heuhaufen suchen«. »Ja klar macht es Sinn, Ihre Schwester zu suchen. Zugegeben, die Suche könnte etwas kompliziert werden, aber das heißt nicht, dass sie nicht mit Erfolg gekrönt sein kann«, musste ich sie weiter ermuntern. »Was wir als Erstes brauchen, ist der Geburtsort Ihrer Schwester. Sobald wir den haben, können wir über das Standesamt die Suche aufbauen. Danach kann das zuständige Jugendamt uns eventuell weiterhelfen, den Kontakt zu der Adoptivfamilie aufzunehmen«, wurde ich etwas nüchterner. Gleichzeitig erwachte mein Jagdtrieb, und ich war bereit loszustürmen, wurde aber gleich wieder ausgebremst: »Wissen Sie, wo Ihre Mutter vor Ihrer Geburt gewohnt hat?«, fragte ich Sandra, die sofort ihren Kopf schüttelte. »Süddeutschland. Mehr weiß ich nicht. Sie wollte nie darüber reden.« Sie hörte sich nun deprimiert an.

Okay. Wir mussten das Pferd von hinten aufzäumen. Ich war mir meiner Sache sicher: Ich werde die Schwester finden. Aber mir schien, dass das Thema ihrer Schwesternsuche mit all den Tabus, die in ihrer Familie damit verbunden waren, Sandra doch arg mitnahm. Ich empfahl ihr, sich Therapeutinnen für familiensystemische Therapie aus meinem Netzwerk anzuschauen, ob sie sie vielleicht unterstützen könnten. Denn ich ahnte, dass es sie doch einige Kraft kosten würde, die Suche durchzuziehen und durchzustehen. Sie schien niemanden außer mir zu haben, der sie verständnisvoll in dieser Sache begleiten könnte. Selbst ihr Mann hielt sich diesbezüglich wohl eher zurück, fühlte sich angesichts seiner oft aufgewühlten Frau hilflos, wie Sandra mir schilderte. Und ihre gute Freundin, die sie gleich besuchen wollte, war mit ihren drei Kindern emotional ausgelastet, befürchtete sie. Immer wieder arbeite ich mit Therapeuten Hand in Hand bei meinen Suchen, weil meine Klienten oft psychischen Belastungen ausgesetzt sind oder weil die Suche nervenaufreibend und vielleicht auch streckenweise frustrierend verläuft. Sandra erklärte sich sofort bereit, diese Hilfe in Anspruch zu nehmen, worüber ich sehr froh war. Denn wer weiß, was noch alles auf sie zukommen würde.

Sofort nachdem wir uns mit einem festen Händedruck verabschiedet hatten, schrieb ich an das Stadtarchiv in Bamberg, Sandras Geburtsstadt. Ich wollte dort herausfinden, wo ihre Mutter zuvor gewohnt hatte, denn die Wahrscheinlichkeit war hoch, dass sie dort auch ihre Erstgeborene auf die Welt gebracht hatte. Fürs Erste konnte ich in dieser Sache nicht mehr tun. Ich musste zunächst einmal die Fährte aufnehmen.

Erst zwei Wochen später bekam ich aus Bamberg Post mit der ersten wichtigen Information. Die Mutter hatte zuvor in Reutlingen gewohnt. Also richtete ich die nächste Anfrage dorthin. Wie lange hatte sie dort wohl gewohnt? Wie lautete ihre Adresse? Und wo war sie davor gewesen? Da ich mir angewöhnt habe, wichtige Schreiben per Post zu schicken, landete auch dieses im nächsten Briefkasten und nicht im E-Mail-Ausgang. Das mag verstaubt und gar altertümlich anmuten, aber es sind teilweise zu sensible Daten in meinen Anfragen.

Die Antwort aus Reutlingen mit der damaligen Wohnadresse der Mutter kam schnell. Die Anschrift existierte heute noch, so konnte ich die Adresse gleich auf Google Maps suchen und fand ein großes Gebäude. Vielleicht das Hotel, in dem die Mutter ihre Ausbildung gemacht hatte? Oder vielleicht ein Entbindungsheim? Tatsächlich handelte es sich aber um ein einfaches Wohnheim für junge Frauen, das von einer Stiftung betrieben wurde. Die Assistentin der Geschäftsleitung, die ich am Telefon erreichte, war gleich sehr hilfsbereit: »Tatsächlich befand sich in unserer Einrichtung früher ein Entbindungsheim. Sie haben Glück, wir haben alle Akten im Keller aufgehoben, auch die aus den 60er-Jahren. Ich werde sie nach der von Ihnen gesuchten Frau so schnell wie möglich durchforsten.« Und schon am Tag darauf bestätigte sie mir, dass Sandras Mutter tatsächlich dort gewohnt hatte. Sie hatte ein Freiwilliges Soziales Jahr dort abgeleistet. Na, das lief ja wie am Schnürchen. Aber von einer Geburt hatte die Assistentin nichts in den Unterlagen gefunden. Das war ja auch Privatsache und hatte mit dem Mietverhältnis nichts zu tun, merkte sie zurecht an.

Dann musste ich den Radius erweitern, um herauszufinden, wo die Mutter das Kind entbunden hatte. Naheliegend waren die zwei Krankenhäuser in der Gegend des Wohnheims. Für beide war ein Standesamt zuständig. Auch dort fand ich schnell Hilfe. Nur drei Jahrgänge musste die Angestellte durchschauen, bis sie entdeckte, was ich suchte: »Ich habe die Geburten gefunden«, rief sie mich ganz zufrieden zurück.

»Die Geburt*en*?« Hatte ich mich verhört? Zwillinge? Das war eine Überraschung. Ja, die Kinder seien adoptiert worden, vermutlich von einer amerikanischen Familie, denn die Namen würden dafürsprechen. Die Adoption sei aber in Deutschland erfolgt. Mehr wollte und durfte sie mir nicht sagen. Aber sie versprach, mir das damals zuständige Amtsgericht mitzuteilen.

Zwei Tage später hielt ich also ein weiteres wichtiges Puzzleteil in Händen. Die Stadt des zuständigen Amtsgerichtes ist meist identisch mit der Stadt, in der die damalige Adoptionsvermittlungsstelle saß. Die Adoptionsvermittlungsstelle ist die einzige Stelle, die die neuen Namen der Adoptierten erfahren darf. Ich schrieb also in freudiger Erwartung an die Adoptionsvermittlungsstelle, die die Zwillinge damals an ein amerikanisches Ehepaar vermittelt hatte. Vielleicht würde man hier helfen, Kontakt mit der annehmenden Familie aufzubauen.

Doch zehn Tage später bekam ich Post und musste feststellen, dass der dortige Mitarbeiter offensichtlich nicht bereit war zu helfen. Einzig Kindern, die ihre Eltern suchten, werde geholfen, nicht aber Geschwistern. Ich merkte sofort, dass ich bei ihm an eine harte Mauer gelangt war. Ich wusste auch, dass es einen gewissen Ermessensspielraum gab und dass er nicht »musste«, aber dass er durchaus »konnte« (wenn er wollte). So gut, wie alles anfangs flutschte, so holprig wurde nun der Weg. Ich schrieb an die Vorgesetzte des Mitarbeiters und erklärte ihr, wie wichtig für Sandra die Kontaktaufnahme mit ihren Geschwistern sei, wie belastend sie die Unkenntnis empfinde und dass doch auch die Zwillinge ein Recht darauf hätten, ihre Herkunft zu kennen. Es sei doch auch wahrscheinlich, dass sie sowieso bereits von ihrer Adoption wüssten. Der Brief, den ich für überzeugend formuliert hielt, blieb unbeantwortet. Ich wartete zwei Wochen, bis ich zum Hörer griff und nachhakte. Die Verantwortliche aber erklärte mir, dass sie sich nicht sicher sei, wie sie mit der Angelegenheit verfahren solle und dass ich doch lieber zuerst an die für ihr Amt zuständige zentrale Adoptionsvermittlungsstelle schreiben solle. Dort werde über den Fall entschieden werden. Um den

Entscheidungsprozess zu unterstützen, schnürte ich ein ganzes Paket mit entsprechenden Gesetzen, Gesetzeskommentaren und Artikeln aus einschlägigen Fachzeitschriften, die allesamt belegten, dass eine Kontaktaufnahme zu adoptierten Geschwistern rechtlich unbedenklich ist. Die Antwort darauf kam schnell. Zu schnell, als dass sie hätte positiv lauten können. Das war mir gleich klar, als ich den Umschlag im Briefkasten hatte. Die Entscheidung, so lautete die kurze Antwort der zentralen Stelle, obliege der zuständigen örtlichen Vermittlungsstelle. »Oh«, stöhnte ich, »einmal im Kreis gelaufen.« Für nichts. Das erlebe ich leider öfter. Niemand will die Verantwortung in Ermessensfällen übernehmen. So wird der Schwarze Peter einfach im Kreis herumgereicht. Ich spielte das mühsame Spiel noch einmal mit und schickte den gesamten Vorgang zurück an die Vermittlungsstelle vor Ort mit der Bitte, ihn erneut zu prüfen, denn die übergeordnete Instanz habe kein Veto eingelegt. Wieder warten (eine Woche), wieder nachhaken, wieder warten (zehn Tage) und wieder eine negative Antwort, man wolle keine Klage aus den USA riskieren, falls die Geschwister dort der Freigabe ihrer Daten nicht zugestimmt hätten. Der erste Schwung war lang verpufft. Es fühlte sich nun zäh und schleppend an. Am Anfang meiner Karriere hätte ich mich wegen solcher Erfahrungen schrecklich aufgeregt und viel Energie verschwendet. Obwohl ich es heute besser wusste und mir ja klar war, dass so etwas immer wieder zu meiner Arbeit gehört, wurde ich dennoch etwas wütend. Die ganze Überzeugungsarbeit war ins Leere gelaufen. Zudem musste ich meiner Klientin dringend einen Zwischenbericht liefern. Ich war nicht besonders erfreut, dass dieser so dürftig ausfallen musste. Doch aus Erfahrung wusste ich auch, dass nach Durststrecken oft ganz plötzlich ein Knoten platzt und der Weg wieder frei wird.

So war es auch jetzt. Ich wollte Sandra diese schlechte Nachricht einfach nicht überbringen und machte deshalb noch – ohne große Erwartungen – einen kleinen Rechercheschlenker in das von der netten Standesbeamtin genannte Amtsgericht, in dem der gerichtliche Adoptionsbeschluss von damals hoffentlich noch archiviert war. Vielleicht konnte ich dort doch noch einen winzigen Hinweis erhaschen. Und – ich hatte Glück! Mein Anruf kam im richtigen Moment. Weil die Archivmitarbeiterin gerade nicht viel zu tun hatte, hörte sie mir geduldig zu. Sie hatte offensichtlich Mitgefühl mit meiner Klientin und nahm sich spontan meiner Bitte an. Fünf Minuten lang wartete ich geduldig am Telefon, während ich es am anderen Ende rascheln und blättern hörte. Die ruhige tiefe Frauenstimme verkündete den Durchbruch: »Aha, hier haben wir sie ja: Rebecca und Lisa, geboren am 14. Mai. In die USA adoptiert. Sie verstehen aber, dass ich die Nachnamen nicht nennen darf. Aber so weit habe ich Ihnen gerne geholfen.« Streng genommen hatte sie aus persönlichem Verständnis heraus mehr genannt, als ihr rechtlich zustand. Doch für mich war es so hilfreich, dass ich mich äußerst dankbar verabschiedete. Mehr war von amtlicher Stelle nun nicht mehr zu erwarten. Anhand der Vornamen und des Geburtsdatums konnte ich nun aber in den amerikanischen Onlinedatenbanken gut recherchieren. Und da ich sowohl die Vornamen als auch die Geburtsdaten kannte, fand ich ohne Probleme die Auswandererkartei der Familie: Mit dem Nachnamen der Adoptiveltern. Mit kribbelnden Fingern schrieb ich Sandra eine Mail. Ob sie mich bei Gelegenheit anrufen würde, ich hätte zwar noch kein Ergebnis, aber schon einige Neuigkeiten.

Das Telefon klingelte fünf Minuten später. »Zwillinge? Ich habe zwei Schwestern? Und sie leben in Amerika?« Auch Sandra war mehr als überrascht: »Das kann selbst meine Tante nicht gewusst haben.« Als sie sich etwas gefasst hatte, machte sie sich Gedanken über die nächsten Schritte: »Und wie geht es nun weiter?«

An dieser Stelle war es mir wichtig, dass Sandras Erwartungen realistisch blieben. »Es könnte sein, dass Ihre Schwestern gar nicht mehr leben. Oder dass sie kein Interesse an dem Kontakt zu Ihnen haben. Es könnte zudem sein, dass die Adoptiveltern Ihren Schwestern gar nicht erzählt haben, dass sie adoptiert wurden.«

Sandra dachte sofort weiter: »Und was, wenn die Adoptiveltern gar nicht mehr leben?«

»Schritt für Schritt. Ich werde jetzt zuerst einmal die aktuellen Adressen Ihrer Schwestern ausfindig machen und versuchen herauszufinden, ob sie etwas von der Adoption wissen. Dann sprechen wir über die nächsten Schritte. Das könnte jetzt ganz schnell gehen«, stellte ich ihr in Aussicht.

Und das tat es auch. Über eine amerikanische Datenbank zur Ahnenforschung fand ich heraus, dass beide Adoptiveltern tatsächlich bereits verstorben waren. Die Familie hatte in Rhode Island an der Ostküste gelebt. Die Schwestern fand ich in den sogenannten Yearbooks ihrer Highschool. Sie hatten zwar dieselbe Schule besucht, waren aber in verschiedenen Klassen gewesen. Die in den Büchern veröffentlichten Fotos zeigten zwei Mädchen, die sich äußerlich versuchten zu unterscheiden, vielleicht gerade, weil sie Zwillinge waren: Lisa ganz brav und ordentlich frisiert, Rebecca eher unkonventionell und flippig. Ich fand im Verlauf der weiteren Recherche heraus, dass Lisa früh geheiratet hatte und in Iowa lebte. Ich konnte allerdings keinen Hinweis auf Kinder finden. Und leider fand ich kurz darauf heraus, dass sie vor nicht allzu langer Zeit verstorben war. So früh! Was musste da vorgefallen sein? Meine Stimmung war deshalb sehr getrübt, weil ich Sandra natürlich am liebsten beide Schwestern vorgestellt hätte. Ich fand zunächst keine Hinterbliebenen, auch nicht den Ehemann. Rebecca hingegen war nach der Schule nach Santa

Monica in Kalifornien gezogen und nach ein paar Jahren zurück an die Ostküste nach New York. Ich fand eine Adresse direkt in Manhattan, sogar in der Nähe des German Broadway, einer Gegend, in der früher viele Deutschsprachige lebten. Ob das wohl einen Bezug zu ihrer eigenen Biografie hatte? Sie schien nicht geheiratet zu haben, denn unter ihrem Telefonbucheintrag war sie mit ihrem alten Namen verzeichnet.

Nun ließ ich selbst meine Gedanken ein bisschen schweifen und stellte mir vor, wie Sandra ihre Schwester Rebecca mitten im New Yorker Gewusel in die Arme schloss. Ein schönes Bild. Ich wähnte mich schon nahe dem Ziel. Doch ich täuschte mich.

Kurz vor Feierabend rief ich Sandra an. Zu hören, dass eine ihrer Schwestern bereits verstorben war, die andere wahrscheinlich in New York lebte, war ihr für den Moment fast zu viel. Sie blieb schweigsam und ging kaum auf mich ein. Dass der gesuchte Mensch dann plötzlich so nah rückt, erzeugt oft Nervosität und große Anspannung. Wir fragten uns, woran Lisa gestorben sein könnte. Rebecca würde es wissen. Sandra war ungeduldig und wusste, was sie wollte. Daher bat sie mich, bei Rebecca anzurufen, anstatt ihr zu schreiben.

Nachdem ich mich gut auf einen Anruf bei Rebecca vorbereitet und mir zurechtgelegt hatte, was ich genau sagen wollte, sammelte ich mich noch einen Moment. Die erste Kontaktaufnahme ist einer der heikelsten Momente des ganzen Suchprozesses, an dem manchmal alles Weitere hängt. Eigentlich mache ich dies nur schriftlich. Doch Sandra wollte es unbedingt so. Also musste ich mich jetzt sehr sensibel in mein Gegenüber hineinversetzen. Was könnte die Tür öffnen? Was musste ich vermeiden zu sagen? In welcher Situation traf ich Rebecca wohl an? Wie konnte ich sie überzeugen, sich zu öffnen? Welche Informationen konnte ich ihr gleich geben, welche erst später? Was genau wollte ich wissen oder erreichen? Was war meiner Klientin am Wichtigsten?

In New York war gerade Mittagszeit, ein guter Moment für einen Anruf. Mein Herz pochte, als ich die Nummer wählte. Es ist auch für mich immer wieder aufregend, was als Nächstes passiert, wenn ich auf die gesuchte Person zugehe. Es klingelte einmal, und plötzlich hörte ich einen schrillen Ton und danach die Ansage: »The number you have reached is not in service.« »Mist!«, durchfuhr es mich. Das konnte doch jetzt nicht wahr sein. Voller Eifer rief ich die acht anderen Nummern an, die für dieses Wohnhaus im Onlinetelefonbuch verzeichnet waren. Niemand nahm ab. Ich hinterließ auf den fünf anspringenden Anrufbeantwortern jeweils die gleiche Nachricht, ich riefe aus Deutschland an und suchte Rebecca. Ich bäte um einen Rückruf, falls man sie kenne. Das war erst einmal ein Dämpfer für mich. Denn nun wusste ich nicht, wie ich an Rebecca herankommen sollte. Unsicher, ob ich auch wirklich alle Nachbarn über das Onlinetelefonbuch erreicht hatte, googelte ich die Adresse. Vielleicht gab es ja ein Geschäft im Haus, einen Friseur oder ein Restaurant? Jetzt wurde es noch schlimmer: Ich fand durch die Googlerecherche bei einem Immobilienmakler im Internet eine Wohnung, Rebeccas Wohnung, zum Verkauf. Was sollte das bedeuten? War Rebecca wieder weggezogen? Kurzerhand rief ich den Makler an. Er nahm zum Glück ab. »Rebecca? Oh, die ist vor ein paar Wochen verstorben.«

»O nein!«, durchfuhr es mich. Damit hatte ich nun wirklich nicht gerechnet. Ich hatte den Sterbeindex ja nach ihr geprüft – nur war sie nach so kurzer Zeit wohl einfach noch nicht darin verzeichnet. »Eine schwere Krankheit. Eine schlimme Sache.« Ob ich den Kontakt zu ihrer Partnerin wolle? Ich stockte kurz: Zu ihrer Partnerin? Geschäftspartnerin oder Lebensgefährtin? »Rebecca und Fiona haben über zehn Jahre in der Wohnung, die nun zum Verkauf steht, zusammengelebt. Aber seit Rebeccas Tod ist sie Fiona zu groß und all die Erinnerungen … Sie wissen schon. Deshalb nutzte sie die Gelegenheit, als im selben Haus eine kleinere Wohnung frei wurde, und zog einen Stock tiefer«, sagte der Makler.

Das war sicher ein schwerer Schlag für Sandra, hatte sie sich doch große Hoffnung auf ein Kennenlernen mit ihrer Schwester gemacht. So gerne hätte sie ihre Familie vervollständigt. Ich schrieb ihr eine Mail, dass es weniger erfreuliche Neuigkeiten gebe, und fragte sie, wann wir in Ruhe miteinander sprechen könnten. Glücklicherweise hatte Sandra noch in derselben Woche einen Termin in Gießen. Ich war froh, dass sie den Umweg über mein Büro nahm. Also saßen wir zwei Tage später zusammen. Mir war unwohl, und ich ertappte mich dabei, dass ich meinen Stift mit einem Klicken immer wieder öffnete und schloss, während ich ihr die bedrückenden Neuigkeiten erzählte. Sandra schüttelte immer wieder den Kopf, den sie auf ihre Hand stützte, als wäre er ihr zu schwer. Sie hielt ihre Hand dabei so, dass ich ihre Augen nicht sehen konnte. Es gäbe natürlich noch die Möglichkeit, nach dem leiblichen Vater der Zwillinge zu suchen, deutete ich zurückhaltend an. »Nein, nein, das wäre mir zu aufreibend. Auf keinen Fall«, wehrte sie ab. Vielleicht später, dachte ich mir. Aber! Sie hob ihren Kopf und wischte sich die Tränen aus den Augen: »Aber ich würde gerne die Lebensgefährtin meiner Schwester kennenlernen.« Aha. Das ist eine gute Idee, nickte ich ihr zu. Über sie ließe sich sicher einiges über die Schwestern erfahren. Und sie könnte Sandra vielleicht auch Fotos von Rebecca und vielleicht auch von Lisa zukommen lassen.

Ohne dass ich etwas Weiteres tun musste, hatte ich noch am selben Abend einen Anruf aus New York auf meinem Anrufbeantworter: »Hi, this is Fiona from New York, I would like to talk to you about Rebecca. Please call me back.« Rebeccas Lebensgefährtin hatte eine Nachricht hinterlassen. Offensichtlich antwortete sie auf die Nachricht, die ich auf den vielen Anrufbeantwortern hinterlassen hatte. Sie wohnte ja noch im selben Haus wie zuvor, nur in einer anderen Wohnung. Fiona war so zugänglich und offen, wie man es sich nur wünschen konnte. Sie war Lektorin in einem Verlag, wie sie erzählte, und drückte sich gewählt und differenziert aus. Obgleich sie noch in großer Trauer um ihre Gefährtin war, freute sie sich umso mehr, deren Schwester kennenzulernen. Fiona hatte selbst kaum Verwandte und sehnte sich nach mehr familiärer Zugehörigkeit. »Wow, ich könnte ja jetzt Tante werden«, freute sie sich, als ich ihr von Sandras Tochter erzählte. Schon nach einem einzigen Telefonat war klar, dass Fiona Sandra bei ihrer nächsten Europareise treffen wollte. Schon im kommenden Oktober hatte sie eine Reise zur Buchmesse nach Frankfurt geplant. Was Rebeccas Geschichte anging, wollte sie auf ein persönliches Treffen mit Sandra warten. Das war ihr am Telefon mit einer Fremden zu privat. Nur über die Todesursache der Schwestern äußerte sie sich mir gegenüber. Beide hätten Brustkrebs gehabt. Und beide hätten es zu spät entdeckt. Es sei mittlerweile erwiesen, so habe sie recherchiert, dass Zwillinge häufig an derselben Krebsart erkrankten beziehungsweise dass für den zweiten Zwilling ein erhöhtes Krebsrisiko bestehe, wenn beim ersten die Diagnose gestellt werde.

Nur zwei Monate später rief mich Sandra an und berichtete mir von ihrer Begegnung mit Fiona in Frankfurt. Von ihrer Enttäuschung über den Tod ihrer Schwestern war nichts mehr zu spüren. Im Gegenteil: Sie schwärmte davon, wie ich ihr zu einem neuen Familienmitglied verholfen habe. Auch wenn es für die meisten Menschen von großer Bedeutung ist, die eigenen Wurzeln zu kennen, hat Familie dennoch nicht immer etwas mit Blutsverwandtschaft zu tun. Darüber, dass sie adoptiert worden waren, hatten Lisa und Rebecca übrigens nie gesprochen.

WIEDERSEHEN MACHT FREUDE
Einleitung

Geschichte war in der Schule immer mein Lieblingsfach. Und bei meiner Arbeit darf ich sie in vielen Fällen quasi live erleben. Die Berührungspunkte mit der deutschen Geschichte durch »das echte Leben« sind etwas, wofür ich sehr dankbar bin. Eine Epoche, in die ich durch meine Arbeit häufig versetzt werde, ist das Dritte Reich und die Jahre unmittelbar nach dem Zweiten Weltkrieg. Damals wurden durch die unzähligen Morde, Entwurzlungen, Vertreibungen und Exil-Schicksale so viele Familien auseinandergerissen, zer- und verstört. Die Grausamkeiten dieser Zeit hallen bis heute nach. In vielen Familien wurde lange darüber geschwiegen, was geschah. Die Nachfahren suchen noch heute, Generationen später, Familienmitglieder oder Bekannte, die damals aus ihrem Sichtfeld oder dem ihrer Eltern verschwanden, überall in der Welt.

Auch die ehemalige DDR ist eine Epoche deutscher Geschichte, die enorme Auswirkungen bis in die heutige Zeit hat. Noch immer müssen Schicksale geklärt und offene Fragen beantwortet werden. Und viele Wunden sind entstanden, die nicht immer geheilt werden können.

Für mich persönlich ist es nicht nur sehr lehrreich, mich mit diesen Aspekten der deutschen Geschichte immer wieder auseinanderzusetzen. Sondern ich profitiere auch von der Lebenserfahrung meiner Klienten. So habe ich zum Beispiel gelernt, dass eine gute Beziehung es sehr wohl aushalten kann, wenn sich plötzlich eine Liebe aus alten Tagen bei einem der Partner meldet. Und dass Eifersucht in solchen Fällen eher ein Indikator für weniger gesunde Beziehungen ist.

Besonders beruhigend und schön ist für mich die Erkenntnis, dass Liebe offenbar zeitlos und altersunabhängig ist. Den Schmetterlingen ist das Alter des Bauches, in dem sie herumflattern, schlicht egal!

Aber lesen Sie selbst ...

9. KAPITEL

Eine Liebe in Norwegen

Als Heinz mich anrief, war ich gerade mit meinen Gedanken bei einem kniffeligen Fall: Ich musste einen Standesbeamten überzeugen beziehungsweise ihm die rechtliche Grundlage aufzeigen, auf der die Herausgabe einer Information möglich war. Ich war dabei, einen schwierigen Brief zu schreiben, als das Telefon mich unterbrach. Da hörte ich diese Sätze aus dem Hörer: »Guten Tag, ich heiße Heinz und bin 91 Jahre alt. Vielleicht können Sie helfen, mir ein letztes Herzensanliegen zu erfüllen.« Mein Adrenalinniveau sank spontan um die Hälfte, als ich diese sanften Worte hörte. Meine Prioritäten an diesem Vormittag verschoben sich schlagartig. Das Wichtigste zuerst. Und Heinz kam angesichts seines hohen Alters an allererster Stelle. Ich war gespannt und bat ihn, mir zu schildern, was ihm auf dem Herzen lag.

»Es ist schon so lange her, liebe Frau Panter«, begann er zögerlich. »Ich war einmal in eine Norwegerin verliebt. Das war das einzig Gute an diesem verdammten Krieg, dass er mich zu Svanhild geführt hatte.« Nach diesen wenigen Sätzen ahnte ich schon, dass ich es als Nächstes mit einer schwierigen und hochemotionalen Suche zu tun haben würde. »Ich will mich bei meiner geliebten Svanhild entschuldigen.« Ich bekam sofort Gänsehaut, als ich das hörte. Mit diesem Satz schien mehr als nur ein persönliches Anliegen verbunden zu sein. Die Zeitgeschichte schwang merklich mit. »Ich weiß nicht, wie und wo ich sie finden kann. Können Sie das? Meine Svanhild finden?« Heinz sprach langsam und bedacht.

»Wo wohnen Sie denn?«, fragte ich ihn. Denn bei dem hohen Alter vermutete ich, dass ich zu ihm und nicht, wie sonst üblich, er zu mir kommen würde.

»Ich wohne in Marburg. Würden Sie denn auch zu mir kommen, wenn ich die Kosten übernehme?«, fragte Heinz zaghaft. Offensichtlich rechnete er nicht mit so viel Einsatz für seinen Auftrag. Ich freute mich, dass er nicht weit entfernt von Frankfurt lebte und ich ihn ohne Weiteres besuchen konnte.

»Natürlich mache ich das. Ich denke, es ist besser, wir unterhalten uns einmal persönlich ganz in Ruhe«, antwortete auch ich nun ganz entspannt.

Ich ließ nicht viel Zeit vergehen. Schon wenige Tage später saß ich im Zug nach Marburg. Heinz lebte seit dem Tod seiner Frau vor einem Jahr in einem Seniorenstift in der Nähe der Lahn. Das war wohl das Beste für ihn gewesen, denn seine beiden Kinder leben weit entfernt, die Tochter in München und der Sohn in Düsseldorf, und sich selbst konnte er nicht mehr versorgen. Als ich an seinem Zimmer im zweiten Stock klopfte, war es mir etwas bang. Wie stabil wohl sein Gesundheitszustand war? Was, wenn er bettlägerig war und gerade zu schwach für einen Besuch? Doch als ich sein kräftiges »Herein« hörte, verflog die Sorge. »Ah, da sind Sie ja!« Heinz saß in seinem roten Polstersessel und streckte die Arme nach mir aus, als wäre ich eine vertraute Person, die er lange nicht gesehen hatte. Er strahlte. Seine weißen Haare waren ordentlich nach hinten gekämmt. Er war tadellos gekleidet mit Stoffhose, Hemd und Krawatte. An seinem dünnen Arm trug er eine goldene Uhr. Er roch nach Rasierwasser. Ob er sich wohl extra für mich fein gemacht hat oder ob er immer so elegant ist, fragte ich mich. Sein Zimmer hatte große Fenster zur Straße hin, die aber von langen weißen Gardinen verhangen waren. Neben einem geschnitzten Kruzifix hingen vergrößerte Fotos von Enkelkindern und einer Katze an der Wand. Auf dem Nachttisch stand ein gerahmtes Foto seiner Frau. Im Regal ein paar Bücher.

»Ich freue mich sehr, dass Sie hergekommen sind«, begrüßte mich Heinz noch freundlicher. »Setzen Sie sich doch«, bat er mich. Er hatte sogar Kuchen und Kaffee besorgen lassen. Der kleine Esstisch war für zwei gedeckt. Es kostete ihn sichtbare Anstrengung, als er sich umständlich aus seinem Sessel erhob. Meinen Impuls, ihm beim Aufstehen behilflich zu sein, wehrte er im Ansatz mit einer entschiedenen Geste ab. Die barocken Stühle knarzten wie alte Holzdielen, als wir uns fast gleichzeitig hinsetzten. Heinz bewegte sich, während wir sprachen, nicht von seinem Stuhl. Ein Rollator im Eck deutete an, dass er wohl schlecht zu Fuß war. Also schlug ich keinen Spaziergang vor, obwohl die ersten warmen Aprilsonnenstrahlen dazu einluden. Zuerst erzählte er mir etwas von seinem Leben, seinem ehemaligen Beruf als Vermessungstechniker, den er sehr gern ausgeübt hatte, seinen Kindern, die beide Familien und gut bezahlte Jobs hatten, worüber er sehr beruhigt zu sein schien. Doch schnell sprach ich an, wofür ich eigentlich gekommen war: »Wie kam es, dass Sie eine Norwegerin kennengelernt haben?« Heinz sah auf den Boden, als wollte er sich konzentrieren. »Ja, der Krieg. Ich war als junger Mann im Zweiten Weltkrieg in Norwegen stationiert. Ich fand das damals anfangs aufregend. Ich war ja bis dahin noch nie im Ausland gewesen. Voller Tatendrang, Sie verstehen, ich war ein Opfer meiner Zeit, glaubte an das, was man mir eingetrichtert hatte mit Vaterland und Deutschland und all dem Unsinn. In ein nordisches Land zu ziehen erschien mir damals genau die richtige Himmelsrichtung, falls Sie verstehen, was ich meine. Heute sehe ich das alles anders, und mir ist es sehr peinlich, aber damals ... na ja, also ... Ich lernte Svanhild zufällig kennen, als ich bei einem Bäcker etwas kaufte. Sie war Verkäuferin. Und so wunderschön mit ihren lockigen Haaren und der gestärkten Schürze hinter dem

Tresen, zart und schlank. Ich war sofort hin und weg. Wann immer ich konnte, ging ich dorthin zurück. Das war nicht oft. Irgendwann traute ich mich, sie zu fragen, ob sie mit mir ausgehen wolle. Das war ziemlich problematisch, weil ich kein Norwegisch konnte und sie nur ein paar Brocken Deutsch. Aber irgendwie verständigten wir uns. Und Svanhild lernte schnell. Sie sprach immer besser Deutsch, je öfter wir uns sahen.« Heinz blickte mir nun direkt in die Augen: »Ich weiß, es klingt verrückt, aber schon bei der dritten Verabredung bat ich sie, mich zu heiraten.«

»Sie haben sich in Norwegen verlobt? Während des Krieges?« Ich kam mir vor wie in einem romantischen Film.

»Ja, und als ich für wenige Monate Heimaturlaub bekam, weil meine Mutter schwer krank wurde, nahm ich Svanhild sogar mit. Sie lebte damals mit bei uns auf dem Hof und half auf dem Feld. Nachdem wir wieder zurück in Norwegen waren, habe ich ihr versprochen, sie nach unserer Hochzeit ganz nach Deutschland zu holen, sobald der Krieg vorbei war. Wir schworen uns die ewige Liebe, so wie man das macht, wenn man so jung ist, wie wir es damals waren.« Die Erinnerungen brachten Heinz zum Lächeln. Er schien wie in einer anderen Zeit und Welt. »Doch der Krieg war ja lange nicht aus. Das konnte ich nur nicht ahnen, wie so vieles andere auch nicht. Ich musste beim Bau der Befestigungen am Strand helfen. Aber so oft ich konnte, traf ich meine Verlobte. Wir freuten uns auf eine gemeinsame Zukunft. Wir schrieben uns sogar Liebesbriefe, obwohl wir uns häufig trafen. Wir waren so glücklich. Das habe ich nie wieder erlebt. Als sich abzeichnete, dass Deutschland den Krieg verlieren würde, wurde auch unsere Stimmung gedrückter. Svanhild machte sich Sorgen, wie es mit uns weitergehen sollte. Und dann kam der 8. Mai 1945, der Krieg war zu Ende. Innerhalb von Stunden veränderte sich unsere Welt. Ich kam zuerst in ein Internierungslager und hatte keine Möglichkeit mehr, zu Svanhild zu kommen. Und sie nicht zu mir.« Heinz stockte. Er schluckte, bevor er weitersprach. »Als ich wieder in Deutschland war, schrieb ich Svanhild mehrere Briefe. Doch alle kamen zurück. Sie waren nicht angenommen worden. ›Empfänger unbekannt‹. Das brach mir fast das Herz. Aber nun hatte ich viele Dinge zu regeln, ich musste mein ziviles Leben beginnen, einen Beruf ergreifen, Fuß fassen und auch noch verarbeiten, was ich als Soldat erlebt hatte. Ich hatte so viel zu tun, und meine Gedanken waren auf das Überleben konzentriert. Doch Svanhild habe ich dabei nicht vergessen. Ich war immer noch in sie verliebt und wollte zu meinem Versprechen stehen, sie zu mir zu holen und zu heiraten. Aber die Vorzeichen hatten sich ja nun komplett verändert. Ich vermutete, dass sie nun nichts mehr mit mir zu tun haben wollte. Vielleicht hatte man ihr auch eingeredet, dass sie mit einem Deutschen, einem ehemaligen Besatzer, nichts mehr zu tun haben sollte. Sie hatte angedeutet, dass ihre Familie alles andere als begeistert gewesen ist, dass sie mit einem Deutschen verlobt war. Zu ihr reisen konnte ich nicht, das war schon rein finanziell nicht möglich. Als ich nach fast einem Jahr immer noch nichts von ihr gehört hatte, gab ich es auf. Warum beziehungsweise worauf sollte ich noch länger warten?«

»Sicher sind Sie auch anderen Frauen begegnet, die Ihnen gefielen. Sie waren ja ein junger Mann, der bestimmt auch mal tanzen ging«, dachte ich mit.

»Ja klar, meine Kumpels haben sich damals schon lustig über mich gemacht, dass ich mit keiner Frau ausging. Als ich Rosemarie begegnete, änderte sich das. Ich verliebte mich neu. Es dauerte dann auch nicht lang, bis ich mich wieder verlobte. Die Verlobung mit Svanhild hielt ich inzwischen für nichtig.« Heinz erzählte weiter, dass er und Rosemarie nach einem Jahr geheiratet hatten. Sie zogen bald darauf wegen seiner neuen Arbeitsstelle aus dem Sauerland nach Marburg um. Heinz' Leben verlief dann erst einmal wieder in »geregelten Bahnen«, wie er es selbst ausdrückte. Soll heißen, die beiden bekamen zwei Kinder und bauten ein Haus. »Doch trotz alledem, also obwohl ich eigentlich zufrieden mit allem war, ging mir Svanhild nie ganz aus dem Sinn. Immer wieder sehnte ich mich nach ihr und stellte mir vor, wie ihr Leben wohl verlief, ob sie verheiratet war und Kinder hatte. Doch ich wäre damals im Leben nicht darauf gekommen, sie noch einmal zu kontaktieren. Ich hatte akzeptiert, dass sie nichts mehr mit mir zu tun haben wollte.«

»Wann hat sich das denn geändert?«, fragte ich nach.

»Als meine Frau starb, trauerte ich sehr um sie. Das tue ich noch heute. Aber in der Einsamkeit kommen einem so manche Gedanken. Und schließlich weiß ich ja auch nicht, wie lange ich noch leben werde. Da fing ich tatsächlich an, wieder intensiver an Svanhild zu denken und daran, dass unsere Liebesgeschichte so schlagartig abgebrochen ist. Und dann bin ich auf den Artikel in der Zeitung gestoßen, über Sie, liebe Frau Panter, und Ihre Arbeit. Da kam mir die Idee, dass ich der Geschichte mit Svanhild vielleicht doch noch einen gebührenden Abschluss geben könnte. In mir keimte die Hoffnung, Svanhild noch einmal zu sprechen, wenn auch nur am Telefon. Ich bat also meine Tochter, die ich ins Vertrauen zog, für mich Ihre Telefonnummer herauszufinden. Sie können Svanhild vielleicht für mich finden.«

Jetzt brauchten wir beide erst einmal eine kurze Verschnaufpause. Heinz hatte sich merklich angestrengt. Und auch ich musste kurz durchatmen und nachdenken. Schließlich war Heinz 91 Jahre alt. Wie hoch waren die Chancen, dass Svanhild noch am Leben war? Ein Treffen schien mir spontan ausgeschlossen, aber davon hatte Heinz ja auch gar nicht gesprochen. Er war wohl selbst realistisch genug, um sich seine Möglichkeiten auszurechnen. Wir tranken also erst einmal weiter Kaffee und stärkten uns mit dem leckeren Käsekuchen, bevor wir weitersprachen.

Während wir schweigend so dasaßen, hoffte ich, dass ich seinen Wunsch überhaupt erfüllen konnte. Was, wenn das Leben bereits andere Kapitel aufgeschlagen hatte? Dann war ich es, die diese Nachricht überbringen und die richtigen Worte finden musste. Aber es war ja noch alles offen, und ich willigte ein, den Auftrag zu übernehmen. Ich würde Svanhild suchen. »Aber bitte bedenken Sie bei aller Hoffnung, dass es sein kann, dass Svanhild gar nicht mehr lebt oder sie Sie vielleicht nicht sprechen möchte«, sagte ich zum Abschied. Ich wollte das Risiko einer Enttäuschung gering halten. Heinz gab mir zu verstehen, dass er damit natürlich rechnete und dass er so aber beruhigt sterben könnte, weil er es wenigstens versucht habe. Er müsste also nichts bereuen.

Recherchen in Norwegen gehörten bei mir bis dato nicht zum Standard, also hatte ich dort auch noch keine Routine. Auch Netzwerkpartner, mit denen ich in anderen Ländern, wo häufiger gesucht wird, zusammenarbeite, fehlten mir dort. Ich musste also mit der Suche nach Svanhild quasi bei null anfangen. Ich hatte mir während meines Gesprächs mit Heinz Notizen gemacht, anhand derer ich nun einen Ablaufplan der Suche erstellte. Am Schluss hatte er mir noch einen Zettel zugeschoben, auf dem er in sehr akkurater leserlicher Schrift seine alte Adresse im Sauerland aufgeschrieben hatte. Das war mein Startpunkt, wo ich gleich zu Anfang ansetzen wollte. Denn ich hoffte, dass auch Svanhild dort in der kurzen Zeit, in der sie sich in Deutschland aufgehalten hatte, gemeldet gewesen war. Ich brauchte dringend ihr Geburtsdatum für meine Suche in Norwegen. Und Heinz konnte sich leider nicht mehr daran erinnern.

Als ich bei dem entsprechenden Meldeamt mit Heinz' damaliger Adresse und Svanhilds Namen meine Anfrage stellte, hoffte ich inständig, dass die Meldekarte aus dem Jahr 1944 noch existierte. Während des Zweiten Weltkriegs wurde ja sehr viel zerstört oder Akten gingen verloren. Aber auch ein späterer Wasserschaden, ein schlecht organisierter Behördenumzug oder gar Schimmelbefall können Ursachen dafür sein, dass Akten nicht mehr auffindbar oder nicht mehr leserlich sind. Das habe ich alles schon erlebt. Doch tatsächlich, ich hatte Glück. Ich musste nicht lange warten. Eine Archivarin schickte mir schon kurze Zeit später Svanhilds damalige Meldekarte in Kopie. Alle vorhandenen Karten, so informierte sie mich in ihrem Begleitschreiben, seien dort auf Mikrofiches geschrieben. Das ist allerdings nicht unproblematisch. Mikrofiches sind teilweise sehr schlecht zu lesen. So auch dieser. Wahrscheinlich war das Original schon verblasst, als es fotografiert wurde. Svanhilds Geburtsdatum war darauf kaum zu erkennen. Entweder war es der 27.8., der 27.9. oder der 27.3.1921. Es hätte aber auch der 24. der jeweiligen Monate sein können. Oder war es gar das Jahr 1924? Meine Nachfrage bei dem Amt brachte leider auch nichts. Es gab keine Kopie der Karte, die leserlicher war. Obwohl sie sich alle Mühe gab, konnte selbst die Archivarin das Datum mit dem schärfsten Lesegerät nicht ganz entziffern. Aber ohne Svanhilds korrektes Geburtsdatum hatte ich keine Chance, ihre aktuelle Adresse in Norwegen herauszufinden. Was also tun?

Ich rief Heinz an und sagte ihm, dass ich seine Hilfe bräuchte. Seine Stimme klang etwas schwach, er sprach sehr leise: »Sie haben Glück, dass Sie mich noch erreichen, liebe Frau Panter. Ich bin auf dem Weg ins Krankenhaus. Ich bin gestern einfach so vom Stuhl gefallen. Aber machen Sie sich bloß keine Sorgen: Ich habe mir wohl nichts gebrochen, aber meine Tochter will, dass ich durchgecheckt werde. Wir sind hier gerade beim Packen.«

»Oh, es tut mir leid, dass ich ungelegen anrufe.«

»Nein, nein, schießen Sie los. So viel Zeit muss sein. Sie wissen ja, wie wichtig mir diese Sache ist.«

»Es geht um Svanhilds Geburtsdatum. Können Sie sich vielleicht noch daran erinnern, ob Svanhild jünger oder älter war als Sie?«

»Sie war ein Jahr jünger als ich, das weiß ich noch. Als wir in Deutschland waren, haben wir ihren Geburtstag mit einem Picknick am Edersee gefeiert. Sie hatte einen Kuchen gebacken. Ach, das war herrlich. Danach sind wir schwimmen gegangen. Sie war so wunderschön. Doch das Glück war von kurzer Dauer. Meine Mutter starb kurz darauf, und ich musste zurück nach Norwegen, um dort weiter meinen Dienst zu leisten«, erinnerte sich Heinz nun doch etwas genauer.

Diese Erinnerung genügte mir, um das Datum besser eingrenzen zu können. Svanhilds Geburtsdatum musste also im August sein. Im März und Ende September war ein Schwimmausflug eher unwahrscheinlich. Ich hoffte, dass man in Norwegen bereit wäre, die Daten trotz der noch bestehenden Unsicherheit bezüglich des exakten Tages zu prüfen.

Kurz nach meinem Treffen mit Heinz hatte ich herausgefunden, dass in Norwegen ein zentrales Register existiert, in dem alle Einwohner verzeichnet sind. Die Suche in Norwegen sollte also leichter werden, als ich ursprünglich dachte. Es konnte losgehen.

Aus Oslo erhielt ich schon zehn Tage nach meiner Anfrage mit Svanhilds Namen und Geburtsdatum eine positive Antwort. Man habe die Gesuchte gefunden. Sie lebe noch. Allerdings dürfe man mir die Daten nicht herausgeben, hieß es. Nun, solche Antworten waren nicht ungewöhnlich, es wurde in solchen Fällen aber meist möglich gemacht, einen privaten Brief weiterzuleiten. Und so wurde dies auch bei meiner telefonischen Nachfrage bei der freundlichen Beamtin in Aussicht gestellt. Meine Augen leuchteten auf, als ich das hörte. Sofort rief ich Heinz an, doch im Seniorenstift erhielt ich die Auskunft, dass er noch im Krankenhaus sei. Ich könne mich dort aber melden, er habe einen Telefonanschluss an seinem Bett. Das tat ich auch sofort. Nur klang

Heinz' Stimme dieses Mal noch leiser und zerbrechlicher als zuvor, sodass ich ihn kaum verstehen konnte. Ich erzählte ihm die gute Nachricht, und er schien sein Glück nicht fassen zu können. Er sprach im weiteren Gesprächsverlauf schnell und abgehackt, bald jede zweite Silbe verschluckte er beim Einatmen. Aber wir einigten uns darauf, dass Svanhild einen Brief von ihm bekommen sollte. Er sagte, dass er gemeinsam mit seiner Tochter einen Brief schreiben werde, alleine sei er derzeit viel zu schwach dafür. Am nächsten Tag rief seine Tochter bei mir an, um noch ein paar Fragen bezüglich des Briefes und des weiteren Vorgehens zu stellen: »Ich weiß, wie wichtig meinem Vater diese Frau war. Ich helfe gern. Ich möchte, dass er seinen Seelenfrieden bekommt.« Heinz diktierte seiner Tochter also die Worte, die er seiner Svanhild gerne persönlich gesagt hätte. Ich sollte den Brief lesen und ihn wissen lassen, was ich davon hielt.

Liebe Svanhild,
so viele Jahre sind vergangen, aber ich habe Dich nie vergessen.
Ich war sehr glücklich mit Dir und möchte Dir für die schöne
Zeit danken, die Du mit mir geteilt hast. Die Geschichte hat
uns zusammengeführt und dann wieder getrennt. Ich habe Dir
damals mehrere Briefe geschrieben, die leider unbeantwortet
zurückkamen. Ich hoffe, es geht Dir gut und Du hattest
ein glückliches, erfülltes Leben. Meine Frau ist letztes Jahr
verstorben, erst jetzt fühle ich mich frei, mich noch einmal
bei Dir zu melden. Ich würde so gerne mit Dir noch einmal
sprechen. Meinst Du, das wäre möglich? Darf ich Dich
anrufen? Bitte schreibe mir Deine Telefonnummer.
Ich wünsche Dir von Herzen alles Gute.
In Liebe, Dein Heinz

»Ich finde den Brief sehr gelungen«, bestätigte ich Heinz und wünschte ihm von Herzen, dass sein Wunsch in Erfüllung ging.

Mit Herzklopfen schickte ich den Brief nach Oslo. Wo genau würde er wohl schlussendlich landen? Ich war so gespannt, ob wir eine Antwort erhalten würden. Eine Bestätigung über den Eingang des Briefes bei der Behörde erhielt ich ganz schnell per E-Mail. Aber würde Svanhild sich melden?

Noch bevor überhaupt Post aus Norwegen hätte kommen können, erhielt ich eine traurige Nachricht. Heinz' Tochter Ingrid rief mich an und teilte mir mit, dass ihr Vater, wenige Tage nachdem ich den Brief abgeschickt hatte und kurz vor seinem 92. Geburtstag, verstorben war. Sein Herz war einfach stehen geblieben. Ich war schockiert, auch wenn es natürlich absehbar gewesen war, dass Heinz in naher Zukunft vielleicht sterben würde. Ich hatte mich extra so beeilt mit der Recherche, hatte andere Suchen zurückgestellt und wohl gespürt, dass Heinz' Anliegen wirklich keinen Aufschub duldete. Und doch konnte ich ihm seinen letzten großen Wunsch nicht erfüllen. Ich musste weinen.

Wenige Wochen nach Heinz' Tod rief mich seine Tochter erneut an. Es sei ein Brief aus Norwegen gekommen, Svanhild habe geschrieben. Sie traue sich aber nicht, den Brief alleine zu öffnen. Das würde sie gerne mit mir gemeinsam tun. Ob wir uns treffen könnten? Selbstverständlich erklärte ich mich dazu bereit. Unser Treffen musste allerdings etwas warten, weil Ingrids und mein Terminkalender beide übervoll waren. Drei Wochen später erst saßen wir in meinem Büro und unterhielten uns zuerst etwas über Heinz. Ingrid hatte Käsekuchen mitgebracht. »Es war Heinz' Lieblingskuchen«, verriet sie mir, und ich erinnerte mich an das erste Treffen mit ihm im Seniorenstift. Sie erzählte mir von seiner Beerdigung und zeigte mir Fotos. Obwohl ich Heinz eigentlich gar nicht gekannt hatte, liefen mir wieder die Tränen herunter.

Doch dann holte Ingrid den dicken hellblauen Brief hervor, den ihr Vater posthum erhalten hatte. Adresse und Absender waren in einer schönen geschwungenen Handschrift geschrieben. Man vermutete keine alte Frau dahinter. Ingrid bat mich, laut vorzulesen. Wahrscheinlich wollte sie zu der ersten großen Liebe ihres Vaters etwas Distanz wahren. Doch als ich den Umschlag öffnete, fielen mir gleich mehrere Fotos entgegen: ein Schwarz-Weiß-Foto von Heinz und Svanhild, das offensichtlich bei einem Fotografen aufgenommen worden war. Beide waren festlich gekleidet. Ein opulenter Blumenstrauß in einer Standvase war im Hintergrund zu sehen. Ob dieses Foto anlässlich ihrer Verlobung entstanden war? Ein anderes Foto zeigte eine Familie mit offensichtlich drei Generationen auf einem Schiff. Im Hintergrund die raue Landschaft Norwegens. Das Porträtfoto war von Svanhild. Ingrid und ich betrachteten sie gemeinsam.

Diesmal war Ingrid es, die ihre Tränen nicht zurückhalten konnte: »Es rührt mich so sehr, meinen Vater so jung und glücklich zu sehen. Svanhild war so hübsch!«

»Ja, das war sie«, stimmte ich ihr zu, »und sie ist es immer noch.«

Da mussten wir beide lächeln. Tatsächlich zeigte das Foto eine weißhaarige Frau, die dezent geschminkt und selbstbewusst in die Kamera lachte. Das Gruppenfoto zeigte ihre Familie, wie auf der Rückseite des Fotos zu lesen war. Svanhilds Brief war nicht sehr lang. Auch sie schrieb, dass sie sich gerne an Heinz erinnere und dass es sie sehr geschmerzt habe, dass sie damals getrennt worden seien. Doch von den Briefen wusste sie nichts. Sie hatte keinen einzigen erhalten. Nachdem sie aus Deutschland zurückgekehrt war, war sie wieder bei ihren Eltern eingezogen. Svanhilds Vater musste Heinz' Briefe abgefangen haben, denn er wollte ihn ihr von Anfang an ausreden. Mit einem Deutschen, mit einem Besatzer – das sollte kein Umgang für seine Tochter sein, zitierte sie ihn in ihrem Brief in fast fehlerfreiem Deutsch. Sie schloss mit diesen Sätzen:

Aber warum sollten wir nun über die Tragik in unserem Leben weinen? Wir haben andere Partner gefunden und Familien gegründet, haben sicher beide auch sehr glückliche Momente erlebt. So sollte unser Leben wohl sein. Auch mein Mann ist vergangenes Jahr verstorben, ich wohne seither bei meinem Sohn und meiner Schwiegertochter. Ja, lieber Heinz, ich würde gerne mit Dir über die alten Zeiten sprechen und Deine Stimme noch einmal hören. Bitte rufe mich an, ich freue mich darauf. Liebe Grüße von Svanhild

In diesem Moment schnürte es uns beiden wieder die Kehle zu. Ich schlug Ingrid vor, dass wir Svanhild gleich gemeinsam antworten sollten, damit sie sich nicht zu lange auf das Telefonat freute und dann enttäuscht sein würde. Wir formulierten einen Brief auf Deutsch, in dem wir uns sehr für ihren schönen Brief an Heinz bedankten. Und in dem wir ihr mitteilten, dass wir eine sehr traurige Nachricht für sie hätten … Zusammen mit der Sterbeanzeige von Heinz, auf der ein Foto von ihm abgebildet war, schickten wir den Brief nach Norwegen.

Ich glaube, es war der traurigste Brief, den ich je auf den Weg gebracht habe.

10. KAPITEL

Eine Liebe zwischen Ost und West

Wie in vielen anderen Fällen funkte auch in Hermanns und Edeltrauds Beziehung die Weltgeschichte hinein. Aber ganz allein daran lag es nicht, dass es mehr als 20 Jahre dauerte, bis sich die beiden endlich glücklich und verliebt in die Arme schließen konnten. Als Hermann mich das erste Mal anrief, fiel mir gleich seine angenehme Stimme auf. Sie zog einen richtig in ihren Bann. Er sprach so langsam, war so freundlich und interessant, fand immer die richtigen Worte und war mir mit seinem sächsischen Dialekt einfach rundum sympathisch. Fast jedes Gespräch, das ich mit ihm im Verlauf der Suche führte, dauerte doppelt so lang, als wenn ich es mit einem anderen Menschen geführt hätte. Er hatte einfach immer so viel zu erzählen, auch Dinge, die mit dem Auftrag, den er mir erteilt hatte, gar nichts zu tun hatten. Als er mir seinen Beruf nannte, musste ich lächeln: kein Wunder. Das passte zu ihm. Hermann war evangelischer Pfarrer. Und nach meiner Einschätzung sicher ein guter. Aber er war eben auch ein ganz normaler Mann. Und dieser Mann lernte 1983 bei einem Urlaub an der Ostsee eine Frau kennen, die ihm sein ganzes weiteres Leben nicht mehr aus dem Kopf ging. Diese Frau, Edeltraud, wollte er wiederfinden. Und ich sollte ihm dabei helfen. Nach unserem ersten Telefonat verabredeten wir einen weiteren Telefontermin, bei dem wir ausführlich sprechen konnten. Ein persönliches Treffen war erst einmal nicht vereinbart, nicht nur, weil Hermann viel beschäftigt war, sondern auch, weil er weit weg von mir in einer Kleinstadt in der Nähe von Cottbus wohnte. Unser nächstes Telefonat dauerte gut zwei Stunden. Das war so nicht geplant, aber wieder verging die Zeit wie im Flug. Ich konnte nicht anders, als mich schon jetzt für Edeltraud zu freuen. Was würde sie für einen tollen Mann wieder treffen! Hermann fing an zu erzählen, und ich hörte einfach nur zu und machte mir Notizen:

»Ich hatte eine stressige Zeit hinter mir, in meiner Gemeinde hatte es viele Notfälle gegeben. Ich bekam Probleme mit dem Rücken und wollte mich einfach nur ausruhen, um wieder fit zu werden. Ich fuhr deshalb ausnahmsweise ohne meine Familie in den Urlaub. Ich las viel, ging spazieren und schwimmen. Der Gedanke an andere Frauen kam mir gar nicht, auch wenn die Ehe mit meiner ersten Frau zu dem Zeitpunkt alles andere als rosig war. Und ich bin ja Pfarrer, da strengt man sich erst recht an, nach den Geboten Gottes zu leben. Man will und soll ja Beispiel sein für die anderen. Sie wissen schon: Die Ehe zu brechen passt da nicht ins Konzept.« Sein kurzes Lachen steckte mich sofort an. »Aber da ich an Menschen immer sehr interessiert bin, ging ich auch an meinem Urlaubsort mit offenen Augen durch die Gegend. Ich kam mit vielen anderen Hotelgästen ins Gespräch. An meinem Tisch im Speisesaal saß eine Frau, die mir auf Anhieb gefiel, vor allem, wie sie sich bewegte, sprach mich sehr an. Doch natürlich mahnte ich mich sofort zur Zurückhaltung, denn flirten war ja, wie gesagt, tabu. Doch als die Hälfte meines Aufenthalts bereits vorbei war, wurde in einem anderen Hotel ein Tanzabend veranstaltet. Ich hatte Lust, etwas Musik zu hören und ging hin. Zufälligerweise war auch meine Tischnachbarin aus meinem Hotel anwesend. Da konnte ich nicht länger widerstehen. Ich forderte sie zum Tanz auf. Edeltraud. Ich fand, dass dieser Name so gut zu ihr passte. Sie erzählte mir, dass sie alleine an die Ostsee gereist war, weil sie dort eine Tante hatte, die in einem Seniorenheim lebte und die sie einmal im Jahr für ein paar

Tage besuchte. Nach dem Tanz lud ich sie noch an die Bar ein, wo wir uns bis lange in die Nacht hinein unterhielten. Ich fühlte mich sofort von ihr verstanden. Wir waren auf einer Wellenlänge. Ab da verging kein Tag mehr, an dem wir nicht zusammen etwas unternahmen. Jeder Abend war für sie reserviert. Wir unterhielten uns einfach über alles ganz offen. Selbst unsere kritischen politischen Ansichten, was das System der DDR anging, deuteten wir an, was an sich damals immer ein Risiko war. Ich hatte mich bereits zu dem Zeitpunkt mit Bürgerrechten und Umweltschutz beschäftigt. Auch Edeltraud interessierte sich dafür. Man könnte sagen: Wir waren auf Anhieb gute Freunde. Doch die Kommentare unserer Tischnachbarn führten uns vor Augen, was uns vielleicht selbst noch gar nicht klar war: ›Wenn ihr nicht schon mit anderen verheiratet wärt, würdet ihr ein perfektes Paar abgeben.‹ Edeltrauds Ehe war damals wohl noch sehr glücklich. Auf jeden Fall schwärmte sie von ihrer Familie, vor allem von ihren beiden Kindern. Und doch sagte sie am letzten Abend vor ihrer Abreise, dass sie mich sofort heiraten würde, wenn sie nicht schon verheiratet wäre. Sie sagte es wie im Spaß, aber ich wusste, dass sie es ernst meinte. Auch ich fühlte mich von ihr angezogen. Aber wir tauschten die ganze Zeit über nicht einmal einen Wangenkuss aus. Als Edeltraud nach Hause fuhr, standen wir filmreif gemeinsam am Bahnhof. Edeltraud weinte. Auch ich hatte einen Kloß im Hals. So eine Harmonie hatte ich mit einer Frau noch nie erlebt. Und jetzt war es vorbei. Noch eine feste Umarmung, und weg war sie. Ich nahm es hin: So ist das Leben, der liebe Gott wird sich schon etwas dabei gedacht haben. Ich fuhr nach Hause und lebte weiter wie zuvor.« An dieser Stelle atmete Hermann tief durch.

»Ging das denn überhaupt? Einfach so weiterleben?«, fragte ich nach.

»Ja, natürlich. Ich hatte eine Gemeinde, eine Frau, zwei kleine

Kinder und viel damit zu tun, mich mit meinen politischen Gedanken möglichst unangreifbar zu halten. Wenige Monate nach dem Urlaub kam aber eh alles anders.«

Hermanns Frau wollte sich scheiden lassen, erzählte er weiter. Sie liebte ihn nicht mehr, zog aus und nahm die Kinder mit. »Sie können sich nicht vorstellen, wie schlimm es für mich war, nicht mehr täglich mit meinen Kindern zusammen sein zu können. Es war unerträglich. Auch in der Gemeinde war eine solche ungeordnete private Situation nicht gern gesehen. Eine Pfarrersfrau im Haus war auch für das Gemeindeleben von Bedeutung.« Er war am Boden und brauchte Unterstützung und Verständnis.

Da kam ihm Edeltraud in den Sinn. Er fand ihre Nummer im Telefonbuch und bat sie um ein Treffen. Ohne zu zögern, willigte sie ein. Sie war sofort für ihn da. Er besuchte sie in Eisenach, wo sie lebte. Sie gingen spazieren, und Hermann durfte ihr sein Herz ausschütten. Nach einer kurzen Stunde des Trauerns veränderten sich Hermanns Gefühle schlagartig. »Wir fuhren mit ihrem Trabi entlang der vielen Baumalleen in der Gegend, und ich schwebte plötzlich im Glück. Alle Traurigkeit wich dem Hochgefühl, das ich schon vom Urlaub kannte. Edeltrauds Gegenwart tröstete mich und machte mich froh. Ich gestand mir zum ersten Mal ein, dass ich sie liebte. Und ich spürte ganz deutlich, dass das auf Gegenseitigkeit beruhte. So wagte ich es auch, sie endlich zu küssen. Auch wenn wir keine gemeinsame Zukunft hätten, so dachte ich mir, weiß ich wenigstens, dass es sie gibt und dass sie mich versteht. Das sollte mir für die kommende Zeit Kraft geben.« Aber auch Edeltraud vertraute sich Hermann nun an: Ihr Mann betrog sie schon seit zwei Jahren mit einer Arbeitskollegin. Sie verharrte in der Ehe, wegen der Kinder und weil sie immer noch hoffte, ihr Mann werde die Affäre beenden. Es hatte also doch bis dahin noch ein Tabu gegeben. Aber auch das war jetzt gebrochen. »Da fing ich an, mir Hoffnungen zu machen, dass Edeltraud und ich eine gemeinsame Zukunft haben könnten. Dort, sofort, bot ich ihr an, sie zu heiraten. Ich sei jetzt frei. Nun liege es an ihr. Aber ich wolle sie auch nicht drängen, sagte ich ihr.« Ein einziger Nachmittag sollte Dämme brechen. Hermann fuhr wieder zurück Richtung Leipzig. Wenn Edeltraud sich entschieden hatte, sollte sie ihn anrufen. Das war die Vereinbarung.

Zwei Monate später trafen sich die beiden erneut. Edeltraud wollte es Hermann nicht am Telefon sagen. Sie hatte sich entschieden. Nachdem ihr Mann ihr versprochen hatte, seine Geliebte zu verlassen, wollte sie ihm verzeihen. Sie hing einfach zu sehr an ihm und der Familie, die sie sich aufgebaut hatte. »Bei dem Treffen waren wir beide unendlich traurig, weil es ja ein Abschied für immer sein sollte. Jeder würde wieder seiner eigenen Wege gehen.« Die Erinnerung daran trübte Hermanns Stimmung. Seine fröhliche Art wich einer Melancholie in seiner Stimme. »Obwohl sie sich in diesem Moment von mir trennte, war mir klar, wie viel Kraft sie mir durch ihre Zuneigung für mein Leben gegeben hat. Dafür war ich ihr sehr dankbar. Doch ich wusste auch, dass das eine Zäsur in meinem Leben war. Schon lange hatte ich mit dem Gedanken gespielt, eine Ausreise in die BRD zu beantragen. In diesem Moment fasste ich den Entschluss dazu. Das sagte ich ihr auch. Sie schwieg, was mich nur darin bestätigte. Sie war sich ihrer Sache sicher.«

Es vergingen zwei weitere Jahre, bis Hermanns Ausreiseantrag tatsächlich stattgegeben wurde. Zu unliebsam war er dem Regime gewesen, sollte er lieber im Westen leben. Zwischenzeitlich hatte Hermann eine weitere Frau kennengelernt und sie sogar geheiratet. Zwar war es wohl alles andere als die große Liebe – denn die wohnte ja in Eisenach –, aber es war eine Lebensgefährtin, mit der er sich eine gemeinsame Zukunft vorstellen konnte, wenn auch nicht himmelhoch jauchzend. Aber das musste ja auch nicht sein. Und allein bleiben wollte Hermann auf keinen

Fall. Gemeinsam mit seiner zweiten Ehefrau und deren Tochter reiste er also im Juni 87 in die BRD aus. Der Neustart im Westen lief gut. Nach dem üblichen Aufnahmeverfahren und einer Übergangszeit in einem Wohnheim bezog die Familie eine schöne Wohnung in einer Kleinstadt in Hessen. Hermann fand schnell eine Anstellung als Referent bei der evangelischen Kirche. Eine eigene Gemeinde traute er sich so schnell nicht zu. »Ich musste mich erst an die neue Welt gewöhnen. Erst nach ein paar Jahren war ich wieder als Pfarrer tätig«, erzählte er weiter.

»Und Edeltraud? Hatten Sie wirklich keinen Kontakt mehr zu ihr?«, fragte ich.

»Meine Liebe zu Edeltraud behielt ich für mich. Es blieb mein Geheimnis. Keiner wusste davon, auch nicht meine zweite Frau. Ich verschloss sie in meinem Herzen. Nur ein einziges Mal rief ich Edeltraud vom Westen aus an und erzählte ihr, dass ich gut angekommen sei. Meine neue Ehe verschwieg ich ihr. Insgeheim dachte ich immer wieder darüber nach, ob sie wohl mit ihrem Mann auf Dauer glücklich werden würde, ob die Beziehung halten würde, ob er nicht doch wieder rückfällig werden und sie in eine neue Krise stürzen würde. Immer wieder plagten mich auch Zweifel: Hätte ich vielleicht länger um sie kämpfen sollen? Aber zu dem damaligen Zeitpunkt war das ja sowieso nicht mehr rückgängig zu machen: Edeltraud war im Osten, ich im Westen.«

»Doch dann kam die Wende«, sagte ich gespannt.

»Ja, dann gab es dieses Hindernis plötzlich nicht mehr. In der Wendezeit habe ich wieder intensiver an Edeltraud gedacht, mich gefragt, was sie wohl macht, wie es ihr geht, ob sie auch in den Westen gekommen ist. Ich sah im Telefonbuch nach, ob sie noch an ihrer alten Adresse verzeichnet war – nein. Ihr Arbeitgeber von damals existierte nicht mehr. Ich hatte also keine Ahnung, wo sie war. Dabei hatte ich solche Sehnsucht nach ihr.«

In Hermanns zweiter Ehe kriselte es bereits zu diesem Zeitpunkt. Und 1999 verließ ihn auch seine zweite Frau. Sie wollte aus dem für sie zu engen Korsett der Pfarrersfrau ausbrechen, so stellte sie das dar. »Das war vielleicht ein Schlag für mich. Schon wieder sitzen gelassen zu werden … und die Augen der Gemeindemitglieder alle auf mich gerichtet – was für eine Schmach! Jetzt reichte es mir erst einmal. Jahrelang wollte ich von Frauen nichts mehr wissen. Zwar gab es immer wieder die eine oder andere, die mich umgarnte, aber mein Schmerz war immer noch zu tief, als dass ich eine neue Beziehung hätte eingehen wollen. Und außerdem hatte ich ja immer noch Edeltraud im Hinterkopf, bei der ich mich am wohlsten von allen gefühlt hatte.«

»Und jetzt sind Sie bei mir gelandet«, sagte ich fragend.

»Ja, ich habe vor ein paar Wochen einen Artikel in einer Zeitschrift über Sie und Ihre Agentur gelesen und mich spontan entschlossen, noch einmal einen letzten Versuch zu starten, meine Seelenverwandte wiederzufinden. Mit Ihrer Hilfe! Alleine hatte ich damit ja bisher keinen Erfolg.« Ob diese Liebe wohl nach all den Jahren ein Happy End finden würde, fragte ich mich.

Edeltraud zu finden war für mich Routine. Ein altes Adressbuch half mir bei den ersten Schritten. Doch an der ersten Adresse, die ich ermitteln konnte und die nicht sehr alt war, wohnte sie nicht mehr. Eine ehemalige Nachbarin, die mit Edeltraud befreundet war, stand mit ihrer aktuellen Nummer im Telefonbuch. Sie wusste, wo Edeltraud hingezogen war, und gab mir hilfsbereit die neue Anschrift. Vielleicht hätte Hermann sie so auch selbst finden können. Aber oft geht es bei Suchen nicht nur um die Suche, sondern darum, den Menschen, der sucht, an die Hand zu nehmen und mit ihm oder ihr den Weg der Suche zu gehen. Ein Großteil meiner Arbeit bezieht sich auf die Menschen selbst, auf deren Begleitung. Ganz besonders, wenn es um den ersten Kontakt zur gesuchten Person geht.

Im Fall von Edeltraud war die Situation heikel. Sie war noch immer mit demselben Mann verheiratet, für den sie sich damals entschieden hatte. Nur waren sie innerhalb von Eisenach umgezogen. An ihrer Lebenssituation hatte sich also nichts geändert. Nur die Kinder mussten mittlerweile aus dem Haus sein. Also schrieb ich einen Brief an sie, in dem ich ihr mitteilte, dass sie von Hermann gesucht werde. Sollte sie Interesse an einer Kontaktaufnahme haben, würde er sich sehr freuen. Hermanns Kontaktdaten schickte ich nach Absprache mit ihm gleich mit. Doch statt eines Anrufs bei Hermann kam ein handschriftlicher Brief zu mir ins Büro. Edeltraud schrieb:

Ich habe mich sehr gefreut, von Ihnen zu hören. Aber ich möchte keinen Kontakt mit Hermann. Er kennt den Grund. Bitte richten Sie ihm liebe Grüße von mir aus.

Hermann war sehr traurig, als ich ihm den Brief vorlas, und klagte sich selbst an: »Wie konnte ich nur glauben, dass sich etwas geändert hätte! Natürlich hätte ich mir keine Hoffnungen machen dürfen!« Da widersprach ich ihm vehement. Meiner Meinung nach ist es schlimmer, irgendwann zu bereuen, dass man nicht alles Menschenmögliche versucht hat, um seine tiefsten Wünsche zu erfüllen, als eine Enttäuschung hinzunehmen. Da stimmte mir Hermann zu. Um die Angelegenheit endlich abschließen zu können, wollte er Edeltraud aber noch ein letztes Mal sagen, was sie ihm bedeutete. Also schrieb er ihr einen kurzen Abschiedsbrief, in dem er ihr sein Verständnis ausdrückte und sich für alles bedankte, was sie ihm gegeben hatte. Ich leitete den Brief mit gemischten Gefühlen weiter – ob Edeltraud es vielleicht als übergriffig empfinden würde, ihr diesen Brief zu schicken? Ich hatte es Hermann zum Abschluss jedoch versprechen müssen, er wusste wirklich, einen um den Finger zu wickeln. Damit schien der Auftrag beendet. Es gab hier nichts mehr für mich zu tun.

Es dauerte keine Woche, da rief mich Hermann ganz aufgeregt an: »Raten Sie mal, wer mich gestern auf meinem Handy angerufen hat!« Ich war sprachlos. Kaum hatte Hermann innerlich losgelassen, passierte das, wonach er sich so sehr gesehnt hatte. Edeltraud muss durch seinen Brief klar geworden sein, dass sie ihn nun wirklich für immer verlieren würde. Aber das wollte sie offensichtlich nicht. Sie wollte die Verbindung zu ihm halten.

So blieb es auch nicht bei diesem einen Anruf. Edeltraud meldete sich ab jetzt regelmäßig telefonisch bei Hermann und knüpfte an die ursprüngliche freundschaftliche Verbindung der beiden an. Ein Treffen wollte sie allerdings nicht wagen, auch sollte Hermann nicht sie anrufen. Noch immer blieb sie mit ihrem Mann zusammen, wollte nicht in Versuchung geraten, Hermann näherzukommen. Aber ganz loslassen konnte sie ihn nun auch nicht mehr. »Wir sind uns so vertraut, und mein Herz schlägt immer noch für sie. Jeder Anruf von ihr ist bittersüß. Ich will den Kontakt zu ihr, aber die Distanz, die sie zwischen uns aufrechterhält, macht meine Sehnsucht nach ihr nur noch größer«, erzählte Hermann mir, als er mich nach einem halben Jahr anrief, um mich um Rat zu fragen, wie er mit der Situation umgehen solle. Zuletzt habe Edeltraud ihm angedeutet, dass sie die Vermutung habe, dass ihr Mann erneut eine Affäre habe. Das machte ihm Hoffnung auf eine Trennung der beiden. Um nicht endlos auf seine Traumfrau zu warten, wollte er sich irgendwann eine Deadline setzen. Doch jetzt war er dafür noch nicht bereit.

Es vergingen viele Monate, da meldete sich Hermann erneut bei mir. Ich war für ihn zur Ansprechpartnerin in Sachen Edeltraud geworden. Ich hoffte auf ein Happy End dieser vertrackten Liebesgeschichte. »Frau Panter, jetzt ist es so weit! Jetzt kommt meine Chance! Er hat sie tatsächlich wieder betrogen. Stellen Sie sich vor: Seit fast zwei Jahren schon hat Edeltrauds Mann tatsächlich wieder eine Freundin! Das hat sie mir unter Schluchzen am Telefon erzählt. Sie wolle und könne ihm kein weiteres Mal verzeihen, sagte sie. Jetzt sei Schluss, wiederholte sie mehrfach. Obwohl ich es kaum ertrug, sie so leiden zu hören, freute ich mich auch gleichzeitig. Ich bin vor Glück in die Höhe gesprungen. Diese Chance lasse ich mir nicht entgehen! Ich habe ihr ein Treffen mit mir vorgeschlagen, aber sie zögert noch. Egal, dieses Mal fahre ich zu ihr, komme, was wolle.« Hermanns Worte überschlugen sich fast.

Wie ich später erfuhr, respektierte Hermann doch, dass Edeltraud sich nicht sofort mit ihm treffen wollte, denn sie machte ihm noch einmal klar, dass sie ein Zusammenkommen nicht mehr kategorisch ausschloss, dass sie aber Zeit brauchte, um ihre Angelegenheiten zu ordnen. Letztendlich trennte sie sich tatsächlich von ihrem Mann und zog in eine eigene Wohnung. Sie reichte sogar die Scheidung ein. Das alles dauerte wieder einige Monate. Aber Hermann verzagte dieses Mal nicht. Er hatte nun begründete Hoffnung, seine große Liebe endlich wiederzusehen. Und nicht nur das.

Und dann kam der große Tag, an dem sich die beiden endlich, nach mehr als 20 Jahren, wiedersahen und den mir Hermann, dieses Mal in einem Brief, den er mir gemeinsam mit Edeltraud geschrieben hatte, so beschrieb:

Wir trafen uns auf etwa halber Strecke in Goslar. Als ich Edeltraud vom Bahnhof abholte, konnte ich vor Aufregung kaum atmen. Doch als ich sie sah, war alle Nervosität verflogen. Ich schloss sie sofort in die Arme. Wir gingen den ganzen Tag lang spazieren, fingen an zu reden und hörten nicht mehr auf. Es war, als wäre seit damals an der Ostsee keine Sekunde vergangen. Abends, bevor wir wieder heimfuhren, war die Sache besiegelt. Ab jetzt durfte es uns auch als Paar geben. Wir schwebten im siebten Himmel. Schon das nächste Wochenende darauf besuchte ich Edeltraud in Eisenach, wo ich auch schon ihre Tochter kennenlernte, die ebenfalls noch dort wohnt. Und das darauffolgende Wochenende kam Edeltraud zu mir. Und so ging es ein Dreivierteljahr hin und her, bis Edeltraud ihre Wohnung aufgab und ganz zu mir zog. Die Scheidung ist zwischenzeitlich auch durch. Eine große Last ist von unseren Schultern gefallen. Es steht uns jetzt nichts mehr im Weg zu unserem späten Glück. Selbst unsere Kinder freuen sich für uns. Aber auch von Fremden werden wir immer wieder angesprochen, was für ein schönes Paar wir seien. Anscheinend strahlen wir unser Glück so sehr aus. Wir kommen gerade von der Ostsee zurück, wo wir uns kennengelernt haben. Sie können sich nicht vorstellen, wie glücklich wir waren, dort wieder gemeinsam zu sein. Eigentlich wollte ich ja nie wieder heiraten, aber Edeltraud ist es wichtig, unsere Liebe offiziell zu besiegeln, und deshalb möchten wir Sie schon heute zu unserer für nächstes Jahr geplanten Hochzeit einladen. Ohne Sie hätten wir uns ja schließlich nicht wiedergefunden.

Als ich das las, saß ich gebannt lächelnd vor dem Foto, das die beiden mir mitgeschickt hatten. Edeltraud und Hermann, Hand in Hand, und im Hintergrund das Meer.

Und wer nun denkt, das sei nun endlich das Ende der Geschichte, der täuscht sich. Es gab noch eine Zugabe, wenn man so will: Nach der Hochzeit der beiden erhielt ich eine Postkarte aus Arezzo in Italien. »Endlich angekommen«, stand darauf. Die beiden hatten sich ein Häuschen in der Toskana gekauft, wo sie ihren Ruhestand verbringen wollen. Na, wenn das kein Happy End ist!

11. KAPITEL

Mit dem Motorrad in den Lebensabend

Als mich an einem Oktobernachmittag vor ein paar Jahren ein lautes Motorengeräusch vor dem Haus neugierig machte und ich ans Fenster trat, vermutete ich zuerst, dass ein Vater, den ich gerade für einen Klienten suchte, gerade von seinem Motorrad abstieg. Denn der ältere, coole Mann mit grauem Bart und etwas längeren, ebenfalls grauen Haaren, den ich von meinem Büro aus in einer Parklücke dabei beobachtete, wie er gerade seinen schwarzen Helm abnahm und kurz am Haus hochschaute, passte in mein inneres Konzept eines Falls, den ich gerade recherchierte. In dunkler Lederkluft, den Helm jetzt unter dem linken Arm, ging er zielstrebig auf die Haustür zu. Und schon klingelte es. Fast fiel er mit der Tür ins Haus: »Guten Tag, ich bin Andreas. Sie haben einen Brief für mich?« Eine solche knackige Begrüßung ließ mich schmunzeln. Der Mann wollte offensichtlich keine Zeit verlieren. Eines nach dem anderen, dachte ich mir und bat ihn erst einmal herein. Noch bevor er sich setzte, zog er etwas ungeschickt ein zerknittertes Papier aus der Brusttasche seiner Jacke, deren Reißverschluss er zwischenzeitlich geöffnet hatte. »Sie haben mich doch angeschrieben. Beate will mir etwas mitteilen«, sagte er, als hätte ich keine anderen Klienten außer der von ihm genannten. Doch nun dämmerte es mir. Ja klar, Beate. Ich hatte gerade erst einen Brief im Namen meiner neuen Klientin abgeschickt. »Wow, das ging ja schnell«, entfuhr es mir. So zügig hatte ich keine Reaktion erwartet. Da lächelte Andreas das erste Mal. »Ja, ich bin von der schnellen Truppe«, witzelte er. »Worauf warten im Leben?!«, setzte er hinzu.

Ich erinnerte mich an Beate. Anders als Andreas war sie allerdings alles andere als forsch. Schon als sie mich das erste Mal anrief, zeigte sie sich zurückhaltend und wirkte fast unsicher. Sie sprach leise und bedankte sich häufig. Ihre Formulierungen klangen vorsichtig. Auch als wir uns ein paar Wochen später trafen, machte sie zuerst einen sehr zurückhaltenden Eindruck auf mich. Ihr Äußeres widersprach diesem Eindruck allerdings: Obwohl die kurzhaarige Beate schon Ende 60 sein musste, kam sie sportlich gekleidet mit Jeans, Sneakern und einem auffällig bunten Tuch um den Hals zu unserem Treffen. Doch als sie anfing, mir von ihrem Leben zu erzählen, lernte ich sie von einer ganz anderen Seite kennen. Sie hatte ihr ganzes Berufsleben lang als Krankenschwester gearbeitet und war damit wohl sehr zufrieden gewesen. Sie war aber auch Mutter zweier Söhne, die beide erfolgreiche Ärzte wurden. Doch vor drei Jahren war ihr Mann an Krebs erkrankt. »Unser schöner Ruhestand, auf den wir uns so gefreut hatten, war damit gestrichen«, sagte sie nüchtern. Bis zu seinem Tod hatte Beate ihren Mann gepflegt. »Es war ganz selbstverständlich«, betonte sie, als ich sie mit Mitgefühl ansah. »Als mein Mann tot war, wusste ich überhaupt nicht, was ich mit mir anfangen sollte. Jeden Tag in diesem leeren Haus zu sitzen machte mich fast wahnsinnig«, erzählte sie und drehte dabei immer wieder die Teetasse in ihren Händen von der einen Seite zur anderen. Dabei machten die beiden Eheringe, die sie am Ringfinger ihrer rechten Hand trug, auf der Keramik immer wieder ein leises klirrendes Geräusch. »Aus reiner Langeweile fing ich an, meine über die Jahre angehäuften Sachen zu ordnen und auszumisten. Darunter befanden sich auch alte Briefe, viele Fotos und andere Andenken.«

Ich horchte auf, denn nun würde Beate sicher gleich zu dem Punkt kommen, wo ich ins Spiel kommen würde. Doch sie machte es noch spannend und erzählte mir im Detail, was sie alles in ihren Kommoden im Keller gefunden hatte. In einer der letzten Kisten, die sie auf dem Speicher geöffnet und durchgesehen hatte, hatte Beate ein kleines schwarzes Schmuckkästchen gefunden, worin sich ein silbernes Herz an einer Kette befand. »Sie glauben gar nicht, wie mein Puls anfing zu rasen, als ich die Kette in die Hand nahm und die Gravur las: *Für immer B + A*. Als ob ich einen Zeitsprung machte, war ich zurückversetzt. Keine Sekunde schien vergangen zu sein. Andreas, mein geliebter Andi, stand vor mir und legte mir die Kette um den Hals, an jenem sonnigen Frühlingstag 1958 in Altenburg in Thüringen. Ich zerfloss in Tränen. Das hatte ich alles verdrängt, meine große Liebe von damals.«

Auch jetzt musste sich Beate wieder die feuchten Augen abtupfen, so sehr war sie mitgenommen. Ich vermutete, sie erzählte mir von ihrem verstorbenen Mann. »Andi, Andi, warum habe ich dir das nur angetan?!«, schluchzte Beate nun leise. Da war mir klar, dass es sich bei »Andi« um jemand anderen handeln musste. Jetzt wurde es spannend. Doch ich drängte nicht, sondern ließ Beate von selbst zum Punkt kommen. »Jahrzehntelang hatte ich ihn erfolgreich in einen fernen Winkel meiner Seele verdrängt, schließlich hatte ich ja ein volles Leben mit Beruf und Familie, da war immer was los, und es fiel mir immer leichter, je mehr Zeit verging«, zögerte Beate heraus, worum es ihr wirklich ging. »Vielleicht habe ich einen großen Fehler gemacht!« Wieder schluchzte Beate los.

Da war es Zeit für mich nachzuhaken. Behutsam sagte ich: »Sie können mir gerne erzählen, was Sie so bedrückt.«

Als hätte ich sie damit an unseren Tisch zurückgeholt, schaute sie mich direkt an. »Wissen Sie, Wolfgang war so selbstbewusst und überall beliebt. Und er war ziemlich draufgängerisch, immer einen Spruch oder ein Kompliment auf den Lippen. Und obwohl ich schon mehrere Monate mit Andi zusammen war und ihn auch sehr mochte, ließ ich mich eines Tages von Wolfgang ausführen. Eigentlich war auch Andi nicht langweilig, er holte mich immer mit seinem Motorrad ab, und wir machten kleine Touren in die Umgebung. Aber er war doch eher ruhig und in sich gekehrt. Da schmeichelte es mir einfach, dass so ein toller Typ wie Wolfgang sich für mich interessierte. Er war ganz anders als Andi. Sie können sich das schon vorstellen: groß, muskulös, fein angezogen, charmant. Der hätte jede haben können. Und dann noch so eine Sternennacht … Ich wollte, dass die Kapelle nie aufhört zu spielen. Untergehakt brachte er mich nach Hause und küsste mich einfach. Und ich … ich küsste ihn zurück. Ja, und dann machte ich kurzerhand mit Andi Schluss.«

Ich fing an zu verstehen, worauf die Geschichte hinauslief und riet: »Das A auf dem silbernen Anhänger steht für ›Andi‹?« Beate nickte: »Ja, und B für ›Beate‹, wie Sie sich sicher schon gedacht haben. Er hatte es mir zu meinem Geburtstag einen Monat davor geschenkt. Er liebte mich so sehr. Und ich habe ihn betrogen und fallen gelassen. Erst war ich ganz im Taumel, von einer Liebe zur nächsten, von einem Mann nach dem anderen auf Händen getragen. Und schon bald, eher als ich es je erwartet hätte, bat mich Wolfgang, ihn zu heiraten. Da sagte ich einfach Ja. Andi war da schon in den Westen gegangen. Er hatte es nicht ertragen, wie ich ihn abgefertigt hatte und wie kalt ich so plötzlich zu ihm war und dass ich dann noch mit seinem besten Freund zusammen war. Was für eine Schmach das für ihn war. Er wollte sicher weit weg. Er hat mir keine große Szene gemacht. Doch eines Tages erhielt ich einen Brief ohne Absender. Darin stand nur, wie sehr ich ihm wehgetan hätte und dass er mich trotzdem immer lieben würde. Niemand aus unserer Clique von damals wusste genau, wohin er gegangen war. An den Bodensee, mit seinem Motorrad, so hieß es. Aber, um ehrlich zu sein, das interessierte mich damals gar nicht wirklich. Ich hatte nur noch Augen für Wolfgang.«

Beate sah in die Ferne durch das Fenster und brauchte offensichtlich eine kleine Pause. Nachdem wir uns einen weiteren Tee eingeschenkt hatten, fuhr sie fort: »Nach der ersten Euphorie mit Wolfgang kamen mir allerdings manchmal Zweifel, ob ich die richtige Wahl getroffen hatte. Denn er konnte auch aufbrausend und beherrschend sein, ganz anders als der sanfte Andi, den ich zu vermissen begann. Einmal war ich sogar drauf und dran, Wolfgang davon zu erzählen. Und mehr als das: Nachdem wir schon fast zwei Jahre verheiratet waren, hatten wir eine ernsthafte Krise. Ich fühlte mich von meinem Mann zu sehr untergebuttert. Fast hätte ich ihn damals verlassen. Ich spielte sogar mit dem Gedanken, Andi zu suchen. Doch dann, es war 1961 ...« Ich führte den Satz zu Ende: »... kam die Mauer.« – »Ja, genau«, erwiderte Beate. »Plötzlich war die Hintertür, die ich mir offen gehalten hatte, geschlossen. Andi war schlagartig im Westen in eine unerreichbare Ferne gerückt. Und außerdem erfuhr ich kurz darauf, dass ich schwanger war. Ich empfand mein Schicksal als besiegelt. Ein paar Monate lang lief ich mit dem tragischen Gefühl herum, dass ich alles falsch gemacht hatte und ich nun durch die Weltpolitik von meiner eigentlichen Liebe getrennt worden war. Doch mit der Geburt unserer Kinder rückten ganz andere Gefühle in den Mittelpunkt. Auch unsere Beziehung entspannte sich. Wolfgang war ein guter Vater, der sich hingebungsvoll um unsere Söhne kümmerte. Und ich begann, die Geschichte mit Andi endgültig abzuschließen«, erzählte Beate. »Endgültig«, wiederholte ich mit einem Schmunzeln. »Ja, damals dachte ich, es sei endgültig. Doch nun fiel mir diese Kette in die Hände, und es war, als platzte ein Knoten in mir. Und Wolfgang ist tot. Und die Kinder sind groß. Und die Mauer ist weg.«

Sie sprach immer schneller. Es schien kein Halten mehr zu geben. Dann hielt Beate doch noch einmal inne und schluckte. Als müsste sie sich jetzt doch überwinden, nannte sie mir bestimmt und eindeutig entschieden ihr Anliegen: »Bitte finden Sie Andi für mich! Ich möchte ihn unbedingt wiedersehen. Ich möchte ihn auch um Vergebung dafür bitten, dass ich ihn damals so ins Unglück gestürzt habe.«

Jetzt war es raus. Sie atmete tief ein und aus. Ihre blauen Augen flirrten ein wenig von der emotionalen Anstrengung der letzten halben Stunde, als sie mich fragend ansah. Befürchtete sie, dass ich den Auftrag nicht annehmen würde? Lächelnd legte ich meine Hand kurz auf ihren Unterarm: »Vielen Dank, dass Sie sich mir anvertraut haben! Ich werde mich auf die Suche nach Ihrem Andi machen. Aber dafür brauche ich noch mehr Anhaltspunkte. Haben Sie nicht vielleicht doch irgendeinen Hinweis darauf, wohin Andi damals in Westdeutschland gegangen sein könnte? Denken Sie bitte gut nach.«

Traurig schüttelte Beate den Kopf. »Nein, nichts. Ich habe ja selbst schon nachgedacht und sogar im Telefonbuch nachgeschaut. Seine Eltern sind lange tot. Er hatte keine Geschwister. Und von anderen Verwandten weiß ich nichts.« Ich bat Beate, alles, was sie von früher aus der Zeit mit Andi noch besaß, ein weiteres Mal durchzuschauen. Vielleicht könnte sie doch etwas finden, was einen Hinweis auf seinen Verbleib brächte.

Auf meinem Heimweg ging mir die Geschichte dieser Jugendliebe weiter durch den Kopf. Ich war gespannt, wo dieser Andi abgeblieben und was aus ihm geworden war. Ob er wohl auch noch weiter in seinem Leben an Beate gedacht hatte? Wie würde er wohl reagieren, wenn ich ihn fände? Wie immer bei meinen Recherchen war alles offen.

»Ich habe etwas gefunden!« Kaum hatte ich am nächsten Tag Beates Anruf entgegengenommen, sprudelten ihre Worte mir entgegen. Keine Spur mehr von der zurückhaltenden Frau, die sie zu Beginn unserer Begegnung zu sein schien. Beate hatte in einer Kiste inmitten alter Briefe eine Postkarte von Andi gefunden, die er ihr aus einem Urlaub im Spreewald geschickt hatte, als die beiden noch ein Paar waren. »Das könnte was sein!«, sagte sie aufgeregt. »Da steht etwas von einem Onkel.« Ich bat sie, mir ein Foto der Karte zu schicken. Ich wollte sie selbst lesen.

Meine liebe Beate,
das Paddeln macht Riesenspaß. Nächstes Jahr machen
wir die Fahrt gemeinsam und nehmen Onkel Georg mit.
Der wird sich freuen.
Bis bald, Dein Andi

Ich überlegte kurz: Okay, der Vorname eines Onkels, der wahrscheinlich den gleichen Nachnamen wie Andi hatte, das war gut. Aber warum sollte denn dieser Onkel in den Spreewald mitfahren? Als wir wieder telefonierten, klärte Beate mich auf: »Als ich die Karte las, fiel mir wieder ein, dass Andi damals von einem Onkel erzählte, der als junger Mann in Lübbenau gearbeitet und wohl immer wieder vom Spreewald geschwärmt hatte. Das hatte ich ganz vergessen. Deshalb war er damals überhaupt nur dort zum Paddeln hingefahren. Im Krieg hatte dieser besagte Onkel aber eine Frau aus dem Schwarzwald kennengelernt und sie geheiratet. Deshalb war er wohl nach Freiburg gezogen. Nach Freiburg, verstehen Sie?! Das ist doch eine Spur, oder?« Allerdings war das eine Spur. Wir lachten vor Freude. Onkel Georg in Freiburg – das war eine gute Ausgangsbasis. Freiburg lag zwar nicht am Bodensee, aber auch nicht allzu weit weg in Baden-Württemberg. Wie so oft zeigte sich auch in diesem Fall, dass die kleinsten Details bei einer Suche von Bedeutung sein können.

Die alten Freiburger Telefonverzeichnisse aus den 80er-Jahren enthielten tatsächlich einen Georg mit dem zutreffenden Nachnamen. Unter der Nummer gab es natürlich keinen Anschluss mehr. Doch nach weiteren Recherchen konnte ich einen Nachbarn ausfindig machen, der noch im selben Haus wohnte. Georg sei schon vor zehn Jahren verstorben und auf dem Friedhof in Haslach, dem Freiburger Stadtteil, in dem er gewohnt habe, bestattet, erzählte er mir am Telefon. Mehr konnte er mir leider nicht sagen. Ein Mitarbeiter der dortigen Friedhofsverwaltung durfte mir aus Datenschutzgründen zwar nicht den Namen und die Adresse desjenigen nennen, der das Grab pflegte, aber er wollte einen Brief von mir weiterleiten, wenn ich das wünschte. Es handelte sich, so viel konnte gesagt werden, um einen Sohn von Andis Onkel. Ich schrieb also dem Cousin von Andi, ob er vielleicht bei der Suche helfen könne. Eine Antwort ließ auf sich warten. Als ich nach zwei Wochen immer noch nichts gehört hatte, schrieb ich erneut. Daraufhin antwortete mir die Ehefrau von Andis Cousin. Markus, ihr Mann, habe seit dem Tod seines Vaters keinen Kontakt mehr zu Andi. Es habe eine unschöne Erbstreitigkeit gegeben, auf die sie nicht näher einging. Ihr Mann wünsche auch keine weitere Kontaktaufnahme weder durch mich noch durch Andi. Basta. Da schien nichts mehr zu machen zu sein.

Aber Moment mal! Erbstreitigkeiten? Also kam Plan B ins Spiel: der Weg über das Nachlassgericht. Tatsächlich stieß ich über die Nachlassakte des Onkels auf eine Adresse von Andi in Konstanz. Also doch Bodensee, dachte ich mir und hoffte, ihn gefunden zu haben. Doch aus dem Einwohnermeldeamt erfuhr ich, dass Andi dort nicht mehr gemeldet war. Er sei nach Leipzig umgezogen. »Da bin ich doch glatt mit der Kirche ums Kreuz gelaufen«, schmunzelte ich. Denn wie ich gleich nachschaute, lag Altenburg, die Heimatstadt von Beate und Andi, nur etwa eine Stunde von Leipzig entfernt.

Beate war bei jedem meiner Zwischenberichte sehr aufgeregt und fieberte mit. Als sie aber hörte, dass ihre Jugendliebe räumlich so nah lebte, war sie ganz aus dem Häuschen. »Vielleicht kann ich am Wochenende schon zu ihm fahren«, sagte sie voller Enthusiasmus. Ich erschrak innerlich. Ohne Vorankündigung bei einem Gesuchten aufzutauchen ist meistens keine besonders gute Idee. Besser ist es, der Person den Raum zu geben, sich mit dem Gedanken anzufreunden, dass da jemand aus seiner Vergangenheit ist, der sie sucht. Denn wer weiß, ob die Kontaktaufnahme überhaupt erwünscht ist oder zu diesem Zeitpunkt gerade passt. Es soll im Idealfall eine beidseitige Entscheidung für ein Treffen sein.

Als ich meine Bedenken äußerte, zeigte Beate dafür sofort Verständnis. »Nach dem, was ich ihm angetan habe damals, Sie haben vollkommen recht. Die Pferde sind ein bisschen mit mir durchgegangen. So hat Andi damals immer gesagt.« Beate bat mich, erst mal einen neutralen Brief an Andi zu schicken, in dem stand, dass er von ihr gesucht werde und dass sie ihm gerne einen persönlichen Brief zukommen lassen würde, sofern er das wünsche. Wir formulierten das Schreiben zurückhaltend und freundlich, ohne große Erklärungen oder emotionale Komponenten. Andi sollte nicht abgeschreckt werden. Den zweiten Brief sollte ich bei mir im Büro deponieren, bis Andi sich meldete.

Kaum war der erste Brief abgeschickt, bekam es Beate mit der Angst zu tun. Als sie mich wieder anrief, klang sie mehr als ambivalent: »Was, wenn er mich wirklich wiedersehen will? Ich bin doch nicht mehr die hübsche schlanke 18-Jährige, die er kannte. Irgendwie schäme ich mich. Er wird enttäuscht sein, so wie ich aus der Form gegangen bin. Ich weiß gar nicht, ob ich ein Treffen überhaupt will.« – »Aber Beate«, beruhigte ich sie, »wir werden doch alle älter. Keiner bleibt 18. Auch Andi nicht. Auch er wird sich verändert haben. Überlegen Sie mal anders herum: Vielleicht gefällt er Ihnen ja gar nicht mehr. Das könnte genauso gut sein.« Kurzes Schweigen. »Ja, das stimmt eigentlich.« Das schien Beate überzeugt zu haben, denn sie äußerte mir gegenüber keine Zweifel mehr.

Genau zwei Tage nachdem ich den Brief abgeschickt hatte, parkte Andi sein Motorrad schon vor meinem Büro. Ja, stimmt, worauf warten im Leben ... Das sehe ich genauso.

»Ich bin ja jetzt schon ein paar Jahre im Ruhestand und frei wie ein Vogel«, sagte Andi fröhlich, als er auf der Bank in meinem Büro Platz nahm. Sein Entree machte auf mich einen sehr vielversprechenden Eindruck. Allein, dass er spontan hierhergekommen war, signalisierte starkes Interesse an Beate. Immer noch. »Da bin ich ja mal gespannt. Ich hätte nicht gedacht, jemals wieder etwas von ihr zu hören.«

»Ja, es gibt immer wieder überraschende Wendungen im Leben«, erwiderte ich lächelnd. Ohne ihm genauer zu erklären, was ich über Beate, ihr Leben und ihre Motivation wusste, suchte ich zügig ihren Brief heraus und überreichte ihn Andi. Da er ihn sofort öffnete, fragte ich ihn, ob er beim Lesen allein sein wolle. Ich könnte das Zimmer kurz verlassen, wenn ihm das angenehmer wäre. Aber nein, er las schon los, ohne auf mich zu achten. »Das ist wirklich eine gute Nachricht«, sagte er mit belegter Stimme. »Ja klar will ich sie wiedersehen!«, fügte er mit aufkeimender Begeisterung hinzu, stand auf und lief nun ganz aufgeregt im Zimmer umher. »Ja klar!«, wiederholte er mehrmals. »Ich komme gleich wieder, ich muss nur etwas frische Luft schnappen.« Schon war er draußen.

Doch auch jetzt ließ er nicht lange auf sich warten. Etwa eine Viertelstunde später klingelte er wieder. »Wissen Sie …«, fing er unvermittelt an zu sprechen. Doch ich unterbrach ihn, um ihn zu fragen, ob wir uns ein wenig die Beine vertreten wollten. Er wollte offensichtlich noch länger sprechen und schien noch immer nervös. Also hielt ich etwas Bewegung für eine gute Idee. Während wir im nahe gelegenen Park bei schönstem Altweibersommerwetter nebeneinander hergingen, wurde Andi viel ruhiger und setzte noch einmal an zu erzählen:

»Wissen Sie, Beate hat mir mein Herz gebrochen. Wir waren doch so glücklich. Ich war wie vor den Kopf gestoßen, als sie mir eines Tages aus heiterem Himmel sagte, dass sie nicht mehr mit mir zusammen sein wollte. Ich verstand überhaupt nicht, was los war. Für mich brach wirklich eine Welt zusammen. Und ich konnte mir noch nicht einmal einen Reim darauf machen. Beate erklärte mir nichts und ging einfach weg. Aber bald erfuhr ich über Freunde, dass Beate nun mit Wolfgang ausging. Das machte alles nur noch schlimmer. Ich fühlte mich von beiden verraten. Ich wusste nicht, welches Gefühl mich mehr fertigmachte, die Traurigkeit, verlassen worden zu sein, oder die Wut über den Betrug. Ich hielt es fast nicht aus.«

»Und dann wahrscheinlich noch ständig die Angst, den beiden über den Weg zu laufen, oder?«, schob ich ein.

»Ja, natürlich. Es war ein Spießrutenlauf. Ich musste da einfach weg. Gerade erst hatte ich meine Ausbildung zum Werkzeugmacher abgeschlossen. Ich schrieb also meinem Onkel Georg in Baden-Württemberg, ob er mir bei sich in der Nähe eine Arbeit verschaffen könnte. Glücklicherweise kannte er jemanden, der mich in seiner Firma brauchen konnte. Ich war heilfroh, packte meine Siebensachen und schwang mich auf mein Motorrad. Und weg war ich Richtung Westen. Kein Blick zurück.«

»Und dann kam die Mauer«, sagte ich.

»Ja, und eigentlich bin ich Beate indirekt dankbar. Denn ich hätte nicht gerne in der DDR gelebt. So war ich ein freier Mensch und konnte reisen, was ich sehr liebe und immer gern getan habe. Wären wir ein Paar geblieben, hätten wir Altenburg wahrscheinlich nicht rechtzeitig verlassen. Mir standen also alle Möglichkeiten offen. Nach kurzer Zeit im Schwarzwald zog ich nach Konstanz weiter, um dort Maschinenbau zu studieren.«

»Haben Sie manchmal noch an Beate gedacht?«, fragte ich.

»Ja, immer wieder. Ich habe sie nie vergessen. Aber ich bekam dann irgendwann auch mit, dass sie Wolfgang geheiratet hatte. Damit war ja alles klarer denn je. Und ich machte natürlich auch neue Frauenbekanntschaften. Eine davon wurde meine Frau Annemarie, die tragischerweise schon wenige Jahre nach unserer Heirat verstarb. Leider haben wir auch keine Kinder. Doch ich hatte einen interessanten Beruf und lebte in einer schönen Gegend. Und das Motorrad blieb mein ständiger Begleiter auf meinen kurzen und langen Reisen. Viele Touren mache ich auch mit meiner jetzigen Lebensgefährtin. Aber so ganz fest ist das nicht. Ich bin mir nicht sicher, ob wir so gut zusammenpassen auf Dauer. Sehen Sie, so in etwa verlief mein Leben.«

»Und jetzt das!«, strahlte ich ihn an.

»Ich weiß nicht, wie es mir gehen wird, wenn ich Beate wiedersehe. Ob der Schmerz und der Groll wohl ganz verschwunden sind? Ich will sie aber auf jeden Fall treffen. Sie ist ja ein wichtiger Teil meines Lebens gewesen. Irgendwie freue ich mich schon jetzt darauf. Ehrlich gesagt flattert es ganz schön in meinem Bauch, wenn ich daran denke.« Damit war eigentlich alles gesagt. Wir gingen wieder zurück zu meinem Büro und verabschiedeten uns.

Nun durfte ich aber auch keine Zeit vergehen lassen, ohne Beate Bescheid zu geben. Aber sooft ich es auch versuchte, ihre Nummer war immer besetzt. So verschob ich meinen Anruf auf den nächsten Morgen. Doch Beate kam mir zuvor: »Raten Sie mal, wer mich gestern Abend angerufen hat!« Kein schweres Rätsel. »Wir haben geschlagene zwei Stunden lang miteinander gesprochen. Es war unglaublich schön, Andis Stimme zu hören. Er hat mir erzählt, dass er bei Ihnen war. Er hat gestern noch in Frankfurt übernachtet und rief mich gleich nach Ihrem Gespräch vom Hotel aus an. Stellen Sie sich das mal vor! So wichtig war es ihm. Ich bin noch ganz durcheinander, aber auch sehr froh.« Auch ich war glücklich, dass die beiden sich nun über ihre Vergangenheit Klarheit verschaffen und vielleicht auch Frieden finden konnten. Die Akte war geschlossen.

Ein Jahr verging. Es war wieder Oktober. Gerade wollte ich das Haus verlassen, da fuhr erneut ein Motorrad vor. Ich stand vor der Tür und sah, wie dieses Mal zwei Menschen abstiegen, ihre Helme unter den Arm nahmen, ihre Haare lose schüttelten und mich anlachten. Besuch für mich? Ich erwartete niemanden. »Da sind wir ja gerade rechtzeitig gekommen. Wir wollten Sie überraschen!« Da fiel es mir wie Schuppen von den Augen: Beate und Andi nahmen sich vor mir in die Arme, küssten sich und grinsten mich an. Ich war gerührt von diesem Anblick und bat sie herein. Andi kramte in seinem Rucksack und tat geheimnisvoll. Dann zog er eine Flasche Champagner hervor. Er strahlte: »Es gibt etwas, auf das wir mit Ihnen anstoßen möchten.« Dabei zwinkerte er Beate zu.

Sie erzählten mir, dass sie nun schon seit zwei Monaten in Andis Wohnung in Leipzig zusammenwohnten und ihren Lebensabend in vollen Zügen genießen würden. Da sie gerade in der Gegend waren, wollten sie mir das unbedingt persönlich sagen und ihr Glück mit mir teilen. Zwei Stunden saßen wir zusammen und plauderten, so sympathisch und angenehm waren die zwei.

Wie auf Wolken spazierte ich danach in den Feierabend, während ich den beiden nachwinkte, wie sie (tatsächlich!) in Richtung Abendrot fuhren.

12. KAPITEL

Unvergessen – die erste Liebe

Liebe Frau Panter, Sie sind meine letzte Hoffnung.

Diese dramatische Dringlichkeit kenne ich aus vielen Briefen von zukünftigen Klienten. Als ich jedoch Dieters Worte las, fiel mir gleich seine präzise und wunderschön geschwungene Handschrift auf. Und dann noch in schwarzer Tinte, offensichtlich mit einem Füller geschrieben, was heutzutage außergewöhnlich ist. Auch das leicht hellblaue, etwas festere Briefpapier war hochwertig. Was andere in solchen Briefen, oder mittlerweile meist in E-Mails, kurz anreißen, um dann um ein Telefonat oder Treffen zu bitten, beschrieb Dieter in großer Ausführlichkeit. Beim Weiterlesen erfreute ich mich an der ästhetischen Optik des Briefs:

Seit meine Frau vor einem halben Jahr gestorben ist, fühle ich mich endlich frei, nach meiner ersten großen Liebe Elisabeth zu suchen, die mir ein Leben lang nicht aus dem Sinn gegangen ist. Dass ich das Trauerjahr nicht einhalte, könnte man mir vorwerfen. Ich halte dagegen, dass meine Frau viele Jahre lang an Alzheimer litt – oder besser gesagt, wir litten beide. Sie hat in relativ jungen Jahren schon einen Schlaganfall erlitten, und dann kam diese seltene Form der frühen Demenz. Es war eine sehr schwierige Zeit, in der ich eigentlich schon alleine und ohne sie war. Sie erkannte mich schon lange nicht mehr. Ihre Pflege nahm all meine Kraft und Aufmerksamkeit in Anspruch. Um diese hohe Belastung aushalten zu können, begab ich mich häufig in eine Traumwelt, in der ich noch einmal frei und glücklich lebte. In meiner Vorstellung spielte Elisabeth eine bedeutende Rolle. Nun möchte ich meine Bedürfnisse und Wünsche nicht länger verleugnen, ich muss sie auch nicht länger hintanstellen. Ich will wieder mein Leben leben und es genießen. Und ich möchte Elisabeth finden. Ich will wissen, wie es ihr geht und ob wir noch einmal an unsere Liebe von damals anknüpfen können. Nach ersten eigenen Recherchen habe ich festgestellt, wie schwierig es ist, die Fährte von Elisabeth aufzunehmen. Ich bin leider nicht sehr weit gekommen. Deshalb möchte ich Sie um Ihre professionelle Hilfe bitten. Sicherlich benötigen Sie dafür einige Informationen, die ich Ihnen hier gerne geben möchte. Ich kenne Elisabeth, seit ich denken kann. Sie hat nur drei Häuser weiter in unserer Straße in Münster gewohnt, wo wir beide geboren wurden. Wir sind gleich alt und gingen in dieselbe Grundschule. Wir haben als Kinder fast täglich auf der Straße miteinander gespielt. Später waren wir auf dem Gymnasium in der gleichen Klasse und nahmen beide an der Theater-AG teil. Als wir älter wurden, hatten wir eine gemeinsame Clique. Elisabeth gehörte ganz selbstverständlich zu meinem Leben. Als wir 16 Jahre alt waren, fingen wir an, auf Partys zu gehen. An einem Sommerabend feierte ein Freund von uns sein Geburtstagsfest auf einem Grillplatz im Wald. Wir tranken alle Bier und tanzten zu Rockmusik aus dem Kassettenrekorder. Am späteren Abend waren langsamere Lieder dran. Ich zog Elisabeth zu mir, ohne nachzudenken. Wir standen plötzlich eng umschlungen da und bewegten uns ganz langsam zur Musik. Als das Lied zu Ende war, nahm sie mich bei der Hand und zog mich weg vom Feuer, sodass wir etwas abseits standen und die anderen uns nicht sehen konnten. In diesem Moment, mit einem romantischen Kuss im Wald, begann unsere Liebesgeschichte. Von da an waren wir noch unzertrennlicher. Dachte ich zumindest. Denn uns waren

dann doch nur ein einziger Sommer und ein halber Herbst gegönnt, in dem wir jede freie Minute miteinander verbrachten. Elisabeths Vater war Berufssoldat bei der Bundeswehr und wurde zum Ende dieses unvergesslichen Jahres nach Fritzlar versetzt. Die Familie musste umziehen. Und damit war unser Glück zerstört. In der ersten Zeit schrieben wir uns noch Briefe. In den Ferien besuchte mich Elisabeth einmal. Und ich fuhr einmal zu ihr. Aber dann verloren wir uns immer mehr aus den Augen. Der letzte Kontakt, an den ich mich erinnern kann, war kurz nach dem Abitur, bevor ich meinen Zivildienst im Altersheim begann und Elisabeth als Au-pair-Mädchen nach London ging. Meine Eltern machten mir wegen der Kosten die Hölle heiß, als ich sie einmal in London anrief und wir eine Viertelstunde telefonierten. Ich sollte Briefe schreiben – aber das Schreiben lag Elisabeth leider nicht so sehr. Und irgendwann herrschte Funkstille zwischen uns.
Ich wurde Restaurator und lernte bei einem Auftrag für ein Museum Gertrud kennen, die dort in der Verwaltung arbeitete und die ich später heiratete. Leider blieb unsere Ehe kinderlos, was uns lange Zeit sehr belastete. Aber irgendwann fanden wir uns damit ab und richteten unser Leben ohne Kinder ein und waren viel auf Reisen. Wir waren mit unserem Leben zufrieden. Doch dann machte uns die Alzheimer-Erkrankung einen Strich durch die Rechnung. Was Elisabeth in all der Zeit tat, wusste ich nicht. Ich hatte nur über einen gemeinsamen Freund aus Schultagen gehört, dass sie wohl einen Diplomaten geheiratet hatte und irgendwo in Südamerika lebte. Ein Mann von Welt also! Ich muss zugeben, dass ich etwas eifersüchtig war, als ich das hörte. Wir lebten zwischenzeitlich wieder in Münster. Kurz vor Gertruds Tod eröffnete mir meine Mutter, dass Elisabeth einmal bei ihr angerufen habe, um sich nach mir zu erkundigen. Das sei allerdings schon ein paar Jahre her, gerade als Gertrud ihre

Diagnose erhalten habe. Sie habe nicht noch mehr Unruhe in unser damals turbulentes Leben bringen wollen und habe den Anruf vor mir verschwiegen, gestand sie mir damals. Das war typisch für meine Mutter, dass sie sich überall einmischte und Dinge lenkte. Ich hatte damals keine Kraft, mich mit ihr diesbezüglich zu streiten. Aber heute, wo sie auch schon tot ist, würde ich sie gerne dafür zur Rechenschaft ziehen. Denn dann müsste ich Elisabeth heute nicht suchen. Auf jeden Fall hatte das damals etwas von einer Synchronizität, denn Elisabeth war ja schon zu dem Zeitpunkt immer wieder intensiver in meinen Gedanken gewesen. Ich möchte hier schließen und Sie mit der Suche nach Elisabeth beauftragen. Bitte lassen Sie mich wissen, ob ich Ihnen noch irgendwie behilflich sein kann.

Mir schien es, als hätte ich nach dem Lesen dieses mehrseitigen Briefes alle Informationen beisammen, um mit meiner nächsten Suche loszulegen. Dennoch wollte ich gerne persönlich mit Dieter sprechen, um vielleicht doch noch mehr Details bezüglich der gesuchten Person herauszufinden. Gerade als ich ihn anrufen wollte, klingelte mein Telefon. Dieter. Er kam mir zuvor.

»Meinen Sie, Sie können Elisabeth finden?«, fragte er eindringlich.

»Ich habe die meisten Menschen gefunden, mit deren Suche ich beauftragt wurde. Aber versprechen kann ich es nicht«, antwortete ich wahrheitsgetreu und erklärte ihm, was in seinem Fall speziell war: »Wenn Elisabeth mit einem Diplomaten verheiratet war oder noch ist, könnte die Suche schwierig oder zumindest langwierig werden. Solche Beamte im Auswärtigen Dienst bleiben nie länger als fünf Jahre an einem Ort. Nur in Ausnahmefällen ist es ihnen gestattet, länger in einem Land zu bleiben.«

»Aber ich weiß wenigstens den Namen ihres Mannes und dass er aus Fritzlar stammte, wo Elisabeths Familie damals hingezogen war. Das konnte ich über mehrere Ecken herausfinden«, fiel er mir fast ins Wort.

»Mit diesen Angaben lässt sich schon etwas anfangen«, gab ich ihm Hoffnung. Unser Gespräch blieb sehr kurz, weil es einfach nichts Weiteres gab, was Dieter mir hätte sagen können. Er war aber ganz aufgeregt. Ich versprach, ihm sofort Bescheid zu geben, sobald ich Informationen über Elisabeth herausgefunden hätte.

Sofort suchte ich nach dem außergewöhnlich klingenden Namen des Diplomaten im Internet. Mir wurden viele Treffer angezeigt, allerdings immer mit einem Text in kyrillischen Buchstaben, die ich leider nicht lesen konnte. Alle Treffer in lateinischer Schrift verwiesen auf nichts, was mit Diplomatie zu tun haben könnte. Es handelte sich offensichtlich um einen in Deutschland wenig verbreiteten Namen. Standardmäßig checkte ich das Einwohnermeldeamt in Fritzlar, hier war ja Elisabeths letzter bekannter Aufenthalt in Deutschland gewesen. Ergebnis: Name nicht registriert. Kein Wunder, für Meldeämter sind die 70er-Jahre ja auch schon historisch. Also schrieb ich das Archiv sowohl mit einer Anfrage zu Elisabeths Geburtsnamen als auch dem des Diplomaten an. Wochenlang erhielt ich keine Antwort. Telefonisch kam ich gar nicht durch. Ich musste erneut einen Brief schicken.

Parallel zu der laufenden Anfrage im Archiv wandte ich mich an das Auswärtige Amt. Ich wusste, dass ich von dort mit ziemlicher Sicherheit kategorisch in so einer Angelegenheit keine schriftliche Auskunft erhalten würde, also hängte ich mich ans Telefon. Im Gespräch nutzt der eine oder andere Mitarbeiter seinen Ermessensspielraum und gibt Informationen weiter. Diese besonders kooperativen oder verständnisvollen Personen markiere ich in meiner Suchdatenbank als »Engel«, damit ich bei weiteren Suchen erst einmal auf sie zugehe, bevor ich große Umwege mache. Doch leider waren die meisten mir bekannten Ansprechpartner im Auswärtigen Amt gar nicht mehr im Dienst oder gerade nicht erreichbar. Es zog sich also hin. Ich musste unzählige Nummern wählen und gefühlte Stunden in der Warteschleife Däumchen drehen. Doch schlussendlich erreichte ich doch noch einen meiner »Engel«. Und der war bereit, mir ein paar wichtige Informationen aus seinem Computer herauszufischen. Demnach war Elisabeths Mann schon pensioniert und lebte in Bonn.

Im Telefonbuch war er allerdings dort nicht zu finden. Dafür war er aber im Bonner Meldeamt bekannt, Elisabeth allerdings nicht. Das deutete darauf hin, dass die beiden nicht mehr zusammenlebten, wahrscheinlich geschieden waren. Es könnte also gut sein, dass Elisabeth mittlerweile ungebunden und vielleicht »frei« für Dieter ist, dachte ich mir. Am liebsten hätte ich sofort dem Diplomaten a. D. geschrieben und ihn nach seiner Ex(?)-Frau gefragt. Doch ich kannte ja die Umstände nicht, wusste nicht, ob die beiden wirklich getrennt waren oder wie sie zueinander standen. Ich wollte mich deshalb bei der Suche nach Elisabeth erst einmal weiter auf den direkteren Weg konzentrieren. Aber ich hielt mir diese Option für später offen.

Vom Melderegisterarchiv hatte ich auch nach meinem zweiten Brief nichts gehört. Das ärgerte mich. Ich musste richtig um eine Auskunft kämpfen und rief wieder dort an. Wieder Anrufbeantworter. Doch beim zweiten Anruf endlich: eine Stimme am anderen Ende. Ein Angestellter erklärte mir, dass der für meine Anfrage zuständige Mitarbeiter schon seit zwei Monaten krankgeschrieben sei, dass er selbst nur eine halbe Stelle habe und dass das bedeute, dass alle ringsum Geduld haben müssten. Nun, das konnte ich ja nicht ahnen und entschuldigte mich für mein Drängen. Da wurde mein Gesprächspartner plötzlich ganz freundlich, ja fast »engelhaft«: »Wie heißt die gesuchte Person noch mal?

Gut, dann lassen Sie uns gleich mal schauen, und wir schaffen die Sache vom Tisch. Ich rufe Sie an, sobald ich die Meldekarte gefunden habe. Später Nachmittag spätestens, versprochen!« Ich jubilierte. Jetzt ging es endlich voran. Tatsächlich erhielt ich ein paar Stunden später einen Anruf mit der Auskunft, dass Elisabeth nach Chile verzogen sei. Dass sie zeitweise in Südamerika gelebt hatte, wusste ich ja bereits. »Wissen Sie was, ich schicke Ihnen die Meldekarte in Kopie. Es stehen noch Verwandte darauf. Vielleicht können Sie damit etwas anfangen.« Ich wusste gar nicht, wie mir geschah. Es ging nur noch um die Sache, und der Datenschutz trat einfach in den Hintergrund. Vielleicht hatte der Mann ein schlechtes Gewissen mir gegenüber wegen der langen Wartezeit, oder er wollte einfach nur nett und hilfsbereit sein. Ich war auf jeden Fall sehr dankbar.

Als ich die Kopie der Meldekarte in Händen hielt, las ich von zwei jüngeren Brüdern. Die hatte Dieter gar nicht erwähnt. Und von Elisabeths Eltern. Ich setzte bei den Brüdern an, deren Namen mehrfach im Umkreis von Fritzlar zu finden waren. Am Abend, wenn die Menschen eher zu Hause erreichbar sind, klapperte ich stoisch die Telefonbucheinträge ab. »Ich suche eine gewisse Elisabeth, sind Sie vielleicht ihr Bruder?« X-mal hörte ich: »Nein, tut mir leid.« Klar, Elisabeths Brüder könnten schließlich überall in Deutschland oder auf der Welt leben.

Ich überlegte, wie ich weitersuchen sollte. Dann kam mir eine Idee. Die Wahrscheinlichkeit war hoch, dass Elisabeths Eltern bereits verstorben waren. Vielleicht wäre es möglich, über die Friedhofsverwaltung etwas herauszufinden. In Fritzlar gab es nur zwei Friedhöfe. Ich ermittelte, dass Elisabeths Eltern tatsächlich auf einem der beiden in einem Familiengrab beerdigt waren. Die Mitarbeiterin der Friedhofsverwaltung, die ich darauf ansprach, sperrte sich allerdings, mir Informationen zu geben, wer für die

Grabpflege verantwortlich war. Ich hatte auch nicht unbedingt erwartet, dass sie mir die Informationen bereitwillig weitergeben würde. Aber als ich sie bat, einen Brief weiterzuleiten, schien ihr auch das rechtlich problematisch, wofür ich kein Verständnis hatte, denn mit einer Briefweiterleitung werden ja keine Daten weitergegeben. Aber die Frau schien noch neu in ihrer Tätigkeit und unsicher. Sie wollte sich lieber bei ihrem Vorgesetzten absichern. Der allerdings sei gerade im Urlaub und erst in zwei Wochen wieder im Büro. Und dann sei er gleich auf einer Fortbildung. Wann ich also mit einer Entscheidung rechnen könne, sei noch ungewiss. Oje, das kann sich ja noch ewig hinziehen, dachte ich frustriert.

Ich musste also doch auf meinen »Joker« in Bonn zurückgreifen. Wenn ich nicht noch monatelang warten wollte, blieb mir nichts anderes übrig. Obwohl ich kein gutes Gefühl dabei hatte, schrieb ich an Elisabeths damaligen Mann in Bonn einen Brief mit der Bitte, sich bei mir zu melden, es handele sich um Elisabeth. Doch ich erhielt keine Antwort. Nach zwei Wochen, der üblichen Frist, die ich verstreichen lasse, bevor ich erneut in Aktion trete, schickte ich den identischen Brief ein weiteres Mal mit einer kleinen Erinnerung. Gleich zwei Tage später erhielt ich einen Anruf. »Sie suchen meine Ex-Frau? Nun, das finde ich seltsam, denn ich habe seit mehr als 20 Jahren keinen Kontakt mehr zu ihr. Wir sind schon lange geschieden. Wie kommen Sie denn überhaupt an meine Adresse?«, fragte Elisabeths Ex-Mann misstrauisch. Nachdem ich ihm erklärt hatte, worum es sich handelte, musste er lachen und wurde redselig: »Ja, Elisabeth war schon ein tolles Mädchen damals, kein Wunder, dass Ihr Klient sie nie vergessen hat. So geht es mir auch. Nun ja, lange her. Leider hat es bei uns ja auch nicht gehalten. Wir waren nur wenige Jahre verheiratet. Vielleicht ist ihr Südamerika nicht bekommen. Und schließlich war ich doch um einiges älter als sie. Mich hat das nicht gestört, aber wer weiß … Das Letzte, was ich von ihr weiß, ist, dass sie einige Zeit nach unserer Scheidung wieder geheiratet hat. Stellen Sie sich vor, die ist mit irgend so einem blassen Wissenschaftler nach Bochum gezogen, der an der dortigen Universität einen Lehrauftrag hatte. Von Chile quasi direkt ab in den Ruhrpott.« Er lachte wieder. »Sagen Sie ihr schöne Grüße von mir, wenn Sie sie finden! Bei mir kann sie sich auch mal wieder melden, wenn sie Lust hat.« Wir verabschiedeten uns herzlich. Ich war nun einen Riesenschritt weitergekommen, denn ihr Ex-Mann kannte ihren neuen Nachnamen. Er konnte sich noch an die Fotokarte erinnern, die Elisabeth ihm nach ihrer Trauung von sich und ihrem neuen Mann geschickt hatte.

Das war der Zeitpunkt, an dem ich Dieter einen Zwischenbericht geben wollte, denn jetzt wurde es konkret. Ich rief ihn an und erzählte ihm die Neuigkeiten: »Elisabeth lebt höchstwahrscheinlich in Deutschland. Sie ist schon lange von ihrem Diplomaten-Ehemann geschieden und hat neu geheiratet.«

»Dann sind Sie jetzt nur noch einen kleinen Schritt von ihr entfernt, stimmt das?« Dieter klang nervös.

»Na ja, es könnte sein, dass Elisabeth noch in Bochum lebt. Das werde ich jetzt herausfinden. Wenn das tatsächlich der Fall ist, steht der direkten Kontaktaufnahme wahrscheinlich nichts mehr im Weg.«

»Bitte tun Sie dann nichts, ohne es vorher mit mir abzusprechen«, bat Dieter mich.

»Selbstverständlich«, versicherte ich ihm, »Sie steuern die Kontaktaufnahme, wie alle meine Klienten. Sobald ich ihre Adresse habe, rufe ich Sie an, und wir überlegen gemeinsam, wie wir vorgehen.« Dieter war beruhigt.

Nun ging alles ganz einfach. Ich fand Elisabeth mit ihrem neuen Nachnamen ohne Weiteres im Melderegister der Stadt Bochum. Sie wohnte also noch dort. Das war schon einmal sehr gut. Ein entsprechender Telefonbucheintrag mit ihrem Nachnamen war nicht zu finden. Ich besprach mit Dieter, dass ich einen Brief an Elisabeth schreiben sollte, in dem ich ihr mitteilte, dass Dieter mich mit der Suche nach ihr beauftragt habe und ihr gerne einen persönlichen Brief schreiben würde.

Wie immer, wenn ein solcher Brief durch den Briefkastenschlitz gerutscht ist, sendete ich ein Stoßgebet gen Himmel: Hoffentlich kommt Dieters Kontaktwunsch Elisabeth zeitlich und emotional gelegen. Wir hatten ja keine Ahnung, wie es ihr ging, wo sie gerade stand in ihrem Leben. Ich kannte ja, wie immer, nur die eine Seite der Geschichte. Es konnte ja gut sein, dass Elisabeth sich gestört fühlte und die Beziehung mit Dieter und deren Ausklang als gar nicht so harmonisch in Erinnerung hatte wie mein Klient.

Doch das schien nicht der Fall zu sein. Elisabeth schrieb postwendend eine E-Mail, dass sie sich sehr über einen Brief von Dieter freuen würde. Sie gab also grünes Licht, und nur wenige Tage später lag ein von Dieter fein säuberlich geschriebener Brief in ihrem Briefkasten. Dieter erzählte mir, dass er sich in seinem Brief sehr zurückgenommen habe, schließlich musste er vermuten, dass Elisabeth noch verheiratet war. Das hätte ja bedeutet, dass er sich eine zu große Blöße gegeben hätte, wäre er mit der Tür ins Haus gefallen und hätte gleich um ein eindeutiges Rendezvous gebeten. »Ich habe ihr nur geschrieben, dass ich immer wieder in meinem Leben an sie gedacht habe und mich interessieren würde, was aus ihr geworden ist, dass ich sie gerne einmal zum Essen einladen würde«, erzählte er mir. »Dass ich sie ja eigentlich immer noch liebe, habe ich nicht hineingeschrieben. Dazu war ich noch zu feige.« Ich war sehr gespannt, ob Elisabeth

Dieters Einladung annehmen würde. Nun war er es, der versprach, mir Bescheid zu geben, wenn es etwas Neues gäbe.

Ich hörte lange Zeit nichts von Dieter. Doch dann kam eines Tages wieder ein Brief von ihm an, mit dem er mich auf den neuesten Stand bringen wollte. Ich erkannte seine schöne Handschrift sofort. Dasselbe Briefpapier und der Füller mit der schwarzen Tinte. Stilvoll geschwungene Wörter.

Liebe Frau Panter,
es ist alles ganz anders gekommen, als ich mir erträumt hatte. Aber ich bin keineswegs enttäuscht, sondern sehr froh. Sie haben mir geholfen, vor allem eine alte Freundin wiederzufinden, nicht nur die erste Liebe. Das ist vielleicht noch viel wertvoller. Nachdem Elisabeth meinen Brief erhalten hatte, rief sie mich an und erzählte mir, dass sie ihren ersten Mann verlassen hatte, weil er ihr nicht treu war. Im fernen Chile hatte sie niemanden, der ihr beistehen konnte, als sie deshalb schwere Zeiten durchmachte. Sie entschied sich zu einer Trennung und einer Rückkehr nach Deutschland. Sie hatte wohl großes Glück, kurz nach ihrer Rückkehr ihrem zweiten Mann über den Weg zu laufen, der Professor wurde. Sie ist glücklich verheiratet und hat drei Kinder und sogar schon zwei Enkel. Dennoch war sie sehr daran interessiert, mich wiederzusehen. Ihr Mann habe überhaupt nichts dagegen, versicherte sie mir mehrfach. Also fuhr ich am darauffolgenden Wochenende nach Bochum, wo ich Elisabeth in ein schönes Restaurant, das sie empfohlen hatte, ausführte. Ich war so aufgeregt und zupfte ständig an meiner Krawatte herum. Als wir uns aber dann gegenübersaßen, wurde ich ganz ruhig und entspannt. Alles fiel von mir ab. Wir redeten und redeten und redeten. Unsere Erinnerungen an die schöne gemeinsame Kindheit und Jugend lebten richtig auf, als wir uns das eine

und andere ins Gedächtnis riefen und nach den anderen alten Freunden fragten. Ich saß meiner guten alten Freundin aus Kindertagen gegenüber. Aber ich empfand keine romantische Liebe mehr für sie. Und ich glaube, sie auch nicht für mich. Diese Zeit war für uns wohl vorbei. Am Ende des Abends zeigte mir Elisabeth noch Fotos ihrer Kinder und Enkel. Die Zeit ging wie im Fluge vorüber. Da ich geplant hatte, in Bochum zu übernachten, hatten wir die Möglichkeit, uns am folgenden Tag noch einmal zu sehen. Elisabeth schlug vor, wir könnten uns gemeinsam mit ihrem Mann treffen. Der sei ganz neugierig auf mich, auf ihre erste große Liebe, sagte sie mir augenzwinkernd.

So kam es, dass wir am Sonntag alle drei gemeinsam einen Spaziergang machten und Kaffee trinken gingen. Ich muss schmunzeln, denn so hätte ich es wirklich nicht erwartet: Mit Elisabeths Mann Ulrich habe ich mich spontan so gut verstanden, dass ich mir vorstellen könnte, dass sich auch mit ihm eine Freundschaft entwickeln könnte. Auf jeden Fall haben wir uns vorgenommen, uns irgendwann wieder einmal zu treffen. Ich bin sehr erleichtert, dass ich nicht mehr mit unerfüllten Fantasien herumlaufe, sondern dass ich nach vorne schauen kann. Stellen Sie sich vor: Ich habe mich gestern bei einer Onlinepartnerbörse angemeldet. Ich bin jetzt wirklich frei und bereit für eine neue Liebe, auch wenn das in meinem Alter vielleicht seltsam klingt. Vielen Dank für alles.

13. KAPITEL

Die roten Stöckelschuhe

Häufig kommen Menschen zu mir, die durch zeitgeschichtliche Ereignisse von ihren Liebsten oder engsten Verwandten getrennt wurden. So auch Roland. Als er mich anrief, spürte ich sofort, dass etwas mit ihm nicht stimmte. Es war wohl seine brüchige Stimme, die mir dieses Gefühl vermittelte. Doch zu dem Zeitpunkt war es nur eine Vorahnung. Bei seinem kurzen Anruf gab er mir nur zu verstehen, dass er eine Frau suche, zu der er seit langer Zeit keinen Kontakt habe. Da sei er bei mir an der richtigen Adresse, versicherte ich ihm. Roland lebte in Münster, wollte aber so schnell wie möglich einen Termin für ein persönliches Treffen mit mir ausmachen. Schnellstmöglich war genau zwei Wochen später. »Wirklich erst in zwei Wochen?«, fragte er ungläubig. »Ginge es nicht doch etwas schneller. Nächste Woche?«, drängte er. Da mich das Gefühl am Telefon weiter nicht verließ, dass Roland wirklich dringend Hilfe brauchte, verschob ich einen anderen, weniger dringenden Termin und gab seinem Wunsch nach. Ob ich schon Vorrecherchen machen solle, ob er mir noch etwas mehr erzählen wolle, schon jetzt am Telefon, fragte ich. Doch, nein, besser persönlich, was ich sofort akzeptierte. Ob ich zu ihm kommen könnte? Er würde die Kosten für die Anfahrt und die Zeit kompensieren, bot er mir an. Das mache ich nur in Ausnahmefällen. Aber in diesem Fall folgte ich meiner Intuition und sagte zu.

Als ich vor Rolands Haus ankam, öffnete sich die Tür, bevor ich überhaupt aus meinem Auto ausgestiegen war. Ein grauhaariger hagerer Mann mit brauner Hornbrille, beide Arme auf orthopädische Aluminiumgehstöcke mit schwarzen Griffen gestützt, wie man sie oft in Seniorenheimen sieht, stellte sich in den Türrahmen. Er konnte kaum seinen Kopf halten, wie es schien. Und er hatte meine Ankunft wohl kaum erwarten können. Er bat mich herein in sein mit Antiquitäten und moderner Kunst eingerichtetes Wohnzimmer. Er bewegte sich aber nur im Zeitlupentempo neben mir, fast wie in Gelee gepackt und gleichzeitig kurzatmig von der für ihn offensichtlich großen Anstrengung. Aus dem Hintergrund erschien nun eine jüngere Frau in weißer Pflegerinnenkleidung und stützte ihn. Sie sprach gebrochenes Deutsch und wurde mir als Mina vorgestellt. Nachdem wir uns gesetzt hatten, brachte sie uns Kaffee und wohl selbst gebackenen Marmorkuchen. Danach verschwand sie sofort wieder in einem Hinterzimmer. Dieser kurze Eindruck genügte mir: Das war es also, was sein Anliegen so dringend machte. Roland war schwer krank. Das bestätigte er mir sogleich auch.

»Sie sehen es selbst: Mir bleibt nicht viel Zeit. Parkinson hat mich fest im Griff. Vielleicht kann ich bald gar nicht mehr gehen oder sprechen. Und jetzt steht mir auch noch eine Operation an der Leber bevor. Es wäre mir unmöglich gewesen, zu Ihnen zu reisen. Ich bin Ihnen so dankbar, dass Sie gekommen sind«, sagte er leise. Ich nickte und bat ihn, mir von der Frau zu erzählen, die er suchte. Seine erste Antwort war überraschend: »Seit vielen Jahren steht ganz hinten in meinem Kleiderschrank ein Paar eleganter roter Stöckelschuhe der Größe 37, die für meine große Liebe bestimmt sind«, begann er.

»Und wegen diesem Paar Schuhe bin ich nach Münster gereist?«, schoss es mir etwas entsetzt und offensichtlich voreilig durch den Kopf, denn gleich wurde klarer, dass es um etwas anderes ging.

»Sie fragen sich jetzt sicher, was das soll«, schmunzelte Roland mir zu. Ich schaute ihn weiterhin fragend an. Als hätte er lange nicht mehr darüber gesprochen, schien er seine Worte sorgsam zu wählen. »Am 23. Juni 1962 saß ganz Berlin gebannt vor dem Fernseher, als der legendäre Boxkampf zwischen Bubi Scholz und Harold Johnson stattfand. Haben Sie davon schon einmal gehört? Das war ein ganz besonderer Kampf, und niemand wollte ihn verpassen. Nur wir, Corinna und ich, hatten etwas anderes vor. Denn das war der perfekte Moment für unsere Flucht von Ost- nach Westberlin«, kam Roland nun langsam ins Schwelgen, bevor er weitersprach: »Wie Aschenputtel, man glaubt es kaum, verlor meine große Liebe und damalige Verlobte Corinna kurz vor der Grenze einen ihrer heiß geliebten roten Stöckelschuhe. Sie waren an ihren Rucksack geschnallt gewesen. Als wir so durch die Straßen hasteten, muss sich einer gelöst haben, und es blieb einfach keine Zeit, zurückzugehen, um danach zu suchen, als sie es festgestellt hatte.« Ich schaute ihn mit großen Augen an. Roland musste bemerkt haben, dass ich mehr über die Hintergründe der Flucht erfahren wollte, und erzählte, dass sein damals bester Freund, der für das Ministerium für Staatssicherheit arbeitete, sowohl ihn als auch Corinna unter Druck gesetzt hatte, als Informelle Mitarbeiter für die Stasi tätig zu werden. Doch anstatt Nachbarn und Freunde zu bespitzeln, planten sie ihre Flucht aus der DDR, und zwar durch einen Tunnel nach Westberlin. Monatelang hatten die beiden gemeinsam mit weiteren Fluchtwilligen alles vorbereitet, hatten sich einer Gruppe angeschlossen, die lange zuvor angefangen hatte, einen Tunnel unterhalb eines Grenzwohnhauses zu graben. Sie hatten Verstärkung gebraucht, damit sie sich bei den Arbeiten häufiger abwechseln konnten und damit weniger auffällig beim Betreten des Hauses waren.

Endlich war der Durchbruch – auch mithilfe von Freunden aus dem Westen, die von der anderen Seite gruben – gelungen. Die Flucht selbst gelang ebenfalls, nur eben ohne den einen besagten Stöckelschuh.

Im Westen angelangt, konnten die beiden ihr Glück nicht fassen. »Endlich frei! Das ging mir tagelang wie eine Endlosschleife durch den Kopf. Ich wusste, dass mir nun alle Wege offenstanden, und das beflügelte mich«, erzählte Roland weiter. Voller Eifer begann er ein Jurastudium, Corinna arbeitete als Sekretärin. Für Roland war klar, dass sie beide in naher Zukunft, sobald er sein Examen in der Tasche hatte, heiraten würden. Doch er irrte sich. Die junge Liebe hielt nicht lang. Schon nach knapp einem Jahr im Westen, obgleich sich das junge Paar durch die gemeinsame Fluchterfahrung zuerst wie aneinandergeschweißt gefühlt hatte, trennte sich Corinna von Roland. Sie hatte sich Hals über Kopf in einen britischen Soldaten verliebt, den sie bei ihrer Arbeit kennengelernt hatte, und wollte mit ihm nach Großbritannien gehen. Roland war am Boden zerstört. »Das Gefühlshoch nach der erfolgreichen Flucht schlug plötzlich um in eine schreckliche Depression. Ich konnte es einfach nicht fassen, dass mich die Liebe meines Lebens verlassen hatte und dann auch noch ins Ausland ziehen wollte«, bekannte Roland. Doch auch die Niedergeschlagenheit hielt nicht lang. Roland lebte in Berlin, und wie die Stadt nach dem Mauerbau rappelte auch er sich auf und schloss sein Jurastudium später mit Auszeichnung ab. Das Letzte, was er von seiner Ex-Verlobten erfuhr, war, dass sie ihren britischen Freund tatsächlich geheiratet hatte. Sie hatte ihm ein Hochzeitsfoto geschickt. »Wenig geschmackvoll, wie ich fand. Aber man musste sich ja mit der Realität abfinden«, betonte Roland und wurde nun etwas nüchterner. Er selbst konnte Corinna allerdings wohl nie vergessen. Er hatte über die Jahre immer nur flüchtige Liebesbekanntschaften, aber keine für ihn bedeutende Beziehung mehr. Er heiratete auch nie. Corinna war und blieb die Liebe seines Lebens. Allerdings machte er rasant Karriere und leitete später die Rechtsabteilung eines großen Unternehmens. Ironischerweise führte ihn diese Arbeit auf Geschäftsreisen immer wieder nach Großbritannien. »Jedes Mal versetzte es mir einen Stich ins Herz, wenn ich am Flughafen in London ankam. Ich sah mich immer um, in der Hoffnung, Corinna würde mir über den Weg laufen, was natürlich Blödsinn war. Manchmal unternahm ich sogar Versuche, sie ausfindig zu machen, schaute immer wieder mal in Telefonbücher. Aber es war eigentlich sinnlos, denn ich kannte ja nur Corinnas Geburtsnamen. Den Namen ihres Mannes hatte ich vergessen. Vielleicht hatte ich ihn auch nur verdrängt.« Dann zeigte Roland auf den niedrigen hölzernen Couchtisch vor sich. Offensichtlich sollte ich das Foto ansehen, das dort griffbereit lag. »Den Umschlag habe ich nicht mehr. Es stand sowieso kein Absender darauf. Aber vielleicht hilft es dennoch bei der Suche«, sagte Roland.

Schade, dachte ich mir, der Poststempel auf einem Umschlag hätte sogar sehr geholfen, dann hätte ich die Stadt, in der der Brief abgeschickt wurde, als Anhaltspunkt. Doch meine Enttäuschung wich, als ich die Rückseite des Fotos sah. Mit Bleistift stand da geschrieben: »Zum Andenken an unseren Hochzeitstag 19.12.1964 in Heidelberg.« Na, das war ja schon mal was. Doch warum hatte Corinna ihrem ehemaligen Verlobten dieses Foto mit einer solchen Notiz überhaupt geschickt? Das wunderte mich.

Auch Roland konnte sich darauf keinen richtigen Reim machen: »Eigentlich wollte ich das Foto sofort wegwerfen, als ich den Brief erhielt. Ich fragte mich, warum Corinna mir noch so einen Schmerz zufügen wollte. Sie sieht so glücklich darauf aus. Ich weiß auch nicht, ich hob es einfach auf. Doch angeschaut habe ich es schon lange nicht mehr.«

Roland brauchte eine Pause. Er konnte kaum mehr sprechen. Er schien schon jetzt von den Emotionen, die die Erinnerungen hervorriefen, erschöpft zu sein. Er legte den Kopf nach hinten an seinen Sessel und schloss für kurze Zeit die Augen. Das war mir ganz recht. Auch ich schwieg nun. So hatte ich Zeit, mir Notizen von den Einzelheiten zu machen. Vielleicht könnten sie mir später bei der Recherche hilfreich sein.

Als Roland nach ein paar Minuten wieder im Raum und bei unserem Gespräch angekommen war, ärgerte er sich, dass er sich immer noch nicht an den Namen von Corinnas Mann erinnern konnte. Das hatte er in der Entspannung wohl versucht. »Ich weiß gar nicht, ob es ohne diesen Namen für Sie möglich sein wird, Corinna zu finden«, machte er sich Sorgen.

Doch diese entkräftete ich sogleich: »Ich habe schon ganz andere Fälle gelöst. Wir finden Ihre Corinna!«, versicherte ich ihm.

Wie abgesprochen, betrat in diesem Moment Mina das Wohnzimmer. Sie trug einen weißen Schuhkarton vor sich her. Sie sah Roland an. Als der ihr zunickte, stellte sie ihn auf den Couchtisch vor uns und legte erst den Deckel des Kartons beiseite. Dann entfaltete sie langsam mit spitzen Fingern das ebenfalls weiße Seidenpapier mit solcher Vorsicht, als käme gleich eine unglaublich kostbare Antiquität oder ein teures Schmuckstück zum Vorschein. In der Verpackung lagen zwei knallrote, ungetragene Wildlederpumps, die mir nicht die modernsten zu sein schienen. Nun nahm Roland noch einmal alle Kraft zusammen: »Ich habe so lange gesucht, bis ich Schuhe gefunden hatte, die dem damaligen Paar möglichst ähnelten. Ich war in unzähligen Läden, im In- und Ausland. Doch gerade in Berlin, mitten auf dem Ku'damm, fand ich, was ich suchte. Das ist jetzt schon viele Jahre her. Ich möchte Corinna so gerne diese Schuhe schenken und sie noch einmal, ein letztes Mal, in die Arme schließen. Das ist mein größter Wunsch.« Mina lächelte mich an, als wollte sie mich ermutigen, dem alten Mann diesen Wunsch nicht auszuschlagen.

»Ich werde mich sofort auf die Suche nach Corinna machen, sobald ich zu Hause angekommen bin«, beteuerte ich beiden. Mina brachte mich zur Tür. Als ich Rolands Haus verließ, hörte ich es hinter mir noch leise rascheln. Roland hatte seine Preziosen wohl wieder gut eingewickelt und bedeckt. Er würde sie noch brauchen, daran glaubte ich in diesem Moment fest.

Auf der Heimfahrt ging ich das Gespräch in Gedanken noch einmal von Anfang bis Ende durch, um mich zu ordnen und zu entscheiden, wo ich die Suche ansetzen würde. Ich war dankbar, dass Roland mir seine Geschichte unbedingt persönlich hatte erzählen wollen. Er hätte auch einen Brief schreiben oder seine Pflegerin Mina bitten können, mich zu besuchen. Wenn Vorgespräche vis-à-vis stattfinden, hat es doch eine andere Qualität des Kennenlernens. Und auch Roland war dieses Thema einfach zu wichtig, gar heilig, sein Lebensthema. Ich bekam eine Gänsehaut, als ich mich jetzt daran erinnerte, wie Roland angedeutet hatte, dass es wohl die letzte Aufgabe seines Lebens sein würde, Corinna mit meiner Hilfe zu finden.

Angesichts der fortschreitenden Krankheit meines Klienten machte ich mich sofort an die Arbeit und stellte andere Aufgaben, die weniger dringend waren, hintan. Ich durfte im Fall von Roland keine Zeit verlieren. Mein erster Ansatz war das Berliner Landesarchiv. Auf der dort vorhandenen Meldekartei stand nur »verzogen nach unbekannt« – eine erste Sackgasse. Im Standesamt der Geburtsstadt erhalten nur direkte Verwandte Auskunft über die gesuchte Person. Unter Umständen, wenn es einen guten Kontakt zu der Behörde, also einen besonders hilfsbereiten »Engel« gibt, bekomme ich schon mal eine Info zugerufen. Doch in Leipzig, wo Corinna geboren wurde, war das leider aussichtslos.

Also kam Heidelberg an die Reihe, wo Corinna geheiratet hatte. Ob ich wohl im dortigen Standesamt darüber per Telefon Auskunft bekäme? Nein, auch da Fehlanzeige. Sofort verwies mich der Standesbeamte korrekterweise auf den Postweg. Und da mein Klient nicht zu dem engen Kreis der Berechtigten gehörte, war eine Information damit auch hier ausgeschlossen. Unter Corinnas Geburtsnamen gab es auch im Einwohnermeldeamt keine Eintragung. Wenn das Ehepaar dort geheiratet hatte, hieß das nicht zwingend, dass es auch dort gelebt haben muss, dachte ich nach. Aber was, wenn die beiden noch nicht mal in Heidelberg geheiratet hatten, sondern dort nur ihren ersten Hochzeitstag verbracht hatten? Auf dem Foto sah man keinen Hinweis auf Heidelberg, sondern nur das Brautpaar selbst in einem Raum. Ich wurde etwas nervös: Wenn dies der Fall wäre, würde ich wahrscheinlich die Suche nicht erfolgreich abschließen können. Irgendeinen Anhaltspunkt brauchte ich ja.

Ich musste nun etwas tiefer graben und dafür unbedingt noch einmal mit Roland sprechen. Vielleicht konnte ich noch ein Detail erfahren, das mich weiterbringen würde. Am Telefon fragte ich ihn, ob er wisse, ob die beiden tatsächlich 1964 geheiratet hätten oder ob das auch schon 1963 gewesen sein könnte. Nein, früher hätte das nicht sein können. Gut, das war schon einmal wichtig zu wissen. Und ob die Ehe in Deutschland oder Großbritannien geschlossen worden sei. Roland vermutete stark, dass sie hierzulande geheiratet hätten. Ob die beiden kirchlich geheiratet hätten? Möglich. Ob Corinna evangelisch oder katholisch getauft worden sei? Roland wusste es nicht genau, weil Religion in den Kreisen seiner Familie und der von Corinna in der DDR keine Rolle gespielt hatte. Er vermutete evangelisch, war sich aber ganz und gar nicht sicher.

Das war nicht viel, aber immerhin. Ich klapperte also die vielen Heidelberger Kirchen ab. Eine Kirche schickte mich weiter an die nächste. Aber im Dezember 1964 schien dort niemand geheiratet zu haben, und schon gleich gar kein Engländer.

Doch in der nächsten evangelischen Kirche, die ich anrief, hatte ich Glück. Hätte ich nur mit dieser angefangen, ärgerte ich mich kurz, weil mir das viel Zeit gespart hätte. Aber so ist das bei Suchen. Man weiß nie, welche Abbiegung die richtige ist, oft ist es »trial and error« und danach erst »bingo!«. Die Sekretärin des Pfarramtes brauchte nur einen Blick in ihr Kirchenbuch zu werfen und präsentierte mir den schriftlichen Beweis der Hochzeit zwischen Corinna und ihrem Howard. Der war 1941 geboren und stammte aus Frimley in Großbritannien. Dabei handelte es sich, wie ich nach dem Gespräch herausfand, um einen kleinen Ort etwa eine Autostunde südwestlich von London. Die gute Frau nannte mir auch Howards Nachnamen und sogar dessen damalige Heimatadresse. Ich hätte sie durch das Telefon hindurch umarmen können. Es kam Bewegung in die Suche. Nun konnte ich aufatmen und endlich richtig loslegen. Die Fährte führte also direkt nach England. Roland wollte unbedingt, dass ich vor Ort recherchierte. Eine Recherche vom Schreibtisch, so fürchtete er, funktionierte trotz aller neuen Kommunikationskanäle nicht so gut wie persönliche Anwesenheit. Damit hatte er recht. Und da ich es zeitlich gerade einrichten konnte, war der Flug nach England schnell gebucht. Schon eine Woche später sollte es losgehen. Voller Begeisterung rief ich wieder bei Roland an, um ihm von dem Fortschritt zu erzählen. Doch nur Mina antwortete, Roland gehe es nicht gut, er sei am Tag zuvor gefallen und habe heute den ganzen Tag mit Schmerzen im Bett gelegen, ein Gespräch mit ihm sei deshalb gerade nicht günstig. Aber sie wollte ihm die Neuigkeiten baldmöglichst mitteilen. Zwei Tage vor meiner Abreise erhielt ich von Roland einen Brief, in dem ein weiterer, verschlossener Brief lag. »Sollten Sie Corinna finden, geben Sie ihr bitte diesen Brief von mir!«, bat mich Roland darin. Er hatte wohl Mina den Brief diktiert. Denn er war per Computer getippt und nur von ihm unterschrieben. Wieder schob sich mir die Dringlichkeit dieser Suche ganz deutlich in mein Bewusstsein.

In London angekommen, nahm ich sofort den Zug nach Frimley. Der kleine Ort war übersichtlich und Howards Adresse leicht zu finden. Ein Taxi brachte mich zu einem der typischen englischen zweistöckigen Reihenhäuser mit kleinem gepflegtem Vorgarten. Ein putziger Anblick, wie ich fand. Der Garten war voller bunter Blumen. Zwei Hecken grenzten an beiden Seiten jeweils die Grundstücke zu den Nachbarn natürlich ab. Doch Howard und Corinna schienen hier nicht mehr zu wohnen, denn das Türschild trug einen anderen Namen. Dennoch klingelte ich beherzt. Und noch einmal. Doch keiner öffnete. Es war früher Nachmittag. Vielleicht waren die Bewohner beim Arbeiten oder Einkaufen? Als ich noch so dastand und das Haus betrachtete, öffnete sich die Haustür des rechten Nachbarn. Ein alter Mann mit einer dunklen Strickjacke lugte heraus. Und ein kleiner kläffender Hund jagte in dessen Vorgarten schnurstracks in meine Richtung. An der Grenzhecke blieb er stehen und knurrte leise. Wie er dabei aber mit dem Schwanz wedelte, brachte mich zum Grinsen. Ich freute mich, den Mann gleich ansprechen zu können. Ich hatte sowieso gerade vor, die Nachbarn abzuklappern. »Howard? Sie suchen Howard?«, fragte der Mann ungläubig nach. »Das ist mein alter Schulfreund. Wir sind hier zusammen aufgewachsen. Nach dem Krieg lebte er hier bei seinen Eltern noch kurz mit seiner Frau, die er aus Deutschland mitgebracht hatte. Wie Sie sehen, habe ich es nicht weit gebracht. Ich halte hier immer noch die Stellung.« Wieder musste ich schmunzeln, ich liebte den britischen Humor und die damit oft verbundenen selbstironischen Spitzen. »Was wollen Sie denn von Howard? Sie sind doch aus Deutschland, oder?«, fragte er nun neugierig. Ich erklärte ihm, dass ich eigentlich diese deutsche Frau von damals suchte. »Aha. Ja, nun, ähm …«, überlegte er. »Also, die beiden sind damals hier weggezogen, in die Blackdown Hills, zwei Stunden westlich von hier. Wissen Sie, Howard wurde Förster, als er aus der Armee entlassen wurde, und bekam dort in einem der Nationalparks einen Job, soweit ich mich erinnere, vielleicht sogar ein eigenes Revier. Ich war noch nie dort. Und Howard kam nur noch ab und zu hierher zurück. Zuletzt habe ich ihn bei der Beerdigung seiner Eltern gesehen, das ist schon eine Ewigkeit her … Mitte der Neunziger muss das gewesen sein.« Der auskunftsfreudige Nachbar gab mir den Tipp, ich solle einmal bei der Friedhofsverwaltung nachfragen. Vielleicht hätten die einen Hinweis auf die Adresse. Denn das Grab der Eltern existiere noch und werde von einem dort angestellten Gärtner gepflegt. Also müsse den ja auch jemand bezahlen. Das wisse er so genau, weil seine eigenen Eltern im Nachbargrab lägen. »Nachbarn im Leben und im Tod, ist das nicht was?!« Nachdem er mir den Weg zum Friedhof und die genaue Lage der Gräber beschrieben hatte, verabschiedete ich mich dankbar. Herr und Hund sahen mir nach, wie ich mich zu Fuß dahin aufmachte.

Ob ich einen solchen Recherchedurchbruch am Telefon oder per E-Mail geschafft hätte? Ich war froh, dass Roland mich vor Ort recherchieren ließ. Die Kosten für Vorortrecherchen werden verständlicherweise von den allermeisten Klienten gescheut. Aber Roland hatte eben nichts mehr zu verlieren.

Das kleine Verwaltungsbüro des Friedhofs befand sich in einem Gebäude der Stadtverwaltung in der Nähe des Friedhofs. Dort ging ich zuerst vorbei. Nach einigem Hin und Her mit der dortigen Angestellten schaute sie widerwillig in ihren Unterlagen nach. Sie hatte offensichtlich gar keine Lust, nun herumzukramen, zumal sie gar nicht sicher zu sein schien, ob sie mir irgendeine Information, sollte sie sie finden, überhaupt geben dürfte, und ihr Vorgesetzter sei gerade im Urlaub. Sie müsse jetzt ja wohl selbst entscheiden, und überhaupt. Sie bestätigte mir dann, dass die Eltern von Howard auf dem dortigen Friedhof beerdigt worden seien, auch, dass ein Angehöriger namens Howard die Pflege des Grabes beauftragt habe. Und dass dessen Adresse in den Blackdown Hills sei. Ihr rutschte der Name des Ortes heraus. Aber dann wurde sie immer stockender. Nein, die Adresse oder Telefonnummer wolle, dürfe, könne – sie suchte das adäquate Wort – sie nicht an mich herausgeben. »Was?!«, schoss es mir durch den Kopf. »So kurz vor dem Ziel, und diese Frau hält in Händen, was ich so dringend brauche, und rückt es nicht heraus?« Es half kein Bitten. Ich erzählte ihr sogar die ganze Geschichte, um ihr Herz zu erweichen. Aber sie blieb dabei. Die junge Frau wollte einfach keinen Fehler machen und fühlte sich so auf der sichereren Seite. Das musste ich auch akzeptieren. Es würde zwar mehr Aufwand bedeuten, aber ich würde die Adresse schon herausfinden, dessen war ich mir sicher. Dafür musste ich nur zwei Stunden weiter Richtung Westen reisen, was ich auch tat.

Die Blackdown Hills sind in England als »Area of Outstanding Natural Beauty« klassifiziert. Und tatsächlich erlebte ich die Landschaft im Vorbeifahren als so lieblich und grün und auch spannend mit den alten Steinbrücken und mittelalterlichen Baurelikten. Bei meinem Zielort handelte es sich um ein winziges Örtchen. Unter den wenigen Einwohnern müssten Howard und Corinna doch leicht aufzufinden sein, sagte ich mir beim Aussteigen. Als Erstes ging ich in das örtliche Pub in der Hoffnung, dort ein paar der Dorfältesten bei einem frühen Bier anzutreffen. Aber an diesem Vormittag war es ganz leer. Nicht einmal ein

Wirt war zu sehen. Also schlenderte ich ein wenig umher und wartete auf die nächste spontane Begegnung. Viel war auf den Straßen nicht los. Doch auf dem kleinen Dorfplatz sah ich eine ältere Frau, die sich gerade auf einer Bank in der Sonne ausruhte. Nachdem ich sie angesprochen hatte, zeigte sie ganz ohne Argwohn in Richtung einer Straße. Die solle ich bis ans Ende durchgehen. In der Nummer 22, da wohne Howard mit seiner Frau. »Aber ob die wohl noch da sind? Die wollten doch nach Exeter ziehen. Wissen Sie, hier auf dem Land gibt es ja keinen Arzt mehr, unser Lebensmittelladen hat auch vergangenes Jahr geschlossen«, beklagte sie sich. Wenig interessiert an einem weiteren Gespräch mit mir, fing sie an, in ihrer Tasche zu kramen.

Nun fing mein Herz an zu pochen. Weggezogen. Das wäre ja was. Dennoch schritt ich guten Mutes die Straße hinunter, leider gerade, als die Sonne von ein paar Regenwolken verdrängt wurde. An dem Haus mit der Nummer 22 angekommen, erwartete mich erneut ein liebevoll gepflegter Vorgarten. Das ockerfarbene Haus stand einzeln. Im großen Frontfenster hing das gläserne Fensterbild eines Flöte spielenden Engels. Darunter standen mehrere Orchideen. Ein heimeliger Anblick. Ich klingelte ohne weiteres Zögern. Nach nur wenigen Sekunden öffnete ein grün gekleideter, großer hagerer Mann, der mich grüßte und fragend anschaute. Als ich ihm kurz erklärte, warum ich vor ihm stand, brauchte er eine Weile, um die Situation zu begreifen. »Das ist doch schon so lange her!«, sagte er schließlich und bat mich herein. Es war Howard. »Es tut mir leid, Sie können nicht mit meiner Frau sprechen. Sie ist im Krankenhaus. Sie hatte schon den zweiten Schlaganfall dieses Jahr.« Tatsächlich, so erzählte er weiter, sei der Umzug in die nächstgrößere Stadt schon geplant. In nur zwei Monaten würden die beiden in eine Wohnung in einer Einrichtung für betreutes Wohnen ziehen. Das Haus sei schon verkauft. Kinder hätten sie nicht, sie müssten sich also um alles selbst kümmern. Howard schien aber zuversichtlich, denn Corinna sollte bald entlassen werden. Es gehe ihr schon viel besser. Sie habe auch keine Folgeschäden durch den Schlaganfall erlitten, sie sei nur sehr schwach. Als wir auf Roland zu sprechen kamen, blieb Howard sachlich. »Ja, ich wusste von ihm. Wie das Leben so spielt.« Ich bat ihn, Corinna Rolands Brief zu geben, wenn sie wieder zu Hause sei. Meine Mission in England war beendet, und ich machte mich auf den Heimweg.

Roland und Corinnas Geschichte war allerdings noch nicht zu Ende. Ein paar Wochen später erhielt ich erneut Post von Roland. Er hatte mir versprochen, sich bei mir zu melden, sobald er ein Lebenszeichen von Corinna erhalten würde. Als ich seinen Brief öffnete, fiel ein Foto heraus, das mich zum Lachen brachte. Es zeigte eine fein angezogene, akkurat frisierte zierliche ältere Frau mit knielangem grün-blau-kariertem Rock und Blazer. Um ihren Hals lag eine helle Perlenkette. Corinna saß auf der Gartenbank vor ihrem Haus, mit dem gläsernen Engel im Rücken und den roten Stöckelschuhen an ihren Füßen.

Das Leben ist schön!

ERBENSUCHEN
Einleitung

Die Erbensuche ist ein ganz eigener Berufszweig. Wenn ich Erben suche, fühlt es sich ein bisschen so an, wie es sich für einen Architekten anfühlen muss, der plötzlich anfängt, über die Terrasse den Garten mitzuplanen. Oder für einen Friseur, der über die Haarfarbe plötzlich eine Farbtypberatung macht. Können kann ich das schon. Aber eigentlich ist »Erbenermittler« ein eigener Beruf. Der Grund, warum ich nicht als klassische Erbenermittlerin arbeite, ist, dass ich dem Berufsstand kritisch gegenüberstehe. Warum? Der Erbenermittler wird nicht von dem bezahlt, der ihn beauftragt. Zum Beispiel von Nachlasspflegern, die mit der Erbenermittlung manchmal überfordert sind. In vielen Fällen wird sogar ganz ohne Auftrag gearbeitet, indem online im Bundesanzeiger nach herrenlosen, werthaltigen Nachlässen gesucht und dann losgelegt wird. Der Erbenermittler erhält sein Geld von den gefundenen Erben. Bis 25 Prozent der Erbsumme!

Die Erben erwartet also eine gute und eine schlechte Nachricht, wenn der Erbenermittler sich meldet. Die gute ist, es gibt eine unerwartete Erbschaft, die schlechte ist, wenn man das Erbe antreten möchte, hat man keine andere Wahl, als die Honorarvereinbarung zu unterschreiben, die einem der Erbenermittler vorlegt. Mitspracherecht: keines. Wahlfreiheit des Anbieters: nein. Und: keine Unterschrift – kein Erbe.

Und obwohl ich nicht als klassische Erbenermittlerin arbeite, haben aber doch vier Geschichten ihren Weg in das Buch gefunden, die Erben als Thema haben. Doch es musste hier keiner eine Honorarvereinbarung unterschreiben, um an sein Eigentum zu gelangen.

14. KAPITEL

Der Ring

Alle meine Aufträge führen mich in die Vergangenheit. Denn dort liegt der Schlüssel zu den Geheimnissen der Gegenwart. Für meine Klienten begebe ich mich deshalb jedes Mal auf eine Zeitreise.

Auch meine Klientin Martina konfrontierte mich einmal wieder mit der deutschen Vergangenheit. Als sie mich an einem Sommertag anrief, war es erst halb acht Uhr morgens. Ungewöhnlich früh saß ich bereits am Schreibtisch, weil mich die Vögel vor meiner üblichen Zeit geweckt hatten. Voller Elan nahm ich den Hörer ab. Eine quirlige Stimme entschuldigte sich für den frühen Anruf. »Haben Sie einen Moment Zeit?«, erkundigte Martina sich vorsichtig. Sie sei Lehrerin, lebe in Düsseldorf, und noch vor Schulbeginn wolle sie etwas erledigen, was ihr unter den Nägeln brenne. Erst gestern habe sie mich ausfindig gemacht und hoffe, ich sei die Richtige für ihr Anliegen. Ich war gespannt und zückte meinen Notizblock. »Tante Clara ist vor ein paar Monaten verstorben«, begann Martina. Sie stockte, und ich hörte sie deutlich schlucken, bevor sie weitererzählte. Ihre Tante sei 97 Jahre alt geworden. Sie habe ein bewegtes Leben geführt, sei viel und weit gereist. Und mit ihrem Buchladen, den sie jahrzehntelang im Frankfurter Westend geführte habe, sei sie wie eins gewesen. Dort habe sie sie auch oft besucht und ganze Nachmittage lang mit ihr verbracht. »Aber das führt jetzt zu weit«, bremste sie sich selbst. »Tante Claras Mann, mein Onkel, war nie aus dem Krieg zurückgekehrt. Sie hatten keine Kinder. Unser Vater, ihr Bruder, ist schon lange tot. Nun sind mein Bruder und ich ihre Erben«, sprach sie schnell. »Wir haben diesen Brief in ihrem Schrank gefunden, mit einem Ring, versteckt hinter einem Stapel Wäsche ...«, wollte sie gerade weitererzählen, als ich im Hintergrund eine Schulglocke läuten hörte. Martina hatte sich in der Zeit verschätzt. Sie musste los. Hektisch entschuldigte sie sich und kündigte einen zweiten Anruf an. »Nein, doch besser ein Treffen! Nächste Woche!« Und weg war sie.

Als Martina tatsächlich in der kommenden Woche in mein Büro kam, war sie weitaus ruhiger. In Birkenstock-Sandalen und einem weiten dunkelgrünen Leinenkleid wirkte sie jünger als eine Frau, die sich kurz vor dem beruflichen Ruhestand befand. Ein Leben lang habe sie am Gymnasium Geschichte unterrichtet, erzählte sie und fuhr sich dabei mehrfach durch die hennarot gefärbten Haare. Und jetzt so etwas ...

Schon ratterte in meinem Hinterkopf eine Art parallel laufende Suchmaschine und warf eine Reihe von Ergebnissen aus, worum es sich handeln könnte: Nationalsozialismus, Verfolgung, Holocaust, Klärung der Rolle des Vaters, Familiengeheimnis, Enteignung. Aufgrund meiner langjährigen Erfahrung erkenne ich manchmal intuitiv, worauf mein Gesprächspartner hinauswill. Und ich lag mit meinen Vermutungen richtig.

»Über die Vergangenheit wurde in unserer Familie immer sehr wenig gesprochen«, führte Martina weiter aus. Und bis zum Tod ihrer geliebten Tante schon gleich gar nicht über die Zeit des Nationalsozialismus. Immer wenn Martina dazu angesetzt hatte, winkten alle ab. Das sei vorbei. Und überhaupt: In ihrer Familie gebe es dazu nicht viel zu erzählen, hieß es. Auch Tante Clara hielt sich bedeckt. Selbst als Martina auf eigene Faust herausfand, dass ihr Vater Mitglied der NSDAP gewesen war, wurde das kleingeredet. Schließlich habe er nur so seine Arbeitsstelle als Beamter behalten und die Familie versorgen können. Also ließ sie sich mit lauen Erklärungen und Beschwichtigungen abwimmeln und schaute woandershin.

Martina war sich sicher, dass die ignorante Haltung ihrer Familie der Grund für ihre Berufswahl war. Als Historikerin hatte sich Martina jahrelang sehr umfangreich mit dem Dritten Reich beschäftigt: mit tragischen Schicksalen von einzelnen Menschen und mit abstrakten Zahlen. Zeitgeschichte gehörte schon im Studium zu ihren Hauptinteressen, und auch heute, in ihrem Geschichtsunterricht, war der Nationalsozialismus ihr wichtigstes Thema. Sie raffte den Stoff ihres Kleides und wechselte schwungvoll die Richtung ihrer übereinandergeschlagenen Beine.

Um mir einen besseren Eindruck ihrer Tante zu vermitteln, erzählte sie erst einmal ausführlich von deren Leben, ohne auf den Punkt zu kommen. Oder musste sie vorher noch einmal alles in sich ordnen, chronologisch überblicken? Die »zähe« Tante Clara war Geschäftsfrau und den feinen Künsten zugetan. Sie sei feingliedrig und schmal gewesen und, schon seit Martina sich erinnern konnte, grauhaarig. Besonders fröhlich hatte Martina sie nie erlebt. Dass ihr Mann im Krieg gestorben war, hatte sie wohl nie verwunden. Denn einen neuen Lebensgefährten gab es zu keiner Zeit. Weil sie keine eigenen Kinder hatte, tat Clara alles für die Familie ihres Bruders, Martinas Vater. Die Geschwister standen sich ihr ganzes Leben lang sehr nahe. Und Tante Clara gehörte wie selbstverständlich zur Familie. Nachdem ihr Bruder schon im Alter von 50 Jahren gestorben war, griff sie Martinas Mutter tatkräftig unter die Arme. »Wir haben sie alle sehr gemocht«, sagte Martina leise. Die Trauer schien sie wieder einzuholen. »Doch in ihren letzten Lebensjahren war sie von schmerzhafter Arthritis geplagt und wollte einfach nicht mehr leben. Und so begann ihr selbstbestimmter Abschied«, erzählte sie weiter. Ein paar Monate vor ihrem 97. Geburtstag kam sie nach Weihnachten in ein Pflegeheim, wo sie das Essen und Trinken verweigerte. Entsprechend ihrer Patientenverfügung wurde sie nicht zwangsernährt und verstarb. »Zum Glück war ich bei ihr, als sie starb, und konnte ihre Hand halten«, tröstete sich Martina und hielt sich für kurze Zeit die Handflächen über das Gesicht. Sie hatte die Situation so eindrücklich beschrieben, dass ich spontan selbst ganz traurig wurde. Dennoch fragte ich mich, was Martinas Anliegen war und warum sie hier war. Das dachte ich wahrscheinlich so laut, dass sie tatsächlich antwortete: »Der Brief, der Ring, Sie erinnern sich?«, und schließlich in ihrer Tasche kramte. Sie legte einen uralten geöffneten Umschlag mit amerikanischer Briefmarke auf den Tisch vor mich. Ich nahm ihn und ließ den Gegenstand, der sich darin befand, in meine Hand fallen. Ich staunte: ein wunderschön verarbeiteter Goldring mit einem runden Rubin. Dabei lag ein Brief. Die Schrift war schwer zu lesen. Das Datum zeigte den 9. Mai 1948.

»Der Brief stammt aus New York von einer Margarete. Mein Bruder und ich konnten ihn erst nicht entziffern, weil er in altdeutscher Schrift geschrieben ist. Doch dann haben wir einen alten Bekannten meines Bruders gebeten, ihn uns vorzulesen. Wir staunten nicht schlecht«, kam Martina nun in Fahrt. Margarete bedankte sich in dem Brief herzlichst bei ihrer Nachbarin Clara dafür, dass sie ihr 1937 geholfen habe, Nazideutschland zu verlassen. Auf welche Weise erwähnte sie nicht. Als Dank dafür sei der Ring gedacht, ein Teil des kostbaren Familienschmucks, den Margarete als Einziges des gesamten Besitzes ihrer Familie damals wohl aus dem Land schmuggeln konnte.

Ich saß mit offenem Mund vor Martina. »Und weder Tante Clara noch Ihr Vater haben je davon gesprochen?«, fragte ich noch immer verblüfft. Martina schüttelte den Kopf. »Sie meinen,

Ihr Vater hatte keine Ahnung von der Hilfsaktion seiner Schwester?«, fragte ich ungläubig weiter.

»Es war wohl ihr großes stilles Geheimnis«, antwortete sie und ließ sich in den Sessel sinken.

Eine interessante und schöne Geschichte. Aber ich wusste immer noch nicht, bei was ich ihr helfen sollte. Endlich beugte sich Martina wieder zu mir und kam zum Punkt: »Wir, mein Bruder und ich, finden, dass der Ring wieder seinen Platz im Familienschmuck von Margaretes Nachfahren einnehmen soll. Wir wollen ihn zurückgeben, verstehen Sie?«

Aha. Da kam also ich ins Spiel: »Und Sie wollen, dass ich die Familie finde, nicht wahr?«

»Genau. Das Problem ist nur: Auf dem Umschlag steht keine Absenderadresse, nur der Name.« Wieder einmal so ein Name mit einem tückischen Umlaut, der mir das Suchen für gewöhnlich erschwert. Hier also mit ue. Aber vielleicht schrieb sich die Familie früher, als sie noch in Deutschland lebte, ja mit ü und nicht mit ue? In Gedanken legte ich mich sofort ins Zeug. Wir hatten die Adresse der Tante, gut. Margarete war eine ehemalige Nachbarin. Doch was sollte das heißen? Dass beide im selben Haus wohnten? Wand an Wand gar? Oder in derselben Straße? Oder im Viertel? »Das lässt sich herausfinden«, stellte ich meiner neuen Klientin gleich in Aussicht.

Suchen, die mich weit in die Vergangenheit zurückführen, faszinieren mich besonders. Denn dann wird Geschichte, von der man sonst nur liest oder etwas darüber im Fernsehen sieht, lebendig und greifbar. Als ich im Frankfurter Stadtarchiv die Adressbücher von 1935 bis 1938 durchforstete, fand ich schnell, wonach ich suchte: Margarete war im selben Haus verzeichnet wie Clara. Bingo! Und sofort stellte ich mir vor, wie sich die Situation damals wohl dargestellt hatte. Es musste doch eine richtige Herausforderung für Clara gewesen sein, ohne das Wissen ihres Mannes ihrer Nachbarin zu helfen. Oder hatte er vielleicht davon gewusst und, wie sie, niemandem davon erzählt? Und welche Möglichkeiten hatte sie gehabt selbstständig zu helfen? Wie hatte Clara überhaupt geholfen? Gemeinsam mit dem Archivar, der mir die Bücher gebracht hatte, grübelte ich über diese Fragen. Clara hatte ja den Buchladen und damit ein Gewerbe angemeldet. Vielleicht hatte Clara Margarete zum Schein den Auftrag gegeben, einen Autor in New York zu besuchen und ihn zu einer Lesung zu bewegen oder dort Kontakt zu einem Verlag aufzunehmen, wer weiß? Auf diese Weise wäre Margarete sozusagen eine Geschäftsreisende gewesen und kein Flüchtling. Oder hatte Claras Mann, der, bevor er an die Front musste, bei einer Verwaltungsbehörde beschäftigt war, eine Möglichkeit gehabt, Papiere für Margarete zu besorgen? Wir vermuten aber eher, dass er nicht mit eingeweiht gewesen war. Denn der Dankesbrief war ja einzig an Clara adressiert. Erst wenn ich die Familie in den USA aufgespürt hatte, würden wir der Wahrheit näher kommen.

Um herauszufinden, ob Margarete verheiratet gewesen war, ob sie alleine oder mit Kindern ausgereist war, musste ich noch tiefer im Archiv wühlen. Die Meldekartei von damals würde mir Margaretes Geburtsdatum verraten und ob der uns bekannte Nachname gebürtig oder angeheiratet war. Doch das musste noch warten. Der entsprechende Mikrofiche musste erst herausgesucht werden. Auf dem Rückweg vom Archiv machte ich einen kleinen Umweg in die Straße, in der Clara und Margarete damals gelebt hatten. Sie war nicht weit entfernt, und ein kleiner Spaziergang tat mir nach dem Vormittag im staubigen Archiv gut. Ich war neugierig und wollte mir das Haus anschauen, mich auch bildlich zurückversetzen. Ich stand schließlich vor dem schön renovierten dreistöckigen Altbau. Hier waren die beiden jungen

Frauen also täglich ein und aus gegangen. Mein Blick fiel auf einen Stolperstein auf dem Gehweg direkt vor dem Haus. Es lief mir kalt den Rücken hinunter. Offensichtlich war Margarete damals nicht die einzige Jüdin gewesen, die in dem Haus gewohnt hatte. Das Mahnmal verwies auf eine vierköpfige jüdische Familie, deren Mitglieder 1939 allesamt von den Nationalsozialisten in das Konzentrationslager Dachau deportiert worden waren.

Eine Woche später konnte ich Margaretes Meldedaten endlich sichten: geboren am 21. März 1915 in Offenbach. Sie war zum letzten Meldedatum alleinstehend gewesen, was auch damals im Alter von 22 Jahren nicht allzu außergewöhnlich war.

Meiner Klientin Martina machten diese ersten Informationen Hoffnung: »Das ist ja schon mal ein guter Ausgangspunkt«, stimmte sie mir am Telefon zu, als ich berichtete. So sah ich das auch. Doch warfen die Datenbanken in den USA auf den ersten Blick keine Margarete mit ihrem uns bekannten Mädchennamen aus – weder mit ue noch mit ü. Ich musste meine Quellen also noch gründlicher durchforsten. Irgendwann stieß ich, fast zufällig, auf einen Hinweis. Eine sechs Jahre alte Todesanzeige sowie ein Nachruf in einem Zeitungsarchiv verwiesen auf die hinterbliebene Ehefrau eines bekannten New Yorker Psychotherapeuten. In beiden Quellen war eine Margarete dieses Namens genannt. Das Alter kam hin. Die dort genannte Margarete hatte drei Jahre nach dem Ausreisedatum unserer Gesuchten in New York geheiratet. In der Datenbank für Ahnenforscher fand ich schließlich mit ihrem Ehenamen einen alten Adressbucheintrag.

Die Adresse war zwar schon sehr alt, trotzdem berichtete ich Martina sofort davon. Sie war entzückt und siegessicher: »Wunderbar! Jetzt haben wir sie gefunden!« Doch ich bremste sie. Ich wusste aus Erfahrung, dass eine alte Adresse nicht bedeutete, dass sie dort tatsächlich noch wohnte, geschweige denn dass sie überhaupt noch lebte, schließlich musste sie ja weit über 90 sein. Und was, wenn es sich gar nicht um *unsere* Margarete handelte? Einen Telefonbucheintrag unter ihrem Namen konnte ich nicht finden. Aber das hieß nichts. Viele Menschen veröffentlichen ihre Telefonnummer nicht. Um herauszufinden, ob Margarete noch an dieser Adresse wohnte, blieb mir fürs Erste nur der Postweg. Gemeinsam mit Martina formulierte ich einen freundlichen Brief an die alte Dame, in dem wir unser Anliegen schilderten. Ich steckte den Brief mit einem Stoßgebet in den Briefkasten. »Hoffentlich ist es die Richtige! Hoffentlich meldet sie sich!« Ich glaube, Martina war ebenso klar wie mir, dass die Wahrscheinlichkeit, dass dieser Brief Margarete erreichte, unter 50 Prozent lag. Doch eine weitere Spur hatte ich nicht.

Nun begann ein langes Warten. Selbst wenn Margarete noch lebte, war keine schnelle Antwort, schon gleich gar nicht per E-Mail oder Telefon, zu erwarten. Also hoffte ich und wandte mich anderen Recherchen zu.

Als ich aber nach vier Wochen immer noch keine Reaktion auf unseren Brief erhalten hatte, schwand die Hoffnung. Doch es eröffnete sich ein anderer Weg. Da ich wegen einer Suche für *Die Aufspürerin* eine Reise in die USA plante, bot ich Martina an, mit dem Ring im Gepäck Margarete vor Ort zu suchen und eventuell Verwandte ausfindig zu machen. Sollte ich damit Erfolg haben, war ich damit beauftragt, den Ring zu übergeben. Wenn ich mit meinen Recherchen in Archiven und Verzeichnissen an Grenzen stoße, komme ich oft auf persönlichem Wege weiter.

Martina war froh darüber, dass ich ihr eine weitere Möglichkeit aufzeigte, Margarete zu finden. Wir waren schon so weit gekommen! Undenkbar, jetzt aufzugeben. Zwei Wochen später stand ich vor dem »doorman«, also dem Pförtner, wie es sie in vielen Wohnhäusern Manhattans gibt, des 25-stöckigen Apartmentgebäudes in der 67. Straße. Er wollte mir erst gar keine Auskunft geben. Verständlich und auch professionell, dass er nicht über die Bewohner sprechen wollte. Doch während ich versuchte, ihm verständlich zu machen, worum es mir ging, blieb eine mit Einkaufstaschen beladene Frau neben mir stehen, die gerade nach Hause kam und das Gespräch aufgeschnappt hatte. Sie lächelte mich freundlich an und bat mich zur Seite. Sie stellte sich als Pamela vor und sagte mir, dass sie Margarete und sogar noch deren Mann gekannt hatte. »Fast jeder hier im Haus kannte sie, schließlich war Margaretes Mann eine Koryphäe auf seinem Gebiet, hatte mehrere Bücher geschrieben und war deshalb eine Art Berühmtheit«, erzählte sie. Doch leider war nicht nur der Psychoanalytiker schon seit einigen Jahren tot, sondern auch Margarete war vor Kurzem gestorben. »Ach«, stöhnte ich enttäuscht und war frustriert. Ich erzählte Pamela die ganze Geschichte. Wie merkwürdig die Situation war, wie ich da stand, in der Halle, zwischen »doorman« und Fahrstuhl und Pamela mit ihren Einkaufstüten, wurde mir erst im Nachhinein bewusst. In dem Moment kam es uns beiden wie das Normalste der Welt vor. Pamela war tief berührt, als sie den Grund der Suche erfuhr. Sie war selbst Jüdin. Und sie wusste auch sofort weiter: ein Sohn. Margarete und ihr Mann hatten einen Sohn! »Michael müsste jetzt auch schon um die 70 Jahre alt sein«, mutmaßte Pamela, die selbst gerade erst 50 geworden war, wie sie nebenbei erwähnte. Getroffen habe sie Michael persönlich nie, aber Margarete hatte wohl immer wieder von ihm erzählt. Sie überlegte. Brooklyn, ja, sie erinnere sich jetzt genau: Michael lebe in Brooklyn. Er sei, genauso wie sein Vater, Psychoanalytiker. »Der müsste doch einfach zu finden sein«, ermutigte sie mich. Ich tänzelte fast von dannen, so froh war ich über meine Begegnung mit Pamela.

Es lag ein anstrengender Drehtag hinter uns. Der Filmemacher der *Aufspürerin* wollte noch etwas spazieren gehen und dann früh schlafen gehen. Ich wäre gerne auch spazieren gegangen. Vor vielen Jahren hatte ich ein Jahr in dieser Stadt gelebt. Ich war neugierig, wie sie sich verändert hatte. Doch jetzt gab es anderes zu tun. Ich war trotz Jetlag hellwach. Auf dem Tisch vor mir lag ein Block mit dem Werbelogo des Hotels, in dem wir untergebracht waren. Die Seite war leer, bis auf die Rufnummer von Michael. Ich fand sie tatsächlich online im Telefonbuch. Ich versuchte, mich zu sammeln, so gut es ging. Jetzt durfte nichts schiefgehen. Viele Menschen legen gleich auf, wenn man ihnen erzählt, man rufe sie wegen eines verstorbenen Verwandten an. Sie befürchten, jemand wolle sie betrügen. Als ich eine ruhige Männerstimme durch den Telefonhörer vernahm, versagte meine Stimme, nach einem Räuspern war sie wieder da: »Ich suche eine in Deutschland geborene Frau Namens Margarete, die Freundin von Clara. Sind Sie ihr Sohn?«, sagte ich direkt, nachdem ich mich vorgestellt hatte.

Michael legte zum Glück nicht auf. Er antwortete verhalten und erkundigte sich, was ich genau wissen wollte, bevor er auf meine Frage Auskunft gab. Ich erklärte, dass ich von den Nachkommen einer alten Nachbarin von Margarete aus Deutschland beauftragt worden war, nach seiner Mutter zu suchen. Er bestätigte, dass seine Mutter aus Deutschland kam, und während er sprach, brach seine Stimme, unterbrochen von einem ständigen Räuspern, immer wieder ab. Offensichtlich versuchte er, Tränen zu unterdrücken, sein Kloß im Hals war deutlich zu hören. Kein Wunder. Ich fühlte mich sehr unwohl, ihn so unvorbereitet mit dem traurigen Schicksal seiner Vorfahren zu konfrontieren. »Dass es in Deutschland noch jemanden gibt, der sich für die Geschichte meiner Mutter interessiert«, sagte er mehr zu sich selbst als zu mir. Ich wusste nicht, was ich darauf erwidern sollte, und einfach zu schweigen war am Telefon keine Option. Deshalb war ich froh, als er ein Treffen anbot.

Auf Michaels Vorschlag hin verabredeten wir uns am nächsten

Tag zum Lunch in einem gemütlichen Diner ganz in der Nähe unseres Hotels. Ich hatte zwei Stunden Mittagspause, dann musste ich zum Drehen wieder zurück sein. Hoffentlich reichte die Zeit. Ich sollte Michael an seiner Kleidung erkennen: ein grüner Pullunder mit Rautenmuster, darunter ein beiges Hemd. Als ich an dem Fenster des Diners stand, winkte mir ein Mann mit gepflegtem Vollbart zu. Nach einer schnellen Bestellung saßen wir uns gegenüber. Die Chemie stimmte, und wir kamen schnell zur Sache. Ich erzählte ihm die ganze Geschichte von Martina und ihrem Bruder, von deren Tante Clara und dem Ring.

Er bestätigte mir, dass seine Mutter großes Glück gehabt habe, dass sie Nazideutschland noch rechtzeitig habe verlassen können, bevor auch sie mit Sicherheit deportiert und vielleicht auch umgebracht worden wäre. Das habe sie einzig Clara zu verdanken gehabt, die nicht nur eine Nachbarin, sondern auch ihre Freundin gewesen sei. Clara nämlich hatte sie mit dem Auftrag nach New York geschickt, Verhandlungen mit einem Verlag zu führen. Man gab vor, es handele sich um die Übersetzung eines von ihr verfassten Buches. Dass Margarete damals mit so viel Schmuck, einem Großteil des Familienschmucks, um den Hals, an Armgelenken und an den Fingern ausreiste, schien am Flughafen niemandem aufgefallen zu sein. »Wahrscheinlich hatte sie sich extra schick dafür gemacht, um den Anschein einer wohlhabenden Geschäftsfrau abzugeben«, mutmaßte Michael.

Clara und ihr Mann – er hatte also doch davon gewusst – hatten Margaretes Reise bezahlt. Margarete hatte ihre gesamte Familie zurücklassen müssen. Und soweit Michael wusste, wurden seine Großeltern sowie sein Onkel und dessen Familie, einfach alle anderen Familienmitglieder, von den Nazis in Konzentrationslagern in Polen umgebracht. Als er das ausgesprochen hatte, blickten wir beide eine ganze Weile nur stumm auf unsere Teller vor uns.

Am Ende unseres Gesprächs schaute Michael mich lange an und wirkte so, als wäge er eine Idee ab. Schließlich sprach er es aus: »Martina ist herzlich zur Hochzeit meiner Enkelin Stella eingeladen, die im kommenden Mai stattfinden wird. Bei dieser Gelegenheit kann sie ihr den Ring geben. Sie soll ihn haben. Er soll ihr Glück bringen.«

So kam es, dass der Ring seinen Weg noch zwei Mal über den Atlantik nahm. Martina flog tatsächlich nach New York und übergab der Urenkelin Margaretes vor deren Hochzeit den Rubinring. Er stand für die beiden Familien als Symbol für Rettung, aber auch für Zivilcourage und nicht zuletzt für Menschlichkeit. Stella trägt seither diesen Ring als ihren Ehering.

15. KAPITEL

Einmal um die ganze Welt

Post von einer Stadtverwaltung in Rheinland-Pfalz? »Hatte ich dort einen Suchauftrag laufen?«, wunderte ich mich. Denn die meisten behördlichen Briefe, die ich tagtäglich erhalte, sind Antworten auf Anfragen, die ich zu gesuchten Personen gestellt habe. Doch in diesem Fall war es andersherum. Die Beamtin einer Kleinstadt aus dem Hunsrück schrieb mir, um mich mit einer Suche zu beauftragen. Perspektivenwechsel. Das klang interessant. Auch ging es hier nicht um ein persönliches Anliegen, sondern um Geld, genauer gesagt um eine städtische Kiesgrube. Die Stadtverwaltung hatte beschlossen, diese Grube zu erweitern. Doch nun stand sie vor einem Problem: Das angrenzende Grundstück war in privaten Händen. Gerade wollte man mit der Eigentümerin diesbezüglich in Verhandlungen treten, wurde das Problem größer, denn noch bevor es zu einem Kaufvertrag kommen konnte, verstarb sie. Und nun war die Stadt auf der Suche nach ihren Erben, mit denen sie weiterverhandeln wollte. Doch die waren nirgends aufzufinden. Dabei drängte die Zeit. In Kürze schon würde man an die Grenze des bisher ausgewiesenen Abbaugebietes stoßen. Und was dann? Man könne das Kieswerk doch nicht einfach stilllegen. Arbeitsplätze hingen daran, und der Stadt würden wichtige Einnahmen verloren gehen, erklärte mir die Beamtin. Man vermute die Erben im Ausland. Aber keiner wisse genau, wo. Ob ich sie finden könne?

Das wollte ich gerne versuchen, doch erst einmal brauchte ich weitere Informationen. Also rief ich die Beamtin an, von der ich den Brief erhalten hatte. Sie war hocherfreut, so schnell von mir zu hören, und ich bat sie, mir die Situation genauer zu schildern.

»Also, das ist so: Margarete war über 90 Jahre alt, als sie starb. Sie lebte in einem ehemaligen Bauernhaus in einem eingemeindeten Dorf, nur wenige Kilometer von der Stadt entfernt. Das mehrere Hektar große Grundstück, um das es uns geht, hatte ihr Großvater einst als Landwirt bestellt. Seit vielen Jahren liegt das Land jedoch brach. Margaretes Mann war Lehrer, ich glaube, für Geschichte und Deutsch, hier bei uns am Gymnasium. Die beiden lebten zwar schon immer auf dem Hof, gaben die Landwirtschaft nach dem Tod von Margaretes Eltern aber auf. Nur auf einem Teil, einer großen Streuobstwiese, haben die beiden Jahr für Jahr noch die Äpfel ernten und zu Most verarbeiten lassen. Und einen großen Nutzgarten am Haus bewirtschafteten sie auch. Wissen Sie, die waren schon früh auf bio eingestellt. Sie haben sogar ein paar Ziegen gehalten. Ich glaube, ihr Traum war eine eigene kleine Käserei. Na ja, aber das führt jetzt wahrscheinlich zu weit«, lachte sie kurz auf. »Leider hatten die beiden keine Kinder. Ich glaube, darunter haben sie sehr gelitten. Vincent, Margaretes Mann, ist früh gestorben, ich glaube, er war erst 65 Jahre alt. Aber sie hatten zwei Neffen, die Söhne von Margaretes Schwester, die ebenfalls schon tot ist. Die beiden Neffen sind nach dem Abitur, einer nach dem anderen, nach Kanada gegangen, erst Christian, dann Robert. Eigentlich wollten sie nur ihren Onkel besuchen, den Bruder ihres Vaters, der schon in den 60er-Jahren nach Montreal ausgewandert war. Sie wollten dort wohl ein paar Monate jobben. Doch dann sind beide einfach dortgeblieben. So hat es mir meine Tochter erzählt, die mit dem Jüngeren der beiden eng befreundet war. In den ersten Jahren sind sie wohl immer wieder zu Besuch nach Hause gekommen. Aber irgendwann sah man sie im Dorf nicht mehr, und keiner wusste, warum. Auf jeden Fall sind wir auf der Suche nach den Neffen, denn denen gehört ja nun alles.«

Ich hatte ihr aufmerksam zugehört, aber keinen konkreten Hinweis entdeckt, wo genau ich meine Suche ansetzen könnte. »Haben Sie eine Adresse in Kanada?«, fragte ich nach.

»Wir kennen nur den Namen des ausgewanderten Onkels. Den kannte noch der Sohn von Margaretes Nachbarin. Sonst wissen wir einfach nichts. Es gibt auch keine weiteren Verwandten mehr hier.«

Das klang sehr dürftig. Gut, ich hatte die Namen der beiden Neffen und den des Onkels, das war schon mal was. »In Ordnung, ich übernehme den Auftrag und werde mich zuerst einmal auf die Suche nach dem älteren der beiden Brüder, also Christian, machen. Der weiß dann vielleicht auch, wo sich sein jüngerer Bruder aufhält. Vielleicht leben sie ja sogar in derselben Stadt.«

»Ja, aber Sie wissen, dass wir für einen Kaufvertrag beide Erben brauchen. Einer allein kann das Grundstück nicht veräußern«, mahnte mich die Beamtin und wünschte mir noch viel Glück.

Die Telefonnummer des Onkels herauszufinden war nicht allzu schwierig. Es gab den Namen nur einmal im Telefonverzeichnis von Montreal. Doch mein Telefonat mit ihm war umso schwieriger. Ich erreichte ihn gleich bei meinem ersten Anruf. Allerdings sprach er ein Deutsch mit so einer seltsamen französischen Einfärbung, dass ich mich auf jedes einzelne Wort konzentrieren musste, um ihm folgen zu können. Manchmal streute er auch englische Wörter in die Sätze. Etwa eine Dreiviertelstunde lang erzählte er mir so von seinem Leben, dass er immer alleinstehend gewesen sei, dass er so gerne eine Familie gehabt hätte, dass es aber schön gewesen sei, dass seine Neffen eine Zeit lang bei ihm gewohnt hätten. Denn das Haus sei ja sehr groß, und er sei ja sehr erfolgreich gewesen mit seiner Bäckerei und so weiter. Es fiel mir schwer, ihn immer wieder zum Punkt zu bringen, dahin, wo denn seine Neffen mittlerweile lebten, was aus ihnen geworden sei. Immer wieder schweifte er ab und kam auf sich selbst zurück. Auch schien ihn Heimweh nach Deutschland zu plagen. Dass er mich deutsch sprechen hörte, versetzte ihn wohl in Wehmut. Er muss zum Zeitpunkt meines Anrufs schon sehr alt gewesen sein. Er wiederholte sich häufig oder verlor den Faden. Dann war er wieder ganz klar. Vielleicht rief ihn selten jemand an, vielleicht hatte er niemanden zum Reden? Aber er hatte auch von einer Pflegerin erzählt, die täglich vorbeikomme. Letztendlich konnte ich in diesem für mich sehr anstrengenden Gespräch nichts über den Verbleib der gesuchten Erben herausbekommen, außer dass sie tatsächlich vor vielen Jahren bei ihm gewesen waren. Darauf, dass er ihnen das Bäckerhandwerk nahebringen konnte, war er sichtlich stolz. Aber sie hätten sich nicht sehr gut verstanden, und nachdem sie ihre Einwanderungspapiere bekommen hätten, sei jeder seine eigenen Wege gegangen. Irgendwann habe er sie gänzlich aus den Augen verloren, erzählte mir der Onkel wehmütig. Als ich auflegte, war ich frustriert. Ich hatte mir natürlich nützliche Informationen von diesem Telefonat erhofft und saß nun immer noch mit nichts da. Als ich das Gespräch innerlich noch einmal durchging und meine Notizen las, kam mir die zündende Idee, dass die beiden ja vielleicht ihre eigene Bäckerei eröffnet haben könnten! Schon machte ich mich an die Recherche. Ich gab »Boulangerie allemande« in die Suchmaschine ein – zack, tatsächlich. Ich hatte sie wohl gefunden! Es handelte sich laut Website sogar um eine kleine Kette von Bäckereien. Ich wählte die Nummer, die im Impressum stand. Und staunte nicht schlecht, als sich tatsächlich ein Christian meldete. Der Mann am Telefon stellte sich als Geschäftsführer vor. Französisch mit deutschem Akzent. Bingo! Ach, wäre doch alles nur so einfach, dachte ich mir. Christian war mehr als erstaunt, als ich ihm den Grund meines Anrufs nannte.

»Meine Tante ist tot? Oh, das tut mir leid. Sie war sehr lieb, ich mochte sie gern, aber ich hatte jahrzehntelang keinen Kontakt zu ihr. Es war hier immer so viel zu tun, und dann hat es sich irgendwie verlaufen«, entschuldigte er sich fast bei mir. Er sprach jetzt deutsch.

»Ihre Tante hat Ihnen ihr Haus und das Grundstück vermacht, also Ihnen und Ihrem Bruder, um genauer zu sein.« Schweigen. »Sind Sie noch da?«

»Ja, klar, oh Mann, das ist ja was. Sagen Sie, können wir später noch einmal telefonieren? Hier ist gerade die Hölle los, Hauptstoßzeit. Bitte schicken Sie mir Ihren Kontakt, ich melde mich, sobald ich kann«, vertröstete er mich.

Das verstand ich natürlich. Ich war nun ja auch ganz entspannt, weil ich ihn gefunden hatte und meinem Ziel einen Riesenschritt näher gekommen war. Allerdings ahnte ich in diesem Moment nicht, dass ich trotzdem noch weit davon entfernt war und ich noch eine ganze Runde um den Globus würde drehen müssen.

Am nächsten Tag um die Mittagszeit klingelte mein Telefon. »Tut mir leid, dass ich erst jetzt anrufe, das ist wegen der Zeitverschiebung, ich wollte Sie nicht wecken.« Ich war dankbar für Christians rücksichtsvolles Verhalten. Sechs Stunden lagen zwischen uns, es musste frühmorgens bei ihm sein. »Also, jetzt noch einmal von vorn: Mein Bruder und ich haben Tante Margaretes Besitz geerbt?«

»Nicht alles, nur das Haus und ein Ackergrundstück. Ihr Geld hat sie wohl einem Kinderheim in ihrem Geburtsort vermacht.«

»Wow, das muss ja trotzdem ganz schön viel wert sein.«

»Ja, vor allem, weil die Stadt das Grundstück mit dem Acker dringend haben will und es Ihnen abkaufen möchte. Sie will die benachbarte Kiesgrube darauf erweitern. Deshalb rufe ich Sie an. Man sucht Sie, damit Sie das Erbe antreten und danach verkaufen können. Ich wurde beauftragt, Sie und Ihren Bruder ausfindig zu machen.«

»Ja, das ist so eine Sache mit meinem Bruder. Wir sind ja quasi gemeinsam vor vielen Jahren nach Kanada ausgewandert. Am Anfang waren wir ein Superteam, jung und abenteuerlustig. Wir jobbten bei unserem Onkel in der Backstube, und abends amüsierten wir uns. Mir machte die Arbeit total Spaß. Das hätte ich nie gedacht. Ich wollte eigentlich studieren. Doch je länger ich mich mit Brotbacken beschäftigte, umso interessanter wurde es für mich. Deshalb entschied ich mich, mich von meinem Onkel richtig ausbilden zu lassen, obwohl die Chemie zwischen uns nie so richtig gut war. Ich glaube, er wollte, dass ich bei ihm ins Geschäft einsteige. Ich wollte aber lieber meine eigenen Vorstellungen umsetzen und eröffnete die ›Boulangerie allemande‹. Ich war sehr zufrieden und auch stolz. Bald lernte ich auch Janet kennen. Eigentlich ging alles immer bergauf. Wir haben geheiratet und bekamen zwei Kinder. Wir sind glücklich. Das Geschäft läuft auch gut. Vor allem, seit wir es auf bio umgestellt haben.«

»Ah, Sie sind ja wie Ihre Tante und Ihr Onkel …«

»Ja, ich weiß, die haben früher schon immer von ›bio‹ gesprochen, ich erinnere mich.«

»Und was ist mit Ihrem Bruder?«, hakte ich nach.

»Um ehrlich zu sein: keine Ahnung! Wir haben schon seit etwa sechs oder sieben Jahren keinen Kontakt mehr. Es wurde mir einfach zu anstrengend.« Ich wurde hellhörig. Was war wohl mit Robert passiert? »Es fing eigentlich ganz harmlos an. Als wir früher zusammen ausgingen, mochte er es gerne wild, tanzen,

Alkohol, Frauen. Im Gegensatz zu mir fand er den Job in der Bäckerei blöd. Er wollte mehr sehen vom Land, reisen, etwas erleben. Also verabschiedete er sich erst einmal für ein paar Monate und tingelte von der Ost- zur Westküste und auch durch die USA. Als er wiederkam, war er nicht mehr derselbe. In Kalifornien ist er wohl mit Drogen in Berührung gekommen. Davon kam er nicht mehr los, denn zurück in Kanada, ging es damit weiter. Was genau er nahm, weiß ich nicht, aber ich habe ihn ständig high erlebt. Er war nicht mehr er selbst. Das war nicht schön. Irgendwie konnte er keinen Fuß fassen. Ich habe ihm angeboten, in der Bäckerei zu arbeiten. Das wollte er aber nicht. Und wahrscheinlich wäre es auch gar nicht gut gegangen. Ich glaube nicht, dass er auf Dauer regelmäßige Arbeitszeiten eingehalten hätte. Ich habe meinem Bruder mehr als einmal aus der Patsche geholfen, ihm Geld geliehen. Er hat auch immer wieder bei uns übernachtet, weil er ständig aus seinen Unterkünften geflogen ist. Und irgendwann hat es uns gereicht. Vor allem meine Frau hat sich Sorgen gemacht. Sie fürchtete, Robert könne einen schlechten Einfluss auf unsere Kinder haben. Ich gab ihr recht. Und so habe ich ihn eines Tages vor die Tür gesetzt. Er durfte nicht mehr zu uns kommen. Wir haben ihm auch kein Geld mehr gegeben. Es tat mir leid, aber wir mussten uns selbst schützen. Ab und zu habe ich ihn noch zum Essen in ein Restaurant eingeladen oder ihm Brot geschenkt. Er lebte damals mit einer Frau zusammen oder eher bei ihr. Ich glaube, sie hieß Amanda. Das ist schon so lange her. Wir verloren uns immer mehr aus den Augen, was mir nicht unrecht war. Es war doch eine große Belastung für mich, meinen Bruder so vor die Hunde gehen zu sehen. Und dann habe ich angefangen, ihn zu verdrängen.«

»Wissen Sie, wo er heute lebt?«

»Ich habe keine Ahnung. Ich weiß nur noch, dass die Wohnung von dieser Amanda sich über einem Liquor Store befand, also einem Laden, wo nur Alkohol verkauft wird. Ich frage meine Frau, ob sie sich noch an die Straße erinnern kann.«

An diesem Punkt wurde mir klar, dass die Recherche per Telefon schwierig werden würde. Ich brauchte sicher noch viele Gespräche, um in der Sache weiterzukommen. Die Internetrecherche gab hier nicht mehr viel her. Aber eine Reise nach Kanada zu finanzieren war sicher nicht im Budget meines Auftraggebers, da brauchte ich gar nicht erst fragen. Also blieb mir nichts Weiteres übrig, als von der Ferne aus mein Bestes zu geben.

Mein nächstes Gespräch mit Christian war ein paar Tage später über Skype vereinbart. Endlich konnte ich ihn auch sehen. Er war strohblond und hatte eine hellbraune rundliche Hornbrille auf. Seine Frau saß direkt neben ihm. Beide waren mir sehr sympathisch. Und tatsächlich hatte sie sich an die Adresse erinnern können, wo ihr Schwager bei seiner Freundin Amanda damals untergekommen war. Das war ein wichtiger konkreter Anhaltspunkt. Denn alle anderen Recherchen nach ihm in Telefonbüchern und sozialen Netzwerken waren ins Leere gelaufen. Robert schien wie vom Erdboden verschluckt.

Christian und seine Frau hatten aber eine Überraschung für mich: Sie waren auf eigene Faust zu der Adresse gefahren, um Amanda ausfindig zu machen. »Der Eigentümer des Liquor Store, Sie müssen sich ihn mit langen Haaren und tätowierten Armen vorstellen, begrüßte mich zuerst freundlich, wurde aber etwas grimmig, als ich ihn nach Robert beziehungsweise Amanda fragte und ihm ein Foto zeigte«, erzählte er. »›Warum wollen Sie wissen, wo sie sind? Sind Sie von der Polizei?‹ Der war vielleicht misstrauisch. Ich beruhigte ihn, dass das nicht der Fall sei, sondern erklärte ihm, dass ich Roberts Bruder sei und ihn suchte, weil er eine nicht unbeträchtliche Erbschaft antreten könne.« Christian und seine Frau schauten sich an und grinsten. »Da hellte sich sein Gesicht auf. ›Ja, wenn das so ist … Dann könnte er ja vielleicht auch die Schulden, die er bei mir hat, endlich bezahlen …‹ Und schon war er viel gesprächiger. Er habe Robert schon ewig nicht mehr gesehen. Und Amanda sei schon lange umgezogen. Aber eine Freundin von ihr komme manchmal bei ihm einkaufen. Vielleicht könnte er über sie einen Kontakt zu Amanda herstellen, dachte er laut nach. Und jetzt kommt's.« Christian lehnte sich so weit vor, dass sein Kopf nun den ganzen Monitor einnahm. »Zwei Tage später, also gestern, rief er mich tatsächlich an … Tataa! Mit Amandas Telefonnummer.« Ich hatte offensichtlich sehr kompetente Recherchehelfer in Kanada. »Aber damit würde ich jetzt wieder gerne an Sie übergeben, denn ich muss mich auf mein Geschäft konzentrieren«, sagte Christian nun höflich.

»Aber sicher! Tausend Dank für Ihre Hilfe!«, verabschiedete ich mich.

»Ich wünsche Ihnen viel Erfolg. Wir können das Geld aus der Erbschaft gut gebrauchen. Aber ohne Roberts Unterschrift wird es nicht ausgezahlt werden.« Ich war nun doppelt motiviert, Robert zu finden.

Ich musste viele Male bei Amanda anrufen, bevor ich sie erreichte. Ständig sprang ihr Anrufbeantworter an. Und obwohl ich eine Nachricht hinterlassen hatte, bekam ich nie einen Rückruf. Also versuchte ich es weiter. Tagelang. Doch endlich hatte meine Hartnäckigkeit Erfolg. Als ich Amanda in der Leitung hatte, hatte ich große Hoffnung, über sie herauszufinden, wo sich Robert aufhielt. Doch die zerplatzte wie ein Luftballon: »Ich habe keine Ahnung, wo Rob ist«, sagte sie fast gelangweilt. »Ich habe ihn schon ewig nicht mehr gesehen. Ganz ehrlich: Ich habe ihn damals, als ich mich von ihm getrennt habe, auch gebeten, mich nie wieder anzurufen. Daran hat er sich gehalten. Wissen

Sie, er war ständig high oder mindestens betrunken. Am Anfang habe ich geglaubt, dass ich ihn retten könnte, weil ich offensichtlich so ein Helfersyndrom habe. Ich habe nicht umsonst Sozialpädagogik studiert. Aber nach einiger Zeit wurde mir klar, dass ich mich eher selbst retten musste. Rob hing nur noch untätig in meiner Wohnung herum und konnte sich an keine Absprachen halten. Irgendwann wollte ich ihn nur noch loswerden, auch wenn ich ihn wirklich gernhatte. Er musste raus. In der Frist, die ich ihm gegeben hatte, um auszuziehen, malte er sich eine Reise um die Welt aus. Ich glaube, er wollte nach Madagaskar, oder war das Afghanistan? Keine Ahnung, auf jeden Fall weg aus Kanada. Leider kann ich Ihnen nicht mehr sagen. Für mich ist dieses Kapitel abgeschlossen.« Ich war enttäuscht.

Doch zum Glück erhielt ich am selben Tag Nachricht von einer kanadischen Kollegin, die ich parallel um Unterstützung gebeten hatte. Ich erfuhr, dass auf Roberts Namen in einer Kleinstadt ein paar Kilometer von Montreal entfernt ein Auto zugelassen war. Und dieses Auto wurde wohl über ein Darlehen abbezahlt. Diesen Faden verfolgte ich sofort weiter und rief bei dem Unternehmen an, bei dem das Darlehen aufgenommen worden war. Doch leider – es wunderte mich nicht – durfte mir die Mitarbeiterin am Telefon aus Datenschutzgründen keine Auskunft geben. Ich deutete an, dass es sich um ein beträchtliches Erbe handele. Aber auch mit der Aussicht darauf, dass Robert sein Darlehen in einem Rutsch begleichen könnte, blieb sie gesetzestreu. Keine Angaben zu Kunden ohne deren Einverständnis. Es gäbe allerdings die Möglichkeit, so sagte sie mir, dass das Unternehmen einen Brief an Robert weiterleitete, wenn er über eine Rechtsanwaltskanzlei geschickt würde. Also beauftragte ich eine Anwältin, mit der ich in Kanada schon einmal zusammengearbeitet hatte, einen entsprechenden Brief zu schicken. Und wieder zog es sich hin. Es waren nun schon Monate vergangen, seit ich den Auftrag erhalten hatte. Meine Kontaktperson bei der Stadtverwaltung in Deutschland wurde auch schon unruhig und fragte nach, wie weit ich sei, wann man mit einem Ergebnis rechnen könne. Der Bürgermeister habe sich auch schon eingeschaltet. Zeit ist Geld, natürlich. Ich musste sie ohne konkrete Angaben vertrösten. »Das ist eine komplizierte Suche, die sich leider nicht beschleunigen lässt.« Ich gab ihr die Kontaktdaten der Anwältin, vielleicht konnte sie dort parallel Druck machen.

Schon ein paar Tage später kam eine Mail der Anwältin. Der Brief sei unzustellbar zurückgekommen. Das Kreditinstitut hatte sie außerdem darüber informiert, dass das Darlehen von Robert schon länger nicht mehr weiter abbezahlt worden war. Wie ärgerlich, dachte ich mir, mit der Erbschaft wäre es ein Leichtes gewesen, das Auto auf einen Schlag abzubezahlen. Dass das Darlehen nicht mehr bedient wurde, war kein gutes Zeichen. Ich fürchtete Schlimmes und ging erst einmal vom schlechtesten Fall aus. Ich klapperte telefonisch alle Obdachlosenheime in der Gegend von Amanda, Roberts letzter Wohnadresse, ab. Doch nichts. In keinem der Heime war er bekannt. Fast eine Erleichterung. Vielleicht war es doch nicht so arg.

Der Fall ging mir nach. Ich wollte endlich vorankommen, wusste an diesem Punkt aber einfach nicht, wie. Als ich mit meinem Mann beim Essen darüber sprach, wie sehr mich das belastete, hatte er eine im wahrsten Sinne des Wortes zündende Idee: »Warum fragst du nicht mal bei den Autowerkstätten in der Stadt nach, in der Robert wohl zuletzt gelebt hat. Ein Auto muss doch sicher mal repariert werden.« Ich sah von meinem Teller auf und strahlte ihn an: »Das ist ja eine super Idee! Gleich morgen früh lege ich damit los.«

Gesagt, getan. Mein Mann ist ein Schatz: Schon bei der dritten Autowerkstatt hatte ich Erfolg. Der Mechaniker kannte Robert: »Ja klar erinnere ich mich an ihn. Er war ein paarmal hier, um Reifen wechseln zu lassen und um ein paar kleinere Reparaturen machen zu lassen. Er wohnte in einem Trailerpark gleich um die Ecke von uns. Da hatte er einen alten Wohnwagen gemietet. Das hat er mir mal erzählt. Aber jetzt war er schon lange nicht mehr hier.«

Voller Hoffnung schickte ich einen Brief an Roberts Trailerparkadresse. Der Brief kam zehn Tage später wieder zurück. »Return to sender« – ich konnte es schon nicht mehr lesen. Der Mann musste doch irgendwo aufzutreiben sein! Ich rief bei der Verwaltung des Trailerparks an. Vielleicht konnte man mir einen Hinweis darauf geben, wo Robert hingezogen war. Der Mann, den ich jetzt am Hörer hatte, war sehr freundlich, aber leider konnte auch er mir nur sagen, dass er glaubte sich daran zu erinnern, dass Robert wohl wieder zurück nach Montreal wollte. Sein Wohnwagen sei weitervermietet. Mehr interessiere ihn letztendlich auch nicht, sagte er mir. Es gebe so viele Geschichten in seinem Trailerpark, ein Kommen und Gehen, da könne er sich auch nicht alles merken.

Zurück nach Montreal? Die Suche drehte sich im Kreis. Und es war zum Verrücktwerden. Es war äußerst unbefriedigend, ständig wieder auf »square one« zu landen. Ich fühlte mich wie in dem Film *Catch Me If You Can* – kaum glaubt man dem Gesuchten auf den Fersen zu sein, ihn gar erwischt zu haben, ist er auch schon wieder verschwunden.

Ich wurde nun selbst ungeduldig. Ganz zu schweigen von der Mitarbeiterin der Stadtverwaltung, die mich wieder anrief. »Ich bin ganz verzweifelt. Was soll ich nur meinem Chef sagen? Na ja, die Stadt betreibt die Kiesgrube nun einfach weiter. Wo kein

Kläger, da kein Richter. Irgendwann werden Sie ihn schon noch finden.«

Ich meldete mich wieder bei Christian. »Würden Sie denn eigentlich das Grundstück, das Sie erben, an die Stadt in Deutschland verkaufen, vorausgesetzt, Ihr Bruder ist auch einverstanden?«

»Ja klar. Was soll ich denn damit? Unser Leben ist hier. Wir haben nicht vor, nach Deutschland zurückzukommen. Ich bin sicher, Robert wird wiederauftauchen. Sie werden ihn schon noch finden! Und der, da bin ich mir ganz sicher, braucht Geld und wird sofort zustimmen.« Damit wenigstens konnte ich die Stadtverwaltung vertrösten: Sobald der zweite Bruder gefunden war, konnte es sehr wahrscheinlich zum Kauf kommen.

Ich klapperte alle meine Quellen noch einmal ab und war ratlos. Es gab einfach keine neue Fährte. Die Dame von der Stadtverwaltung war einverstanden damit, dass ich den Fall erst mal ruhen ließ. Christian versprach, die Augen offen zu halten. Und wie so oft: Wenn man loslässt, geht es voran. Das dauerte in diesem Fall allerdings mehrere Monate. An einem heiteren Montagmorgen fand ich folgende E-Mail in meinem Postfach:

Liebe Frau Panter,
Sie suchen mich wegen eines Erbes? Ich wohne in Montreal.
Bitte rufen Sie mich an. Hier meine Telefonnummer.
Freundliche Grüße, Robert

Ich saß kurz regungslos da. Robert? Wie kam denn diese Mail plötzlich hier hereingeflattert? HA! Ich schlug vor Begeisterung mit der flachen Hand so doll auf die Tischplatte, dass die Kaffeetasse fast umfiel. Wieder gefasst, rechnete ich kurz die Zeitverschiebung nach. Okay, ich musste mich noch ein paar Stunden gedulden, bis ich in Kanada anrufen konnte, ohne Robert zu wecken. Aber die Stadtverwaltung, die konnte ich schon mal von dem Durchbruch informieren. Endlich! Mission erfüllt. Daran gab es wohl keinen Zweifel.

Als ich am späten Nachmittag desselben Tages Roberts Nummer wählte, war ich ganz aufgeregt. Es waren mittlerweile viele Monate vergangen, seit ich mich auf die Suche nach ihm begeben hatte. Endlich sollte ich mit ihm sprechen. Es meldete sich eine angenehm tiefe Stimme.

»Ich bin sehr gespannt, warum genau Sie mich suchen. Ich hatte gerade Kontakt zu dem Kreditinstitut, von dem ich mein Auto finanzieren ließ, um ihnen mitzuteilen, dass ich bald die letzten Raten ablösen werde. Dort erfuhr ich, dass ich gesucht werde. Eine Frau dort gab mir Ihre Kontaktdaten.« Robert sprach ganz ruhig. Er schien wirklich keine Ahnung zu haben, worum es sich handelte.

»Ihre Tante Margarete ist verstorben. Sie hat Sie und Ihren Bruder zu ihren Erben bestimmt«, sagte ich ebenfalls ruhig. Stille.

»Tante Margarete?!« Wieder Stille. Ich wollte Robert Zeit lassen, seine Gedanken zu ordnen. »Das ist ja ... Also ich ... Mich und Christian? Das Haus?«

»Ja, und ein Grundstück, erinnern Sie sich, das Feld und der Obstgarten?«

»Ja, natürlich erinnere ich mich! Da haben wir als Kinder oft gespielt.« Stille. »Ich habe mit Christian seit langer Zeit keinen Kontakt mehr. Da gab es nicht so gute Geschichten. Und dann habe ich mich nur noch geschämt. Die Zeit vergeht, und man gewöhnt sich daran. Kein Kontakt. Dabei denke ich so oft an ihn und seine liebe Familie.«

Ich erklärte Robert, dass die Stadt großes Interesse an dem Grundstück habe, weil sie genau dort Kies abbauen wolle. Und dass ein Verkauf möglichst bald stattfinden solle, weil der Abbau an der Grenze zum Grundstück angelangt sei.

»Ja, also, da muss ich erst einmal darüber nachdenken. Wissen Sie, es ist so viel passiert in den letzten Jahren. Ich habe mich daran gewöhnt, mir nun für alle Entscheidungen Zeit zu nehmen.« Eine weitere Verzögerung war natürlich eigentlich nicht in meinem Sinn. Aber es gab sicher eine Erklärung dafür.

»Wie geht es Ihnen? Ich habe Sie überall gesucht«, fragte ich neugierig. Robert schien froh über die Frage zu sein.

»Frau Panter. Danke, dass Sie mich gefunden haben! Sie hatten Glück. Ich auch. Denn wer weiß, ob wir uns noch gesprochen hätten, wenn nicht … Ich war drogenabhängig und ganz schön am Ende. Irgendwie hielt ich mich lange Zeit über Wasser, konnte noch hier und da etwas jobben. Doch eines Tages war es aus mit mir. Nach einem Mittagessen bei einer Armenspeisung in einer Kirche in Montreal brach ich zusammen und wachte im Krankenhaus wieder auf. Das war das größte Glück meines Lebens. Der Arzt riet mir dringendst, einen Entzug zu machen. Die Pfarrerin der Gemeinde hatte mich ins Krankenhaus einliefern lassen. Sie besuchte mich und beschwor mich ebenfalls, einen Entzug zu machen. Sie hat sich sehr für mich eingesetzt und mir einen Platz in einer Entzugsklinik verschafft. Als ich die Klinik verlassen konnte, war sie wieder da und holte mich ab. Durch sie habe ich ein Zimmer in einem christlichen Wohnheim und einen Job als Hilfshausmeister in einem Seniorenheim bekommen. Und auch einen Platz in einer Selbsthilfegruppe. Ich war gerettet! Man stelle sich mein Glück vor: Denn dann bin ich auch noch Claire begegnet. Sie ist Altenpflegerin in dem Seniorenheim, wo ich arbeite. Es hat einige Zeit gedauert, bis wir zusammengefunden haben. Ich war sehr verunsichert. Doch vor zwei Jahren sind wir zusammengezogen. Happy End. Wirklich. Und nun habe ich so viel gespart, dass ich meine Schulden abbezahlen kann. Und jetzt kommen auch Sie noch daher mit einer Erbschaft!« Er schluckte hörbar. Und ich schluckte auch.

Von Christian, mit dem ich noch einmal abschließend Kontakt hatte, erfuhr ich später, dass die beiden Brüder sich einen Monat nach meinem Telefonat mit Robert zum ersten Mal nach Jahren bei einem Notar getroffen hatten, um die Erbschaft anzunehmen und einen Kaufvertrag mit der Heimatstadt ihrer Tante Margarete zu unterschreiben. Im Grundbuch des heiß ersehnten Geländes stand nun die Stadt und konnte fleißig weitergraben. Doch das Haus, in dem Margarete gewohnt hatte, wollten die Brüder vorerst behalten. Sie hatten sich vorgenommen, im kommenden Jahr gemeinsam mit ihren Partnerinnen dort Urlaub zu machen. Christians Kinder sollten ihre Wurzeln kennenlernen.

16. KAPITEL

In alter Verbundenheit

Mit Theodor ging ich auf eine Suche der besonderen Art. Er suchte weder seinen Vater noch seine Mutter oder andere Verwandtschaft, er sehne er sich auch nicht nach einer alten Liebe aus längst vergangener Zeit. Nein, Theodor wünschte sich die Kontaktaufnahme zu seiner alten Kunstlehrerin. Ein außergewöhnlicher Auftrag, der mich sehr neugierig machte.

Um uns kennenzulernen und um Theodors Anliegen im Detail zu besprechen, verabredeten wir uns auf seinen Vorschlag hin im Restaurant der Kunsthalle Schirn in Frankfurt. Er wollte dort eine Ausstellung besuchen, zu der er extra aus Düsseldorf anreiste, und dies mit einem Termin mit mir verbinden. Mir war es an diesem Tag ganz recht, aus meinem Büro herauszukommen und eine andere Umgebung zu sehen. Es war ein nebeliger Herbsttag, aber die kühle frische Luft tat gut. Theodor wartete auf mich vor dem Eingang zum Museum, stilvoll mit braunem Hut und grüner Barbourjacke gekleidet. Mein Blick fiel auch sofort auf seine edlen, ebenfalls dunkelbraunen Chelsea Boots. Als er mir die rechte Hand zum Gruß ausstreckte, sah ich einen blau-goldenen Siegelring an seinem Finger. In der Linken hielt er seine ledernen Handschuhe. Sein Äußeres war wie aus einem Guss, aber nicht übertrieben gestylt – ein angenehmer Anblick jedenfalls.

Nach einer kurzen Begrüßung setzten wir uns an den für uns reservierten Tisch am Fenster. »Schön, dass wir uns hier treffen konnten. Die schönen Künste haben mein ganzes Leben beeinflusst«, begann Theodor mit sonorer Stimme das Gespräch. »Anfangs sollte es ja die Musik sein, genauer gesagt das Klavierspiel. Mein Herr Papa, der seines Zeichens Jurist war und leidenschaftlicher Cellist, hatte mich für eine Pianistenkarriere vorgesehen. Es wurden sogar kleine Konzertauftritte für mich organisiert. Aber letztendlich wurde leider nichts daraus«, schmunzelte er. Der kleine Theodor war wohl tatsächlich sehr begabt gewesen, aber ein böser Infekt hatte mit elf Jahren seine Muskeln in Mitleidenschaft gezogen. Wichtige Monate, in denen er hätte üben können und müssen, um die Finger zu trainieren, gingen dem Bub verloren. Und er konnte seine Finger nicht mehr schnell genug bewegen. Aus war es mit Vaters Traum. »Ach, wissen Sie, ich fand das damals gar nicht so schlimm, wenn Sie verstehen, was ich meine. Laut gesagt habe ich das nie, aber es überkam mich doch auch eine gewisse Erleichterung, den Ansprüchen meines Vaters in dieser Hinsicht nicht mehr genügen zu müssen. Ich lenkte nun vielmehr meine Aufmerksamkeit auf die bildenden Künste. Wenn andere Fußball spielten, blätterte ich durch die dicken Kataloge, die meine Eltern regelmäßig von Ausstellungen mitbrachten. Man könnte sagen, ich war ein ziemlicher Stubenhocker, aber das tut hier wohl nichts zur Sache. Ich will damit nur sagen, was mich wirklich reizte, waren Formen und Farben sowie Mal- beziehungsweise Zeichentechniken. Unterstützt wurde ich in dieser Leidenschaft von meiner damaligen Kunstlehrerin am Gymnasium. Alle Klassenkameraden waren hin und weg von ihr. Sie war eine Schönheit! Lange, wellige braune Haare, dunkle feurige Augen, grazil … Ach, ich könnte heute noch ins Schwärmen kommen. Barbara war ein Freigeist. Wir durften, nein, wir mussten sie sogar duzen. Und ja, sie war in allem genau das Gegenteil von dem, was ich aus meinem konservativen, vielleicht auch etwas antiquierten, Elternhaus kannte«, erzählte Theodor, während wir unsere Vorspeise aßen.

»Ja, ich kann mir das vorstellen. Es waren ja die 70er-Jahre, in denen Welten aufeinanderprallten«, warf ich ein.

»Genau so war es, Sie treffen den Nagel auf den Kopf. Alles hatte damals eine gesellschaftspolitische Dimension. Wie Sie sich sicher schon denken können, war Barbara nicht nur Lehrerin, sondern auch Künstlerin. Ich war schon in der Oberstufe und hatte Kunst als Leistungskurs gewählt, da lud uns Barbara zu sich nach Hause ein. Sie wohnte mit ihrem Lebensgefährten, einem Schriftsteller, von dem ich später nie wieder etwas gehört habe, in einem etwas heruntergekommenen Häuschen in einem Vorort von Düsseldorf. Aber was für ein Erlebnis, wenn man eintrat: Es roch nach Acryllack, und überall standen weiße und bemalte Leinwände herum. Ein wunderbares kreatives Chaos. Da sah ich zum ersten Mal ihre Bilder. Doch dabei blieb es nicht: Barbara erklärte uns, dass sie sich der ›Fluxus-Bewegung‹ verschrieben habe, einer Kunstrichtung, bei der nicht das Kunstwerk, sondern die schöpferische Idee im Mittelpunkt steht und mehrere Ausdrucksformen konzertiert werden. Sie bot uns als Kostprobe eine Performance dar, bei der sie einen selbst gedrehten Super-8-Film über einen Projektor auf ein großes gemaltes Bild projizierte und danach eine Art Musik mit einem Glockenspiel anschloss. Sie nannte das Collage, und ich fand das alles hochinteressant. Aber was mich am meisten beeindruckte, waren ihre figürlichen Zeichnungen, die ich meisterhaft fand.«

Es blieb wohl nicht bei diesem einen Besuch in Barbaras Atelier. Immer wieder kehrte Theodor dorthin zurück, um seiner Lehrerin beim Malen zuzusehen. Selbst wagte er sich auch an immer neue Techniken, aber musste sich eingestehen, dass er kein außergewöhnliches Talent zeigte. »Vielleicht war ich im Kopf einfach nicht frei genug«, sagte Theodor, der nun eine Pause einlegen musste, weil der Hauptgang bereits vor uns stand. Ich konnte es kaum erwarten, bis er seinen ersten Hunger gestillt hatte und weitererzählte, so unterhaltsam und interessant war es, ihm zuzuhören. »Eines Tages teilte uns die Schulleitung mit, dass Barbara nicht weiter an der Schule unterrichten würde. Warum das so war, wurde nicht erwähnt. Doch Gerüchte sprachen von einer Suspendierung aus dem Schuldienst wegen politisch unerwünschter Aktivitäten. Ich war sehr traurig darüber, aber musste mich alsbald auf mein Abitur konzentrieren, sodass ich mich nicht allzu lange mit Barbaras Verschwinden, so könnte man ja sagen, beschäftigte. Nach meinem erfolgreichen Schulabschluss und dem Wehrdienst habe ich angefangen, Kunstgeschichte zu studieren. Nach meiner Promotion habe ich eine Galerie gegründet. Mit der Akademie blieb ich weiter über sporadische Lehraufträge verbunden. Auch ließ ich mich nicht davon abbringen, immer wieder einmal für einschlägige Publikationen zu forschen.«

Was für ein interessantes Leben dieser Mann führte, dachte ich bei mir und stellte ihn mir auf Vernissagen und bei kulturellen Veranstaltungen vor, natürlich immer Seite an Seite mit anderen interessanten Menschen.

»Und nun, liebe Frau Panter, komme ich endlich zum Punkt. Als ich meinem neuen Lebensgefährten neulich von meiner Schulzeit erzählte, kam ich auf Barbara und ihr Werk zu sprechen. Plötzlich erschien sie mir wieder ganz klar vor meinem inneren Auge. Mir wurde bewusst, wie sehr sie mich auf meinem Weg beeinflusst hat. Und dass ihre Kunst wirklich außerordentlich interessant war. Da kam Gunther, also mein Partner, auf die Idee, ich könnte Barbara doch einmal besuchen und ihr Lebenswerk begutachten. Vielleicht hätte sie Interesse an einer Ausstellung, oder vielleicht wollte ich sogar über sie schreiben. Ich war sofort hellauf begeistert und setzte mich an den Computer, um sie ausfindig zu machen. Doch im Internet konnte ich nichts über sie finden. Nicht ein einziger Eintrag. Das kam mir seltsam vor, aber ich wollte die Flinte nicht gleich ins Korn werfen. Da ich allerdings nicht die Zeit und das Know-how habe, mich auf eine tiefer gehende Suche nach Barbara zu begeben, möchte ich Ihnen gerne diese Aufgabe übertragen – übrigens wieder eine Idee meines lieben Gunther, der Sie schon mehrmals im Fernsehen gesehen hat. Nun, wie denken Sie darüber?«

Ich lächelte Theodor wieder an und gab ihm zu verstehen, dass ich seinen Auftrag sogar mit großem Interesse annehmen möchte. Leider wusste Theodor außer Barbaras Namen so gut wie nichts über sie, verständlicherweise auch nicht ihren Geburtstag, was für Suchen nicht nur hilfreich, sondern fast immer essenziell ist. Ihr Alter konnte er in der Rückschau auch nicht genau einschätzen. Aber sie musste zwischen 25 und 35 gewesen sein, vermutete er. Der Nachtisch kam viel zu schnell. Das interessante Treffen ging seinem Ende zu.

Ich ging mit dem Gefühl zurück an meinen Schreibtisch, dass diese Suche relativ einfach verlaufen würde. Sicher hatte Theodor nicht gründlich genug im Internet nach Barbara recherchiert. Da wird schon etwas zu finden sein, war ich mir sicher. Auch fiel bei diesem Auftrag die emotionale Komponente weg, die die Kontaktanbahnung zwischen Klient und gesuchter Person manchmal aufwendig macht. Hier ging es lediglich um die Wertschätzung eines Schülers gegenüber seiner Lehrerin und ihres Werkes. Ich rechnete also nicht mit größeren Komplikationen.

Zuerst wollte ich Theodors Ergebnis, was das Internet anging, verifizieren. Aber leider und tatsächlich: Auch ich konnte, obwohl ich intensiv suchte, nichts über Barbara im Internet finden. Ich hatte mich getäuscht. Als Nächstes, das lag auf der Hand, fragte ich an Theodors ehemaliger Schule nach. Ein erster Anruf im Sekretariat des Gymnasiums wurde von einer gestresst wirkenden Frau fast abgewimmelt. Von einer Kunstlehrerin mit Barbaras Namen hatte sie noch nie gehört. Aber sie sei auch erst seit ein paar Jahren dort angestellt. Dennoch machte sie sich eine Notiz und war dann doch hilfsbereit. Sie wollte nachfragen, ob sich jemand im Kollegium an Barbara erinnern könne. Auch in den Personalakten wollte sie nachsehen. Aber das würde dauern. Ich wusste, dass da erst einmal nichts zu machen war. Aber am nächsten Tag könnte die Sache ja schon ganz anders aussehen, deshalb kündigte ich einen weiteren Anruf an. Und siehe da, am nächsten Tag wirkte die Frau schon viel ruhiger. Sie hatte sogar schon einmal herumgefragt. Und ja, zwei dienstältere Lehrer konnten sich noch an den Namen erinnern und auch an etwas seltsame Umstände, wie sie es wohl nannten. Aber wo sich Barbara aufhielt, wusste keiner. Sie hatte wohl zu niemandem Kontakt gehalten. »Oh, wie schade«, entfuhr es mir. Es wäre ja auch zu schön gewesen, um wahr zu sein, wenn ich gleich einen Volltreffer gelandet hätte. »Haben Sie vielleicht noch ihre Personalakte?«, fragte ich vorsichtig nach, obwohl ich genau wusste, dass die Frau mir eigentlich keine Daten aus der Akte geben durfte. Aber unversucht, ob vielleicht doch ein Geburtsdatum oder irgendein anderes Detail zu erfahren sei, wollte ich es nicht lassen. »Leider darf ich keine Daten herausgeben«, war aber die erwartete Antwort. Ich war etwas zerknirscht, brauchte ich doch irgendeine Zusatzinformation – wie sollte ich Barbara sonst finden?

Okay, nächster Schritt: Telefonverzeichnisse noch einmal durchforsten, auch die, die nicht online sind und weiter zurückliegen. So käme ich vielleicht an eine Adresse, dachte ich mir. Den Namen hatte ich ja, und die Stadt auch. Aber Fehlanzeige. Barbara hatte damals in Düsseldorf keinen Telefonanschluss. Zumindest nicht unter ihrem Namen. Vielleicht gab es einen unter dem Namen ihres Lebensgefährten. Aber über den wusste Theodor überhaupt nichts mehr.

Da ich so nicht weiterkam, rief ich bei Theodor an und wollte wissen, ob er sich vielleicht doch noch an Barbaras damalige Adresse erinnern könne. Ursprünglich war ihm das einfach nicht mehr eingefallen, nur dass sie »nicht gerade um die Ecke« wohnte. Er hatte damals nicht auf die Hausnummer oder Straße geachtet, sondern war den anderen zum Haus gefolgt und später einfach immer denselben Weg gegangen. Ich bat ihn, ins Internet zu gehen und Google Maps zu öffnen. Nun sollte er mit mir am Telefon den Weg von der Schule zu Barbaras Haus beziehungsweise von dem Haus seiner Eltern zu ihr virtuell noch einmal ablaufen. Wir verfolgten Theodors Schritte. Ich half ihm auf die Sprünge, indem ich ihn nach geografischen Markern fragte: Plätze, Parks, Haltestellen, Gebäude, Geschäfte. Auf diese Weise zoomten wir uns durch die Straßen von Düsseldorf. Das war etwas mühselig, aber wir kamen, da war sich Theodor dann sicher, doch schließlich dem Ziel sehr nahe. Zumindest bei der Straße war er sich sicher. Wenn auch nicht bei dem Haus beziehungsweise der Hausnummer. Theodor grübelte noch eine Weile und versuchte, gedanklich zu rekonstruieren, ob es das dritte oder das vierte Haus war. Aber er musste kapitulieren, denn selbst bei der Straßenseite war er sich noch nicht mal sicher. »Ich habe einfach keinen besonders guten Orientierungssinn. Bitte verzeihen Sie mir«, räumte er, wie immer höflich, ein.

Mit diesen dürftigen, aber doch wenigstens sicheren Informationen – ungefähres Alter, Name und Straße – wandte ich mich ohne große Hoffnung an eine Archivarin der Stadt Düsseldorf. Ich kannte sie schon von anderen Rechercheprojekten, bei denen sie trotz – sagen wir – einer abenteuerlichen Datenbasis helfen konnte. Und auch diesmal hatte ich Glück. Sie fand wohl fast auf Anhieb die alte Meldekarte der gesuchten Lehrerin! Es standen auch die Daten des damaligen Lebensgefährten mit darauf. Aber die herauszugeben, da stand der Datenschutz vor. Doch immerhin. Nun hatte ich Barbaras korrektes Geburtsdatum und die Adresse, an die sie von Düsseldorf aus umgezogen war. Sie musste fast zeitgleich mit ihrer Suspendierung aus dem Schuldienst die Stadt verlassen haben. Sie war nach Berlin-Kreuzberg gezogen. Das passte!

Dort bat ich ebenfalls im Archiv um Hilfe. Und auch dort konnte ein Archivar die damalige Meldekarte von Barbara ausfindig machen. Allerdings dauerte es einige Wochen. Die Berliner litten unter chronischem Personalmangel. Nach drei Jahren war die Künstlerin laut Meldekarte von Berlin wieder weggezogen. Dieses Mal hatte sie es nach Frankfurt am Main verschlagen. Heimspiel, dachte ich mir, denn hier wohnte ich ja selbst und hatte im Meldeamt gute Bekannte. Es sollte also schnell gehen. Wer weiß, vielleicht wohnte Barbara ja gleich um die Ecke, malte ich mir aus. Wie erwartet, erhielt ich die Informationen der gewünschten Meldekarte im Handumdrehen. Doch was sah ich da? Erneut ein Umzug? Das konnte ja nicht sein. Barbara war in einem Dreijahresturnus umgezogen. Wenn das so weiterginge, würde die Suche in eine Odyssee ausarten. Es ging also weiter nach Gießen. Ich konnte meine Anfrage schon per »copy and paste« an die Ämter verschicken. Wie gut, dass es zeitlich gesehen ein gutes Stück voranging, bald schon würde das Archiv gar nicht mehr zuständig sein, sondern ich konnte von aktuellen Daten ausgehen. Aber noch war es nicht so weit. Von Gießen war Barbara – ja, genau, nach drei Jahren – nach Göttingen gezogen und danach nach Marburg. Immer wieder musste ich darauf warten, dass meine Anfragen bearbeitet wurden. Es fühlte sich langsam so zäh an wie ein alter Kaugummi. Ich meinte nun aber eine Art Muster in Barbaras Lebenswandel zu erkennen: Waren das nicht alles Universitätsstädte? Dort war ja immer viel in Bewegung, auch politisch. Vielleicht fühlte sich Barbara davon angezogen. Auch Marburg war nicht die Endstation. Von dort ging es nach wieder drei Jahren nach Freiburg. Ich war schon gespannt, wohin die Tour von dort aus weiterging. Aha, Tübingen. Das passte ins Konzept. Ich hatte mich schon fast an diese Endlosschleife gewöhnt, da erhielt ich aus Tübingen eine unerwartete und traurige Nachricht. Barbara war dort verstorben. Und es war noch nicht allzu lange her.

Als ich Theodor von ihrem Tod berichtete, war er sehr enttäuscht. Er hätte Barbara gerne persönlich dafür gedankt, dass sie ihn als Schüler gefördert hatte. Doch emotional blieb er verhalten. Er hatte offensichtlich keine sonderlich tiefe persönliche Bindung mit Barbara gehabt. Es ging ihm vor allem um ihr künstlerisches Vermächtnis, das er in Augenschein nehmen und einordnen wollte. »Vielleicht gibt es die Möglichkeit, über Barbaras Nachkommen Zugang zu ihrem Werk zu erhalten«, schlug Theodor vor. Ich sollte also die Suche auf mögliche Erben ausweiten. Das machte Sinn.

Zuerst sah ich ganz klassisch im Telefonbuch nach, weil ich wissen wollte, ob es an ihrer letzten Adresse noch einen Telefonanschluss gab. Vielleicht hatte sie mit einem Mann oder anderen zusammengelebt. Was vorher zäh war, schien nun ganz leicht: Ja, unter ihrer letzten Adresse fand ich eine Telefonnummer, allerdings mit einem anderen Namen. Da telefonisch nie jemand zu erreichen war, schrieb ich einen Brief. Vielleicht konnten die neuen Bewohner weiterhelfen? Nun hieß es abwarten, was passieren würde. Leider passierte erst einmal gar nichts. Als auch nach zwei Wochen noch keine Antwort auf meinem Schreibtisch und auf meinem Anrufbeantworter war, schickte ich einen weiteren Brief. Wieder nichts. Ich versuchte auch immer wieder anzurufen. Aber immer dasselbe: Es klingelte und klingelte. Aber niemand antwortete. Nicht einmal ein Anrufbeantworter sprang an. Ich versuchte es tagelang zu unterschiedlichen Zeiten. Nichts. Nur Klingeln.

Ich habe Verwandte in Stuttgart, die ich regelmäßig besuche. Da kam mir die Idee, ich könnte meinen nächsten Besuch bei ihnen doch mit einem Ausflug in das nahe gelegene Tübingen verbinden und bei der Gelegenheit an Barbaras alter Adresse vorbeischauen. Ich war noch nie in Tübingen gewesen und könnte so das Angenehme mit dem Nützlichen verbinden. Es dauerte zwar noch einen Monat, bis ich wieder geplant hatte, nach Stuttgart zu fahren, aber da die Angelegenheit nun nicht mehr zeitkritisch war, stimmte auch Theodor meinem Plan zu.

Ein paar Wochen später bummelte ich an einem sonnigen Samstagvormittag also durch das schöne Tübingen und erfreute mich an den alten Fachwerkhäusern und dem studentischen Flair der Stadt. Da sich Barbaras Adresse nicht weit von der Innenstadt befand, ging ich zu Fuß dorthin. Das kleine Häuschen, das ich vorfand, war eigentlich so, wie Theodor Barbaras Zuhause in Düsseldorf beschrieben hatte: Es hätte schon lange wieder einmal einen Anstrich gebrauchen können. Die Fensterläden hingen teilweise schief herunter, und von den Holzfenstern bröckelte der Lack ab. Aber vor dem Haus standen zwei große Terrakottatöpfe mit darin liebevoll gepflanzten blühenden Blumen, offensichtlich frisch gegossen. Ich ging mit etwas Herzklopfen auf die Tür zu und klingelte. Ich wusste ja nicht, was mich erwarten würde beziehungsweise ob mir überhaupt jemand öffnen würde. Komischerweise stand immer noch Barbaras Nachname auf dem

Schild der Klingel. Normalerweise ist es überhaupt nicht meine Art, jemanden so zu überfallen. Doch ich wusste, dass ich die Suche nach möglichen Erben auf diesem Weg unter Umständen bedeutend abkürzen könnte.

Ich klingelte und trat dann zwei, drei Schritte zurück. Die Tür blieb verschlossen. Doch plötzlich kam eine Frau mit einer locker umgebundenen, viel zu großen Gärtnerschürze von hinten um die Ecke des Hauses. In einer Hand hielt sie eine Gartenschere. Mit dem Rücken der anderen strich sie sich ihre langen braunen Haare aus dem Gesicht. »Haben Sie geklingelt? Ich war gerade im Garten«, sagte sie freundlich. Ich stellte mich vor und fragte sie, ob sie vielleicht Barbaras Tochter sei und ob sie meine Briefe erhalten habe. Tatsächlich handelte es sich bei der Frau um ihre Tochter. »Briefe? Oje, dazu bin ich noch gar nicht gekommen. Meine Mutter ist gestorben. Ich arbeite alles nach und nach ab. Es gibt immer noch so viel zu tun, ich komme gar nicht hinterher«, sagte sie. Worum es denn gehe, fragte sie. »Na, jetzt kommen Sie doch erst einmal herein.« Sie winkte mich zu sich, ihr hinter das Haus zu folgen. Dort bot sie mir einen der Holzstühle an, die auf der kleinen Terrasse standen. Überall im Garten waren zwischen Gräsern und wild wachsenden Blumen Kunstobjekte aufgestellt: Vogeltränken aus Keramik, Windspiele aus Glas, Skulpturen aus Stein. Bei jedem Blick fiel mir ein anderes Detail auf.

»Was für ein außergewöhnlicher Garten!«, sagte ich.

»Ja, so außergewöhnlich, wie meine Mutter war«, antwortete Antonia, wie sie sich mir vorstellte. Nachdem sie uns beiden ein Glas Wasser eingeschenkt und sich ebenfalls gesetzt hatte, erzählte ich ihr ausführlich, warum ich zu ihr gekommen sei, von Theodor und seinem Wunsch, den Kunstnachlass ihrer Mutter zu sichten. Antonia hörte mir aufmerksam zu. »Ich bin gerührt zu hören, welchen Einfluss meine Mutter auf diesen Theodor hatte. Damit war er aber kein Einzelfall. Sie scharte in ihrem Leben immer wieder junge Menschen um sich, die sie inspirierte. Meine Mutter nahm als junge Frau, so hat sie es mir auf jeden Fall erzählt, eine Zeit lang an Versammlungen von Kommunisten teil. Sie fand deren Ideen interessant. Sie war wohl auch in einen von ihnen verliebt. Als Lehrerin im Staatsdienst war das aber ein No-Go. Sie wissen schon – der Radikalenerlass. Also musste sie gehen. Dabei liebte sie es, zu unterrichten und die Köpfe von Kindern frei von Konventionen zu machen, wie sie es nannte. Das kann ich gut nachvollziehen. Ich bin nämlich auch Lehrerin am Gymnasium, allerdings für Französisch und Deutsch. Das künstlerische Talent habe ich leider nicht von ihr geerbt. Meine Mutter fand nach ihrer Suspendierung allerdings nur noch Anstellungen an Privatschulen oder in Einrichtungen für Erwachsenenbildung.«

»Arbeitete sie denn weiter als Künstlerin?«, wollte ich wissen.

»Ja, ständig. Am Ende allerdings, als ihr der Krebs zu schaffen machte, wurden ihr so starke Schmerzmittel gegeben, dass sie wie weggetreten war.«

Noch einmal sprach ich sie auf den eigentlichen Grund meines Kommens an. »Was halten Sie davon, wenn Theodor das Werk Ihrer Mutter sichten würde? Er träumt davon, vielleicht eine Ausstellung zu organisieren oder Ihrer Mutter als Künstlerin einen Platz in einer Publikation zu geben.«

Antonia dachte nicht lange nach: »Das wäre ganz wunderbar. Ich habe schon immer viel von der Kunst meiner Mutter gehalten, und mein Mann auch. Wir haben ihr immer wieder gesagt, sie müsste sich besser vermarkten. Aber das lag ihr nicht. Verkauft hat sie deshalb nie viel. Und bekannt war sie auch keinem größeren Kreis. Es wäre Zeit, dass sich wenigstens das ändert. Ich bin die einzige Tochter, und eigentlich wollte ich das Haus schnell verkaufen. Aber es ist vollgestellt mit Mamas Bildern und Objekten. Ich weiß noch gar nicht, wohin mit alldem. Ich wohne mit meiner Familie nicht weit entfernt von hier, und deshalb ist es praktisch möglich, dass ich mich vorerst weiter um das Haus kümmere. Und ehrlich gesagt ist es auch ein Trost, wenn ich mich hier aufhalten kann, denn hier ist sie irgendwie noch präsent. Ich bin einfach noch nicht so weit, das alles loszulassen.«

Mein Ausflug nach Tübingen hat sich wirklich gelohnt, dachte ich mir, nachdem ich mich verabschiedet hatte und glücklich wieder in Richtung Bahnhof spazierte.

Theodor war voller Freude, als ich ihm die Neuigkeiten nach meiner Rückkehr telefonisch mitteilte. »Das ist ja herrlich, so werde ich nicht nur in den Genuss von Barbaras Kunstwerken kommen, sondern kann gleichzeitig meinen alten Doktorvater besuchen. Der wohnt zufällig auch in Tübingen.« Er bedankte sich noch voller Überschwang bei mir und versprach mir, mich über die Ergebnisse seiner Forschung in Sachen Barbara zu informieren. Ein paar Monate später erhielt ich allerdings eine ernüchternde Nachricht von ihm. Leider habe er feststellen müssen, dass er Barbaras Werk als Jugendlicher überschätzt habe, schrieb er in einer E-Mail. Ich musste schlucken. Eine ganze Ausstellung gäbe es nicht her, berichtete er mir, es seien nur zwei, drei Werke dabei, die er in einer großen Fluxus-Ausstellung zeigen wolle. Na immerhin, dachte ich. Auch für ein Forschungsprojekt biete es zu wenig Substanz. Aber die Suche war nicht vergebens:

»Als ich Barbaras Haus betrat, roch es genauso wie früher. Nach Acrylfarbe und Holz. Und es sah auch aus wie damals. Überall die Leinwände ... Ich war mit einem Schlag wieder 17 Jahre alt. Und selig.«

17. KAPITEL

Der Onkel aus dem Jenseits

Cäcilie ist schon seit fünf Jahren tot. Und noch immer wartet ihr nicht unbeträchtliches Vermögen – eine kleine Villa, Aktien, Schmuck und Bargeld – auf seine Erben. Die im Alter von 96 Jahren verstorbene Dame hatte keine Kinder und war nie verheiratet gewesen. Sie hatte ihren Besitz, den sie von ihren Eltern geerbt hatte, stets gut verwaltet, und dadurch war ihr ein unabhängiges Leben vergönnt gewesen.

Cäcilie hatte kein Testament verfasst, sondern war wohl davon ausgegangen, dass die ihr familiär am nächsten stehende 72-jährige Regine aus Karlsruhe, mit der sie bis zuletzt auch in gutem Kontakt gestanden hatte, ihre Erbin sein würde. Cäcilie war die Cousine von Regines bereits verstorbenem Vater gewesen. Doch die Erbfolge zu klären gestaltete sich für die eingesetzte Nachlassrichterin schwieriger, als es auf den ersten Blick erschien. Sie hatte Bedenken, Regine als Alleinerbin gelten zu lassen. Jahre vergingen, ohne dass eine Klärung stattfand.

Regine setzte sich mit mir in Verbindung, weil sie es satthatte, noch länger auf ihr Erbe zu warten. »Ich hätte nie gedacht, wie schwer es sein kann, einen Erbschein zu bekommen«, sagte sie mir am Telefon. Um mir die Situation etwas zu veranschaulichen, erzählte sie mir einige Details aus der durchaus illustren Familiengeschichte ihrer verstorbenen Verwandten:

Cäcilies französische Großeltern hatten sich wohl im Dunstkreis von Émile Gallé bewegt, des bekanntesten Vertreters des französischen Jugendstils, der Art Nouveau. Im Nachlass befand sich sogar eine äußerst kostbare Vase, die er entworfen hatte. Die Großeltern waren ihrerseits ebenfalls künstlerisch tätig gewesen. Sie waren in die Schmuckstadt Pforzheim gezogen, wo sie eine Goldschmiede und Goldverarbeitungsfabrik eröffnet hatten. Obgleich Cäcilies Vater, wie seine Eltern, ebenfalls Franzose war, heiratete er Ende des 19. Jahrhunderts eine Deutsche. Die beiden ließen sich ebenfalls in Deutschland nieder. Cäcilies Vater führte dort die Textilfirma seines Schwiegervaters weiter. Während des Zweiten Weltkriegs lebte die Familie allerdings wieder in Frankreich. Kaum war der Krieg vorbei, kamen sie aber wieder nach Pforzheim zurück. Es war für sie sicher eine schreckliche Erfahrung. Alles zerstört! Doch sie bauten das Unternehmen wieder auf, und das – wie man an Cäcilies Erbe sehen konnte – sehr erfolgreich.

»Und nun hat die für Cäcilies Nachlass zuständige Nachlassrichterin noch einen Onkel von Cäcilie, einen jüngeren Bruder ihres Vaters, aus dem Hut gezaubert, den sie meint in der Erbfolge berücksichtigen zu müssen. Dabei muss der schon lange tot sein«, berichtete mir Regine fast verzweifelt und auch etwas wütend.

Aber es half wohl nichts: Ohne einen amtlichen Nachweis über seinen Tod konnte er nicht aus dem Kreis der Erben gestrichen werden. Auch musste die Richterin noch klären lassen, ob dieser Onkel wiederum Nachfahren hatte, die erbberechtigt wären. Doch all diese Informationen fehlten bisher.

»Ich habe zwei Kinder, die das Geld gut gebrauchen können. Und seit Jahren treten wir auf der Stelle. Der gesamte Ablauf ist blockiert, obwohl doch jedem klar sein müsste, dass der Onkel tot ist. Und ich stehe immer noch mit leeren Händen da. Dem Nachlassgericht scheint das nicht viel auszumachen«, schnaubte Regine hörbar verärgert in den Telefonhörer. Besonders kompliziert war die Angelegenheit wohl deshalb, weil der gesuchte Onkel vermutlich in Frankreich geboren wurde, genauer gesagt in Nancy. Regine erzählte weiter: »Über diesen Onkel Johann beziehungsweise Jean, wie er wohl eigentlich hieß, wurde in der Familie quasi nicht gesprochen. Ich erinnere mich entfernt, dass mein Vater ihn ab und zu erwähnt hat, aber gesehen habe ich ihn nie. Ich habe deshalb auch keine Ahnung, wo er gewohnt hat oder ob er Familie hatte. Er war bei keiner unserer Familienfeiern anwesend. Aber irgendwie habe ich in unklarer Erinnerung, dass es hieß, er sei seinem Bruder nach Deutschland gefolgt und sei dort dann auch gestorben. Ich kann aber niemanden mehr nach ihm fragen, ich bin die Letzte in der Familie. Das Einzige, was ich Ihnen sagen kann, ist, dass die Eltern von Cäcilies Vater und von Johann eine Zeit lang in Nancy gewohnt haben und dann eben nach Pforzheim umgezogen sind.«

»Mehr Informationen haben Sie nicht? Das klingt so, als könnte auch für mich die Suche schwierig werden«, räumte ich ein. »Aber ich werde es versuchen.«

Regine reagierte etwas nervös und bat mich inständig: »Es ist ganz wichtig, dass Sie ihn bald finden. Ich komme sonst nicht an mein Erbe.«

Ich konnte Regines Anliegen gut verstehen, ebenso dessen Dringlichkeit, und machte mich zügig an die Arbeit. Obwohl dieser Johann bisher offensichtlich in keinem deutschen Personenregister gefunden werden konnte, machte ich dennoch einen generellen Recherche-Rundumschlag, angefangen von der Suche nach seinem Namen im Internet und in Einwohnerverzeichnissen in Städten im Umfeld seines Bruders. Aber ich konnte nirgends einen Eintrag entdecken, der auch nur im Entferntesten auf ihn verwies. Ich musste mit der Recherche also weiter in die Tiefe gehen. Und das hieß, ich musste ganz am Anfang beginnen und

Johanns Spur in Frankreich aufnehmen. Ich sandte eine ins Französische übersetzte Anfrage an die Verwaltung der Stadt Nancy, wo seine Eltern ursprünglich gelebt hatten und er vermutlich auf die Welt gekommen war. Ich bat dort um eine Kopie der Geburtsurkunde von Johann. Es vergingen Wochen ohne eine Antwort.

Also beschloss ich, parallel noch weitere Recherchewege einzuschlagen. Die Textilfabrik von Cäcilies Vater gab es schon lange nicht mehr. Und dennoch wollte ich herausfinden, ob sein Bruder vielleicht etwas damit zu tun gehabt hatte. So ein Familienbetrieb braucht doch jede Hand, dachte ich mir. Und er war doch damals im besten Alter, um im Betrieb mit anzupacken. Doch das archivierte Handelsregister kannte Johann nicht. Auch im Zusammenhang mit der Auflösung der Gesellschaft tauchte Johanns Name einfach nicht auf. Die Suche entwickelte sich zäh, und ich hoffte auf einen baldigen Durchbruch. Ich rief Regine noch einmal an. Vielleicht konnte sie sich einen Reim darauf machen. Sie konnte sich aber auch nicht erklären, warum ihr unbekannter Onkel so gar keine Aufgabe in dem Familienbetrieb gehabt haben sollte. »Er spielte offenbar einfach keine Rolle. Und wir Kinder fragten auch nicht nach ihm«, sagte sie.

Wenn es bei den Lebenden nicht weitergeht, setze ich bei den Verstorbenen eine Generation vorher mit meinen Recherchen an. Wer hat die Beerdigung veranlasst? Wer pflegt das Grab? Fragen wie diese halfen mir schon häufig weiter. Also fragte ich Regine, ob sie wisse, wo die Grabstellen von Cäcilie selbst als auch die ihrer Eltern seien. »Es handelt sich um ein Familiengrab. Sie werden dort aber nicht mehr finden als den Familiennamen. Mehr steht nicht auf dem Grabstein«, warnte mich Regine. Doch ich wusste, dass Gräber unter Umständen viel mehr Informationen preisgeben können, als man ahnt. Also wandte ich mich an die entsprechende Friedhofsverwaltung. Die Mitarbeiterin war am Telefon sehr hilfsbereit. Sie werde sich sofort darum kümmern, meinte sie. Ja, sie werde die Geburts- und Sterbedaten der drei Personen in dem besagten Grab für mich herausfinden: »Kein Problem!« Diese waren für mich wichtig, damit ich etwaige Fehler ausschließen konnte. Ich solle am Nachmittag noch einmal anrufen, sagte sie. Selten geht es mit Anfragen so schnell. Ich hatte also Grund zur Freude. Und nicht nur darüber. Der Nachmittag bescherte mir eine besondere Überraschung:

»Sie werden es nicht glauben!«, sprudelte es aus der Friedhofsmitarbeiterin heraus, als ich sie wieder anrief. »Jetzt halten Sie sich mal gut fest! In dem Grab sind nicht drei Menschen bestattet, wie Sie glaubten. Nein! Es sind vier! Vier Menschen!«

»Wirklich? Wer denn noch?«

»Der Nachname ist bei allen gleich. Aber Sie hatten einen Vornamen nicht genannt: Johann.«

»Was?!« Ich schrie der guten Frau vor Fassungslosigkeit über das Telefon fast ins Ohr. »Johann liegt mit Cäcilie und ihren Eltern in einem Grab? Und das hat keiner gewusst? Das ist ja sehr seltsam.«

»Ja, wissen Sie, so wie sich mir das erschließt, war dieser Johann zuerst an einem anderen Ort beigesetzt. Ich kann das nur nicht genau entziffern, weil das noch handschriftlich eingetragen ist. Nach dem Ort steht auf jeden Fall ›Fr.‹. Was das wohl bedeutet? Er wurde auf jeden Fall, kurz nachdem sein Bruder bestattet wurde, also als das Grab frisch gekauft worden war, hierhin überführt.«

Für mich war spontan klar, was »Fr.« bedeuten musste. Es stand sicher für Frankreich. Dann hatte er also doch in Frankreich gelebt. Er war mit 73 Jahren kinderlos gestorben, so stand es in den Unterlagen beim Friedhof. Wie sein Leben war, aus welchem Grund er sich von seinen Eltern entfernt hatte und warum seine Eltern nie über ihn gesprochen hatten, blieb verborgen. Auf jeden Fall musste das aber genügen, um Johanns Tod zu beweisen. Regine war natürlich sehr erleichtert, von dieser Neuigkeit zu erfahren, und atmete auf.

»Ich glaube, selbst Cäcilie hatte keine Ahnung, dass ihr Onkel schon damals in dem Grab ihrer Eltern lag. Ich werde die Information sofort an das Nachlassgericht weitergeben. Einen Eheeintrag konnten die Behörden ja nirgends finden. Dann wird die Sache ja nun wohl endlich ein Ende finden«, hoffte sie. Auch ich war zufrieden und ihrer Meinung, dass sie damit ihrem Erbe den entscheidenden Schritt näher gekommen war.

Doch kurze Zeit später traf ein Brief bei mir ein, der diese Annahme zunichtemachte. Ich traute meinen Augen nicht, als ich las, was mir die Stadtverwaltung in Nancy mitteilte: Der Geburtseintrag des gesuchten Jean konnte bestätigt werden. Wohin dieser allerdings später verzogen war, sei unklar. ABER: Auf der Suche nach Johann beziehungsweise Jean sei die Beamtin beim Blättern durch die alten Geburtsverzeichnisse zufällig auf einen weiteren Eintrag gestoßen. Da sie sich vorstellen könne, dass dieser unter Umständen in der Nachlasssache relevant sein könnte, wolle sie mir diesen ebenfalls mitteilen. Zwei Jahre nach Jeans Geburt hatten dessen Eltern offensichtlich noch einen dritten Sohn bekommen: Philippe. Ich war baff. Ein weiterer Onkel? Das durfte ja wohl nicht wahr sein! Ich traute mich erst gar nicht, das Regine mitzuteilen. Wenn ich es einfach sein ließe? Das würde Regine das Leben leichter machen. Doch was, wenn es irgendwann herauskäme? Dann würde nicht nur Regine, sondern auch ich Probleme bekommen. Ich musste es ihr wohl oder übel mitteilen. Es dauerte noch drei Tage – dann fasste ich mir ein Herz und rief Regine an.

»WAAAS? Das ist nicht wahr, oder?« Sie rang förmlich nach

Fassung und war wie vor den Kopf gestoßen. Schließlich wähnte sie sich ihres Erbes bereits sicher. Sie beruhigte sich wieder. »Aber die deutschen Behörden haben davon ja offensichtlich gar keine Kenntnis, oder? Muss ich das nun melden oder weiterverfolgen?«

»Das kann ich nicht sagen. Auf keinen Fall würde ich Ihnen raten, etwas Illegales zu tun. Rein biologisch ist es ja gar nicht möglich, dass er noch lebt«, sagte ich.

Regine überlegte kurz: »Also gut, wissen Sie was? Finden Sie heraus, was aus diesem Philippe geworden ist und ob er Familie hatte. Ich will in Zukunft auf jeden Fall ruhig schlafen können. Mir auf krummen Wegen ein Erbe anzueignen ist nicht mein Stil. Sie haben recht: Ich will reinen Tisch. Und so wollen das auch meine Kinder.«

Eigentlich war ich zufrieden gewesen, den ersten Auftrag erfolgreich zum Abschluss gebracht zu haben. Doch nun stand ich innerhalb weniger Minuten wieder am Anfang einer neuen Recherche. Wo war der zweite Onkel abgeblieben? Und wo lebte seine Familie? Gab es weitere Erbberechtigte?

Ich ging davon aus, dass Philippe in Frankreich geblieben war. Also wandte ich mich ein weiteres Mal an die Beamtin aus Nancy, die mir den Hinweis auf Philippe gegeben hatte. Das war meine einzige Quelle. Ich bat sie schriftlich, ob sie mir bei meiner Suche weiterhelfen und im Sterberegister nachschauen könne, ob dort etwas zu Philippe verzeichnet sei. Doch sie bestätigte leider, keinen Hinweis auf den Tod von Philippe finden zu können. Ich hatte einfach keine Idee, wo ich weiter ansetzen könnte. Also rief ich Regine an. Vielleicht hatte Cäcilie alte Fotoalben, Tagebücher oder Briefe hinterlassen, aus denen sich etwas ergab?

»Ich habe vor Jahren, kurz nach dem Tod von Cäcilie, schon alle privaten Unterlagen durchgesehen. Und habe damals keine relevanten Informationen, die für die Erbfolge von Belang wären, gefunden. Das habe ich bei Gericht auch so zu Protokoll gegeben. Und wissen Sie, es ist mir auch irgendwie unangenehm, in diesen persönlichen Schriften herumzuschnüffeln. Zumal es wirklich keinen Sinn macht!« Regine wirkte müde, fast resigniert.

Erst als ich andeutete, dass es keine Hinweise für eine weitere Recherche gebe und die Suche wohl eingestellt werden müsse, lenkte sie ein. »Ich frage meine Tochter, ob sie sich bereit erklärt, auf den Speicher meines Hauses zu gehen, wo die Dokumente aus Cäcilies Wohnung aufbewahrt sind, und alles noch einmal durchzuschauen.«

Ich machte mir keine allzu großen Hoffnungen, dass Regines Tochter etwas finden würde, was uns weiterhelfen könnte. Aber ich musste nun nach jedem Strohhalm greifen.

Ein paar Tage später schon erreichte mich ein aufgeregter Anruf von Regine. »Frau Panter! Frau Panter! Wir haben etwas Interessantes gefunden«, rief sie mir durch den Hörer zu. Ich war gespannt. »In einem Bündel hat meine Tochter einen Brief von einem Philippe gefunden, der an Cäcilies Vater adressiert war. Allerdings ist der Nachname auf dem Absender ein völlig anderer. Irgendwas mit Da oder Cla am Anfang. Wissen Sie, ob in Frankreich damals schon Ehemänner den Namen ihrer Frau annehmen konnten?«

Da konnte ich mir keinen Reim drauf machen. »Und was steht denn in dem Brief?« Ich konnte es kaum erwarten, mehr darüber zu erfahren.

»Nun, es tut mir leid, aber wir können die Schrift nicht gut entziffern. Der Brief ist aber mit ›Philippe‹ unterschrieben. Wir brauchen Hilfe von jemandem, der ihn lesen kann. Aber meine Tochter hat schon einen befreundeten Historiker angefragt. In wenigen Tagen wissen wir mehr. Ich melde mich dann sofort bei Ihnen!«, versprach Regine mir.

Es ging nun Schlag auf Schlag. Gleich am nächsten Tag rief sie wieder an, gemeinsam mit ihrer Tochter am Lautsprecher. Sie hatten Philippes Brief entziffern lassen. »Keine schöne Sache«, begann Regine überstürzt, bevor ich zu Wort kommen konnte. »Ein Brief voller Vorwürfe. Es geht aus ihm hervor, dass Philippe mit seiner Familie gebrochen hatte und deswegen bei der Fremdenlegion war. Philippe wetterte gegen die Deutschen. Er wollte weder von seinen Eltern noch von seinen Brüdern etwas wissen. Er empfinde es als große Schande, dass seine Eltern in Deutschland lebten und sein Bruder jetzt auch noch eine deutsche Frau heiraten wolle.«

Deshalb wurde in der Familie später wahrscheinlich auch nicht mehr groß über ihn gesprochen, dachte ich bei mir. »Und was ist mit dem Nachnamen?«, hakte ich nach.

»Also wir lesen hier alle Claque daraus.«

Ich schrieb meiner Ansprechpartnerin in Nancy, ob sie bitte noch mal nach diesem anderen Nachnamen schauen würde.

Dieses Mal dauerte es eine gefühlte Ewigkeit. Erst nach einer weiteren Nachfrage wurde mir eine Antwort im Verlauf der kommenden Wochen in Aussicht gestellt. Wie so oft: Warten und Geduld waren angesagt. Weiter zu drängen würde nichts bringen, das wusste ich aus Erfahrung.

Schneller als angekündigt, erhielt ich dann doch schon wenige Tage nach meiner zweiten E-Mail aus Nancy die ersehnte Antwort. Der Kreis schloss sich. Die Beamtin schrieb mir, dass sie nach mühseliger Recherche einen Sterbeeintrag gefunden hatte, der passen könnte. Von einem François Claque. Hinter seinem Namen stehe »dit«, also »genannt« Philippe. »Deshalb verifizierte ich noch einmal alle Daten: Et voilà, auch die Nummer des Geburtseintrags von François Claque war dieselbe wie die von Philippe. Es muss sich also um dieselbe Person handeln«, erklärte sie weiter.

Mir fiel ein Stein vom Herzen. Wir hatten ihn gefunden, wenn auch mit einer Rolle rückwärts. Doch dann fragte ich mich, was das mit den zwei Namen bedeuten sollte. Ich verstand das einfach nicht und schrieb postwendend zurück. Denn obwohl der Beweis für Philippes Tod nun vorlag, wurde doch meine Neugier geweckt. Ich wollte die Geschichte auch verstehen, um sie abschließen zu können.

Nun bekam auch ich postwendend Antwort von meiner Ansprechpartnerin in Nancy: »Ich habe zuerst auch gestutzt und kurz gerätselt. Nach Rücksprache mit meinem Vorgesetzten kamen wir zu dem Schluss, dass diese zwei verschiedenen Namen für zwei identische Einträge nur bedeuten können, dass Philippe mit seiner neuen Identität, die Legionäre mit Beginn ihres Dienstes üblicherweise annahmen, verstorben war. Dass es einen Hinweis auf seinen bürgerlichen Namen gab, ist nicht ungewöhnlich. Viele Legionäre legen ihre Kämpfer-Identitäten nach Ausscheiden aus der Legion wieder ab. Das hatten wir schon öfter.« Wow, ich war baff. Davon hatte ich noch nie gehört.

Als ich wieder mit Regine telefonierte, war sie erst einmal sprachlos. »Und was ist mit Nachfahren? Hatte Philippe Kinder?«, fragte sie dann zu Recht. Denn hätte er Kinder gehabt, wären diese natürlich ebenfalls in der Erbfolge zu berücksichtigen gewesen. Da konnte ich sie aber beruhigen: »Legionäre dürfen erst heiraten, wenn sie ihre wahre Identität wiederhergestellt haben. Und da Philippe als François Claque verstorben ist, können wir das ausschließen.« Als auch das geklärt war, konnte Regine endlich ihr Erbe rechtmäßig einfordern. Und tatsächlich dauerte es nicht lange, bis sie es auch antreten durfte. Die Richterin war zufrieden und hatte keine weiteren Einwände oder offenen Fragen.

»Ich kann nur hoffen, dass nicht noch ein Verwandter aus dem Jenseits auftaucht«, scherzte Regine, als wir uns das letzte Mal sprachen.

DANKSAGUNG VON SUSANNE PANTER

Ich danke von Herzen:

allen Klientinnen und Klienten, die mich diese wunderbare Arbeit für sie machen lassen,

meiner Familie, die mich unterstützt und mir den Rücken frei hält,

meinen Kolleginnen und Netzwerkpartnerinnen, die mit dem nötigen Biss und dem geforderten Einfühlungsvermögen die Recherchen vorantreiben,

allen BehördenmitarbeiterInnen, ArchivarInnen und hilfreichen NachbarInnen oder Verwandten, die die Anliegen meiner KlientInnen unterstützen,

Berthold Gaaz, der nicht nur durch seine Kommentierung zum Personenstandsgesetz geholfen hat, das Recht auf Kenntnis der eigenen Abstammung durchzusetzen,

allen RedakteurInnen, die über meine Arbeit berichten, und ganz besonders Thomas Diehl und Achim Streit für die Reihe *Die Aufspürerin*,

meiner Agentin Frau Dr. Leitgeb für ihren Einsatz und ihr stets offenes Ohr,

Catharina Stohldreier für die Unterstützung und ihr Lektorat,

Frau Herborg und Frau Ritter für die Vermarktung und

meiner Mitautorin Heidi Friedrich. Hätte sie nicht meinen Weg gekreuzt, gäbe es dieses Buch nicht.

DANKSAGUNG VON HEIDI FRIEDRICH

Ich danke meiner Mutter, Hildegard Friedrich, die stets an mich geglaubt hat.

Ich bin auch all den Menschen dankbar, die sich immer für meine Artikel und Texte interessiert haben. Ihre Wertschätzung freut und bestätigt mich jedes Mal von Neuem. Mein besonderer Dank gilt dabei Eginhard Baier, der mir sowohl mit seiner Bescheidenheit und Klugheit, als auch mit seinem Humor und seinem gutmütigen Herzen allzeit ein Vorbild bleibt.

Von Herzen danke an Gisbert Dahmen-Wassenberg und an unsere Tochter Fritzi – die beste Inspiration meines Lebens.

KONTAKT

www.wiedersehenmachtfreude.de
mail@wiedersehenmachtfreude.de

www.herkunftsberatung.de
mail@herkunftsberatung.de

Wieder leben, lachen und lieben

Katrin Biber

Larissas Vermächtnis

Der schreckliche Mord an meiner Schwester und mein Weg zurück ins Leben

Piper Taschenbuch, 304 Seiten
€ 10,00 [D], € 10,30 [A]*
ISBN 978-3-492-31588-3

Den schmerzvollsten Tag ihres Lebens musste Katrin Biber im September 2013 erleben, als ihre damals 21-jährige Schwester Larissa verschwand. Zwei Wochen später erfuhr die Familie, dass Larissas Freund sie erwürgt und anschließend in den Inn geworfen hat. Mord. Eine Art des Verlustes, die die meisten nur aus Filmen kennen, wurde schlagartig zu Katrins Realität. Heulattacken, Angstzustände, Einsamkeit und Schuldgefühle wurden in der Zeit danach zu ihren ständigen Begleitern. Doch nach und nach schafft die junge Frau es, ihre Trauer anzunehmen und wieder positiv in die Zukunft zu blicken.

Leseproben, E-Books und mehr unter www.piper.de